中国法律丛书

中国
娱乐法案例精读

宋海燕 主编

创于1897　商务印书馆
The Commercial Press

图书在版编目（CIP）数据

中国娱乐法案例精读 / 宋海燕主编. —北京：商务印书馆，2023
（中国法律丛书）
ISBN 978-7-100-22796-4

Ⅰ．①中…　Ⅱ．①宋…　Ⅲ．①文化事业—法律—案例—中国　Ⅳ.①D922.165

中国国家版本馆CIP数据核字（2023）第146971号

中国法律丛书

中国娱乐法案例精读
宋海燕　主编

商 务 印 书 馆 出 版
（北京王府井大街36号　邮政编码100710）
商 务 印 书 馆 发 行
北京艺辉伊航图文有限公司印刷
ISBN 978－7－100－22796－4

2023年10月第1版　　　开本710×1000　1/16
2023年10月北京第1次印刷　　印张21½
定价：98.00元

前　言

本书初稿完成于 2018 年。那时正是中国娱乐产业的鼎盛时代。中国电影票房首次突破 600 亿元（人民币，下同）大关，以至于美国好莱坞预言 2020 年前中国就会超过美国成为全球第一大电影票房市场。同年，中国游戏市场以 2144 亿元的营收规模，再次位居全球游戏市场之首。中国音乐产业继 2017 年首次跻身全球前十大音乐市场后，于 2018 年升至全球第 7 位，市场总规模达 3700 亿元，数字音乐成为新的增长点。

一转眼到了 2023 年夏。笔者作此序时，人工智能（AI）已经取得了历史性的突破。基于大语言模型（Large Language Models）的 GPT 所展现出的强大功能让用户目不暇接；而 Midjourney 最新版生成的图片也令人真假难辨。科学家们也是感慨万千：人类科学家首次向机器下达指令，是在 180 年前；而今天的人工智能已经能使每个普通人用"自然语言"与机器互动，要求机器完成指定任务。

人工智能生成内容（AIGC）无疑会对娱乐产业产生巨大影响。从正面意义来看，诸如 GPT 及 Midjourney 的人工智能技术在帮助作家、画家、音乐人、动漫设计师、编程人员等创作人员整理数据、分析材料、提供初稿、提高效率方面显然是有积极促进作用的。我本人已经在想象下一部著作中的部分工作大概可以交给 Copilot 来承担了。但同时，人工智能内容的出现也必然会导致某些行业的颠覆及劳动市场的变迁与沉浮。

　　自 2023 年初至今的短短几个月，欧盟、中国、美国已经纷纷颁布了与人工智能相关的法律法规及白皮书，以确保人工智能的发展方向是"可与人类兼容的、符合人类利益需求的"（human-compatible AI）。欧盟于 6 月通过的《欧盟人工智能法案》（EU Artificial Intelligence Act）对人工智能产业链条内的权责分担以及对人工智能的风险分级监管体系进行了规定。这些规定无不体现了目前人工智能法案与人工智能产业的治理博弈，从业者与监管者力图在激烈的变化中寻求秩序与发展的平衡。随后的 7 月，中国也发布了《生成式人工智能服务管理暂行办法》。这是我国第一部与生成式人工智能相关的法规。该法规在提出促进生成式人工智能服务蓬勃发展的同时，也对人工智能合法、守序发展提出了要求。

　　然而，无论技术如何发展，法律的本质与原则依然是有迹可循的。譬如，本书琼瑶诉于正案中所提出的"思想与表达两分法"，在 Web 3.0 时代依然会是判定被告作品是否侵犯原告作品中受著作权保护内容的重要标准之一。在人工智能时代，深度伪造（deep fake）技术所产生的"换脸""换声音"依然在考验我们对包括肖像、声音等个人形象权的保护。同样，元宇宙中"虚拟财产"所产生的种种法律问题，与游戏中如何认定"虚拟货币"等类似虚拟财产的法律属性及各方之间的关系，也有异曲同工之妙。而在 IP 衍生品日益发达的今天，如何认定"商品化权"也是大家持续争论的一个热点话题。

　　作为中国法走出去的系列丛书——"中国法律丛书"之一，编委会精心挑选了若干国内娱乐产业的典型案例，并有幸邀请到十位来自最高人民法院、北京知识产权法院以及上海知识产权法院的法官及行业专家参与了此书的撰写。最为难得的是，每位法官撰写评析的恰恰又是自己审理的案子。于是，读者终于有机会从法官的叙述中，第一手了解到法官本人在审理此案时的逻辑和思路。这点在中国案例法类图书中可以说是罕见的。

最后，感谢所有参与撰稿的法官及专家：董晓敏、张晓霞、冯刚、陈勇、杨静、周文君、陶冠东、孟斌、李自柱、周俊武，以及数年来给与此项目大力支持的北京知识产权法院的历任领导。

宋海燕

2023 年夏，北京

目　录

娱乐产业的著作权案例

娱乐产业的商标权案例

娱乐产业的人格权案例

娱乐产业的合同纠纷案例

娱乐产业的反不正当竞争法案例

侵权纠纷之救济手段

娱乐产业的著作权案例

1. 思想与表达两分法：何种"参考借用"构成著作权意义上的抄袭？

——琼瑶《梅花烙》诉于正《宫锁连城》侵犯著作权纠纷案

案件索引：北京市高级人民法院（2015）高民（知）终字第1039号民事判决；北京市第三中级人民法院（2014）三民中初字第07916号民事判决。

基本案情

剧本《梅花烙》由陈喆（笔名：琼瑶）于1992年10月创作完成，其助手林久愉根据陈喆口述进行文字记录工作。《梅花烙》剧本共计21集，经由怡人传播有限公司拍摄完成，共计21集。电视剧《梅花烙》于1993年10月13日起在中国台湾地区首次电视播出，于1994年4月13日起在中国大陆地区首次电视播出。

小说《梅花烙》系根据剧本《梅花烙》改编而来，于1993年6月30日创作完成，1993年9月15日在中国台湾地区公开发行，同年在中国大陆地区公开发表。

余征（笔名：于正）为电视剧《宫锁连城》的署名编剧，是剧本《宫锁连城》《作品登记证书》载明的著作权人。剧本共计20集，创作完成时间为 2012 年 7 月 17 日。电视剧《宫锁连城》根据剧本《宫锁连城》拍摄,片尾出品公司依次署名为:湖南经视文化传播有限公司、东阳欢娱影视文化有限公司、万达影视传媒有限公司、东阳星瑞影视文化传媒有限公司,分为电视剧播映版与网络播出的未删减版,电视剧播映版共计 63 集,于 2014 年 4 月 8 日起在湖南卫视首播。

2014 年 5 月 27 日,陈喆向北京第三中级人民法院递交诉状,将余征、湖南经视公司、东阳欢娱公司、万达公司、东阳星瑞公司告上法庭。琼瑶诉称,余征未经原告许可,擅自采用原告作品核心独创情节进行改编,创作电视剧本《宫锁连城》,后被湖南经视公司、东阳欢娱公司、万达公司、东阳星瑞公司共同摄制了电视剧《宫锁连城》(又名《凤还巢之连城》),原告作品全部核心人物关系与故事情节几乎被完整套用于该剧,严重侵害了原告依法享有的著作权。该案于 2014 年 12 月 25 日作出一审判决,后被告人不服判决,向北京市高级人民法院提起上诉。北京市高级人民法院于 2015 年 12 月 16 日作出终审判决:驳回被告上诉,维持原判。

判决与理由

北京市第三中级人民法院于 2014 年 5 月 28 日受理该案,于 2014 年 12 月 25 日作出判决,剧本《宫锁连城》作品涉案情节与原告作品剧本《梅花烙》及小说《梅花烙》的整体情节具有创作来源关系,构成对剧本《梅花烙》及小说《梅花烙》的改编事实。被告余征实质性使用了原告剧本及小说《梅花烙》的人物设置、人物关系、具有较强独创性的情节以及故事情节的串联整体进行改编,形成新作品《宫锁连城》剧本，上述行为超越了合理借鉴的边界，构成对原告作品的改编，侵害了原告基于剧本及小说《梅花烙》享有的改编权，依法应当承担相应的侵权责任。判令停止电视剧《宫锁连城》的复制、发行及传播。被告余征在判决生效之日起十日内在知名网站显著位置刊登道歉声明。被告余征、湖南经视文化传播等五家公司于判决生效之日起十日内赔偿原告经济损失及诉讼合理开支共计500万元。

被告不服一审判决，向北京市高级人民法院提起上诉。北京市高级人民法院经审理作出二审判决：驳回上诉，维持原判。

评　析

随着时代和行业的发展，就文字作品而言，当下直接抄袭、照搬原作的侵权情况已比较少见。加之著作权法只保护表达，不保护思想，著作权对作品的保护，其保护的不是作品所体现的主题、思想、情感及科学原理等，而是作者对这些主题、思想、情感及科学原理的表达或表现。因此运用逐字逐句对比的方法判定是否存在侵权已不符合现实要求，而争议的焦点逐渐集中于"思想与表达"的区分以及是否存在"实质性相似"，以最终确定何种"借用参考"构成著作权意义上的抄袭。

一、人物设置（及关系）、情节、基于特定逻辑形成的情节串联是著作权保护的客体

我国相关法律法规关于著作权法意义上作品的实质构成要件为：属于文学、艺术或科学领域，具有独创性，能以某种有形形式复制，属于一种智力成果。也就是说，当某一客体符合上述作品形式要求及作品实质构成要件，且不属于排除内容时，即属于我国著

作权法意义上的作品,受到著作权法保护。而作品本身是由各个有机组成部分构成的整体,作品本身的独创性恰恰体现于这些有机组成部分及基于特定逻辑、排布形成的最终串联整体。然而,如果将这些组成部分脱离作品单独列明,则很多时候不能构成单一的作品,无法以著作权法意义上的作品为基础要求法律直接予以保护,但对这些组成部分予以有效保护往往对作品本身的著作权保护具有重要意义。因此,基于著作权人对其作品所享有的著作权,这些具有独创性意义的作品组成部分应自然列入权利人所拥有的著作权的保护范畴。就小说、剧本等文字作品而言,这样的有机组成部分包括:人物设置、人物关系、情节事件、情节发展的串联整体、人物与情节的交互关系及矛盾冲突等,融入作者独创性智慧创作的内容,而这些内容也凝结着整部作品最为闪光的独创表达,是作者的核心独创成果。

人物设置和人物关系是文字作品展现人物冲突、推进事件发展的主要因素。在文字作品创作中,人物需要通过叙事来刻画,叙事又要以人物为中心。无论是人物的特征,还是人物关系,都是通过相关联的故事情节塑造和体现的,这与人物设置安排先于故事情节的创作顺序无关,因为最终在作品中的人物关系及人物描述还是通过情节予以展现的。

故事情节是文学作品的精华所在,是作者着力打造的能够直接体现作品故事内容的立足点和着眼点,凝聚着创作者的核心独创成果和作品的艺术价值。故事情节的发展,通过具有内在关联的人物之间相互碰撞产生,情节的发生和发展是否符合逻辑,基于特定人物设置及人物关系的配搭;具体情节的展开方式、精彩程度则是基于人物关系和人物关系碰撞的内在逻辑,结合作者的独创构想、细节桥段构建组合而成,并在这种有机结合的基础上,基于特定的串联安排最终形成作品整体的独创效果，带给读者别具一格的欣赏体验。

文字作品以其各个精彩情节的创作为基础素材，通过作者的独创构思及逻辑布局将各个情节串联为有机整体，从而形成了完整的作品内容。从某种程度上来说，作品结构的巧妙安排、情节布局的合理展开以及串联方式的独创设计，恰恰是诸多情节结合在一起能够形成特定的作品外观之所在。

二、著作权只保护表达，不保护思想

所谓表达，不应局限于表达方式或文字符号，更重要的应在于表达"内容"。文学作品中的表达可以包含故事的结构、故事的情节，包括主要事件、事件的顺序、基于特定逻辑及布局形成的情节串联整体、人物间的交互作用及发展等具有一定的具体性且能够体现作者独创性的成果。表达是相对于思想而言的，它是思想的外在表现，但却并不仅仅是表现形式。著作权法意义上的表达，既包括表现形式，也有可能包括作品所表现的内容，甚至后者更应成为"表达"的所指，因为在文学创作领域始终是"内容为王"。对于文学作品而言，思想与表达在很多情况下会处于混合状态，特别是人物、情节、场景中非文字层面的创作元素，往往处于纯粹的思想与纯粹的表达之间，兼具两者的特点，因此，有些可能因流于一般而被归入思想范畴，也有些可能因独具特色而被视为表达。

对思想和表达的区分，笔者认为，抽象概括法可以作为思想与表达的分析方法，即将一部作品中的内容比作一个金字塔，金字塔的底端是由最为具体的表达构成，而金字塔的顶端是最为概括抽象的思想。当文字作品的权利人起诉他人的文字作品侵害其作品的著作权时，需要通过对比的方式予以确认，则可参照相似内容在金字塔中的位置来判断相似部分属于表达或思想：位置越接近顶端，越

7

可归类于思想；位置越接近底端，越可归类于表达。

三、思想与表达二分法理论的形成与在实践中的发展

思想与表达二分法理论最早形成于英美国家，并在英美国家判例里被确定下来，而在中国，1990 年北京市西城区人民法院审理的"李淑贤、王庆祥诉贾英华侵犯著作权案"中就运用了这一原理，其后在 2006 年北京市第二中级人民法院审理的"王天成诉周叶中、戴激涛、人民出版社侵犯著作权案"①中被直接落实在判决书中。就这一理论的成因，最本源的意思在于：处于思想中而未被表达出来的意念是虚幻的，无法确定其实际存在，因此需以有形的或可被感知的方式呈现出来，法律才能确认该创作的存在，从而加以保护。但在司法审判实践中，伴随着作品创作复杂化的实际情况，这一理念便成了：著作权只保护具体化的表达内容，不保护不够具体化的理念型内容。这种理念确立后，随之而来的是在判定著作权侵权案件时，以抽象过滤法将作品内容进行层层分离并划分为金字塔形状，向上抽离出不属于"表达"的内容，但是按何种逻辑抽离，具体到哪一层级应该归入思想，哪一层级应该归入表达，这些问题并没有一个确定的答案。这也导致了几乎所有著作权侵权案件中，被控侵权的一方通常都会以"原告所称内容属于思想层面，不受著作权法保护"为由进行抗辩。

四、本案中所涉及的思想与表达问题

文学作品中的人物设置（及关系），如果仅仅是"父子关系""兄弟关系""情侣关系"等，无疑处于金字塔的顶端，应属于思想范畴；如果就上述人物关系加以具体化："父亲是王爷儿子是贝勒，但两人并非真父子"，"哥哥是偷换来的贝勒，而弟弟是侧福晋的儿子"，"情侣双方是因偷换孩子导致身份颠倒的两个特定人物"，则相对于前述

---

① 北京市第二中级人民法院（2006）二中民初字第 06122 号民事判决。

人物关系设置而言，这样的具体设计无疑将处于金字塔结构的相对下层；如果再将特定事件安插在存在特定关系的人物之间，则无疑又是对人物设置及人物关系的更为具体化设计，这样的设计又会体现在金字塔更加底层的位置。

文学作品中的情节，既可以被总结为相对抽象的情节概括，也可以从中梳理出相对具体的情节展现，因此，就情节本身而言仍然存在思想与表达的分界。区分思想与表达要看这些情节和情节整体仅属于概括的、一般性的叙事模式，还是具体到了一定程度，足以产生感知特定作品来源的特有欣赏体验。如果具体到了这一程度，足以到达思想与表达的临界点之下，则可以作为表达。

原告就小说及剧本《梅花烙》分别列举的 17 个桥段及 21 个桥段，基本构成了有因果联系的连续性事件，因此，上述"桥段"应归类为具体的"情节"。

原告就剧本《梅花烙》提出主张的 21 个情节包括："偷龙转凤""女婴被拾，收为女儿""少年展英姿""英雄救美终相识，清歌伴少年""次子告状，亲信遭殃""弃女失神，养亲劝慰""恶霸强抢，养亲身亡，弃女破庙容身""少年相助，代女葬亲，弃女小院容身""钟情馈赠，私定终身，初见印痕""福晋小院会弃女，发觉弃女像福晋""皇上赐婚，多日不圆房""弃女入府，安置福晋身边""公主发现私情，折磨弃女""纳妾""面圣陈情""福晋初见印痕""福晋询问弃女过往，誓要保护女儿""道士作法捉妖""公主求和遭误解""凤还巢""告密"。

原告就小说《梅花烙》提出主张的 17 个情节系为在上述情节中去除"女婴被拾，收为女儿""次子告状，亲信遭殃""弃女失神，养亲劝慰""公主求和遭误解"后的其余情节。

根据法院查明，原告提交的上述情节具体内容在剧本、小说《梅

9

花烙》及剧本《宫锁连城》中，均有近似安排，并已构成具体表达。法院就原告主张的上述情节，以剧本《宫锁连城》与剧本及小说《梅花烙》逐一对比，结合被告举证情况认定如下：

（一）原告主张剧本《宫锁连城》改编自原告剧本《梅花烙》、小说《梅花烙》的相关情节属于公知素材，剧本《梅花烙》、小说《梅花烙》的相关情节安排不具有显著独创性，因而不受著作权法保护的内容包括以下情节：

情节 6. 弃女失神，养亲劝慰（该情节原告基于剧本《梅花烙》提出主张）

剧本《梅花烙》在该部分的情节安排为：皓祯一个月未见吟霜，白胜龄发觉吟霜对皓祯的情愫，劝说吟霜两人身份地位悬殊，吟霜羞涩否认对皓祯的感情。

剧本《宫锁连城》就该部分的情节安排为：恒泰一个月未见连城，宋丽娘发觉连城对恒泰的情愫，安排连城相亲被拒绝后，劝说连城两人身份地位悬殊，连城羞涩否认对恒泰的感情。

情节 14. 纳妾（该情节原告基于剧本《梅花烙》及小说《梅花烙》共同提出主张）

剧本《梅花烙》在该部分的情节安排为：皓祯救下被兰馨动用私刑的吟霜，向全家宣布正式纳吟霜为妾。

小说《梅花烙》在该部分的情节安排与剧本《梅花烙》基本一致。

剧本《宫锁连城》就该部分的情节安排为：恒泰为连城洗脱冤案后，向全家宣布正式纳连城为妾。

情节 17. 福晋询问弃女过往，誓要保护女儿（该情节原告基于剧本《梅花格》及小说《梅花烙》共同提出主张）

剧本《梅花烙》在该部分的情节安排为：倩柔发现吟霜身上的梅花烙，向吟霜询问成长经历，决定日后保护女儿。

小说《梅花烙》在该部分的情节安排与剧本《梅花烙》基本一致。

剧本《宫锁连城》就该部分的情节安排为：映月发现连城肩上的胎记后，询问连城成长经历，决定日后保护女儿。

上述情节属于公知素材，且在原告作品剧本《梅花烙》及小说《梅花烙》中，并未对此类情节进行显著的独创性设计及安排，无法推断原告剧本《梅花烙》及小说《梅花烙》为剧本《宫锁连城》就相关情节的直接创作来源。

（二）原告主张剧本《宫锁连城》改编自原告剧本《梅花烙》、小说《梅花烙》的相关情节基础素材属于公知素材，但原告就相关素材进行了独创性的艺术加工，以使情节本身具有独创性，但剧本《宫锁连城》与原告就相关情节的独创设置不构成实质相似的内容包括以下情节：

情节 2. 女婴被拾，收为女儿（该情节原告基于剧本《梅花烙》提出主张）

剧本《梅花烙》在该部分情节安排为：拾婴者为两位江湖艺人白胜龄及其妻子，拾婴地点是溪边，方式为溪中捞取盛装婴儿的篮子。两人在拾得婴儿后，存在"归还"到"收养"的心理过程。

剧本《宫锁连城》中，对该部分情节的安排为：拾婴者为一位迎芳阁老鸨宋丽娘，拾婴地点是溪边，方式为石头后面捡到婴儿。宋丽娘在拾得婴儿后，并未产生归还婴儿的打算，而是径行决定收养。

情节 3. 少年展英姿（该情节原告基于剧本《梅花烙》及小说《梅花烙》共同提出主张）

剧本《梅花烙》在该部分情节的安排为：皓祯十二岁那年，与王爷一同率人狩猎，期间展现了骑艺及箭法。而皓祯回到府中，与倩柔的一番对话令倩柔感动其孝心并思念自己的亲生女儿。

小说《梅花烙》在该部分情节的安排为：在剧本《梅花烙》的

基础上，去除了皓祯回到府中，与雪如谈话的内容，对于皓祯骑射功夫等主要以叙述表达。

剧本《宫锁连城》中，对该部分的安排为：二十岁的恒泰已然为富察府的少将军，一日在军营练兵之时展露身手，武艺高超，骑射精湛。恒泰与映月话别之时，映月满意恒泰的长进，思念自己的亲生女儿。

情节4.英雄救美终相识，清歌伴少年（该情节原告基于剧本《梅花烙》及小说《梅花烙》共同提出主张）

剧本《梅花烙》在该部分的情节安排为：二十岁的皓祯在龙源楼遇到卖唱的吟霜及其养父正遭受多隆调戏，出手相救打退多隆及其手下，救下吟霜父女，事后皓祯常来龙源楼听吟霜唱曲。

小说《梅花烙》在该部分的情节安排与剧本《梅花烙》基本一致。

剧本《宫锁连城》就该部分的情节安排为：二十岁的恒泰在街头偶遇连城遭佟家麟率众追赶，出手相救打退佟家麟及其手下，救下连城，事后恒泰听连城唱歌。连城与恒泰的相遇地点并非酒楼，而是闹市；两人此次相遇并非初次谋面；恒泰救下连城也并非因为看到佟家麟调戏连城而使连城及宋丽娘一同陷入险境。

情节11.皇上赐婚，多日不圆房（该情节原告基于剧本《梅花烙》及小说《梅花烙》共同提出主张）

剧本《梅花烙》在该部分的情节安排为：皓祯奉命与素未谋面的兰馨公主成婚，婚后皓祯接连五日假醉以逃避与兰馨圆房，期间兰馨体谅、照顾皓祯。

小说《梅花烙》在该部分的情节安排与剧本《梅花烙》基本一致。

剧本《宫锁连城》就该部分的情节安排为：恒泰奉命与醒黛公主成婚，但成婚前，恒泰在宫中任职，与醒黛已然相识。婚后，恒泰借口公务繁忙或伤病原因，多日回避与醒黛圆房，期间醒黛以各种方式试图亲近恒泰，均被恒泰拒绝。

情节12.弃女入府，安置福晋身边（该情节原告基于剧本《梅花烙》及小说《梅花烙》共同提出主张）

剧本《梅花烙》在该部分的情节安排为：皓祯与兰馨公主成婚后，数日装醉，拒绝与公主圆房。倩柔为了诱使皓祯与公主圆房，答应皓祯迎接吟霜入府。当晚，皓祯与公主圆房，事后倩柔安排吟霜以小寇子三婶婆干女儿的身份入府为丫鬟，伺候倩柔身侧。

小说《梅花烙》在该部分的情节安排为：皓祯与兰馨公主成婚后，数日装醉，拒绝与兰馨圆房。皓祯告知雪如自己心仪吟霜，雪如得知吟霜的存在，驱车前往吟霜居住的小院会面后，本想劝说吟霜离开皓祯，吟霜宁愿以死明志，雪如深受感动，于是安排吟霜以小寇子三婶婆干女儿的身份入府为丫鬟，伺候雪如身侧。

剧本《宫锁连城》就该部分的情节安排为：恒泰为救连城，延误了与醒黛的婚礼，事后映月为促成恒泰与醒黛完婚以维护阖府安宁，安排连城以郭嬷嬷远亲身份入府为丫鬟，伺候映月身侧。

情节13.公主发现私情，折磨弃女（该情节原告基于剧本《梅花烙》及小说《梅花烙》共同提出主张）

剧本《梅花烙》在该部分的情节安排为：兰馨在府中发现吟霜与皓祯共处一室，撞破两人私情，于是听从崔嬷嬷的献计，将吟霜从倩柔处要来自己房里服侍，借机百般折磨吟霜（一次次将茶水、热粥、洗脸水打翻在吟霜身上，命吟霜手捧烛台在旁服侍，对吟霜动用私刑等）。

小说《梅花烙》在该部分的情节安排与剧本《梅花烙》基本一致。

剧本《宫锁连城》在该部分的情节安排为：醒黛初次在府中发现恒泰与连城共处一室，但经映月解围并未怀疑恒泰与连城之间存在更多暧昧关系；后来醒黛听李嬷嬷献计，用香包配在不同侍女身上，才发现恒泰与连城的私情。后醒黛又听李嬷嬷之计，从映月处要来连城到自己房里伺候，借机折磨连城（命连城空手剥小核桃、分配繁重的洗衣工作等）。

情节 15. 面圣陈情（该情节原告基于剧本《梅花烙》及小说《梅花烙》共同提出主张）

该情节在剧本《梅花烙》、小说《梅花烙》及剧本《宫锁连城》中，均体现为皓祯／恒泰与皇上的对话，情节以对话方式展现，有明显差异。

情节 16. 福晋初见印痕（该情节原告基于剧本《梅花烙》及小说《梅花烙》共同提出主张）

剧本《梅花烙》在该部分的情节安排为：吟霜被污蔑与多隆、阿克丹有染，并质疑腹中胎儿非皓祯之子。吟霜羞愤之下向外跑去，却被崔嬷嬷绊倒跌下回廊，皓祯飞身相救，吟霜衣袖扯破，梅花烙印乍现，倩柔看到，认出吟霜就是自己当年遗弃的亲生女儿。

小说《梅花烙》在该部分的情节安排与剧本《梅花烙》基本一致。

剧本《宫锁连城》就该部分的情节安排为：映月与醒黛合谋设计连城，诬陷连城与江逸尘有染，并率恒泰赶至意欲捉奸。连城辩解之时被醒黛扯破衣袖，露出肩头胎记，映月恰好看到，认出连城就是自己当年遗弃的亲生女儿。

情节 20. 凤还巢（该情节原告基于剧本《梅花烙》及小说《梅花烙》共同提出主张）

剧本《梅花烙》在该部分的情节安排为：皇上得知皓祯为宠爱吟霜冷落公主，降罪吟霜出家为尼，倩柔无法承受女儿的悲惨命运，情急之下说破当年偷龙转凤的真相。

小说《梅花烙》在该部分的情节安排与剧本《梅花烙》基本一致。

剧本《宫锁连城》就该部分的情节安排为：映月在恒泰的逼问下，

说出当年偷龙转凤的真相，被将军听到。将军告知映月已经设计在栖霞峰害死连城时，映月情急之下说出连城即为将军与映月的亲生女儿。

上述情节，虽在原告小说《梅花烙》、剧本《梅花烙》中存在独创设计及表达，且在剧本《宫锁连城》中存在对应的设置，但在具体情节安排上，存在明显差异，不能直接推定原告剧本《梅花烙》及小说《梅花烙》为剧本《宫锁连城》的直接创作来源。

（三）原告主张剧本《宫锁连城》改编自原告小说《梅花烙》、剧本《梅花烙》的相关情节为原告作品中的独创情节，且剧本《宫锁连城》中的对应情节安排与原告作品构成实质性相似关联的内容：

情节1.偷龙转凤（该情节原告基于剧本《梅花烙》及小说《梅花烙》共同提出主张）

该部分在剧本《梅花烙》中的情节安排为：清朝乾隆年间，硕亲王府福晋倩柔已为王爷生下三个女儿，王爷没有子嗣，恰逢王爷寿辰，回疆舞女翩翩被作为寿礼献予王爷。倩柔在府中地位遭受威胁，此胎如再生女孩，则可能地位不保。姐姐婉柔便出主意，如果再生女孩，则不惜偷龙转凤换成男孩。生产当夜，倩柔生下女婴，婉柔将换出的女婴遗弃溪边。遗弃女婴前，倩柔在女婴肩头烙下梅花烙，作为日后相认的证据。

"偷龙转凤"情节设计的戏剧目的在于实现男女主人公的身份调换。原告剧本《梅花烙》及小说《梅花烙》在这一情节上，设定了一系列的独创性设计：倩柔连生三女，王爷没有儿子，倩柔在府中地位受侧福晋翩翩威胁，生男生女将可能直接关系到倩柔命运的特定背景；偷龙转凤的计划于倩柔生产前三个月由姐姐婉柔谋划；偷换孩子时于亲子肩头部位留下烙印作为日后相认依据等。此类细节

15

及特定设置组合成原告就其作品中偷龙转凤情节的独创安排，使原告就该情节的设置区别于其他作品中的相关设计而具有独创性。

剧本《宫锁连城》就该部分的情节安排为：清朝乾隆年间，富察将军府，福晋映月连生三女，将军膝下无子，并宠幸侍女如眉以致如眉怀孕，映月府中地位受威胁，生男生女将可能直接关系到映月的命运；于是映月与郭嬷嬷谋划，如再生女儿则不惜偷龙转凤换成男孩。生产当日，映月生下女婴，郭嬷嬷趁乱调包，将女婴遗弃溪边。女孩送走前，映月发现女婴肩头部位有一片朱砂记。

情节 5. 次子告状，亲信遭殃（该情节原告基于剧本《梅花烙》提出主张）

该部分在剧本《梅花烙》中的情节安排为：多隆被皓祯痛打后，将皓祯为救吟霜与多隆冲突的事告知皓祥。皓祥忌妒大哥，为陷害皓祯，将此事告知王爷。王爷得知后雷霆震怒，斥责小寇子带坏皓祯，杖责小寇子。无奈皓祯与小寇子主仆情深，情急之下以身抵挡小寇子杖责，在倩柔的央求下王爷方才作罢。

该情节的戏剧目的在于在皓祯与吟霜之间形成阻隔，以致二人多日未见，而为了实现这一目的，原告安排两人阻隔的原因是王爷对皓祯做法的否定态度，而王爷得知消息的来源是皓祥，皓祥的消息来源又是皓祯救吟霜时痛打的多隆，而皓祥之所以告密是基于对自己出身的怨怼及对皓祯的忌妒以至于故意陷害。王爷反对态度的表现方式并不是严惩皓祯，而是杖责皓祯的贴身侍从小寇子，小寇子得以解难的原因又是皓祯以身相护及倩柔的求情。这些设置及安排构成了"次子告状，亲信遭殃"一节在原告作品中的独创内容而区别于其他作品就相关情节的设计。

剧本《宫锁连城》就该部分的情节安排为：佟家麟被恒泰痛打后，将恒泰为救连城与佟家麟冲突的事告知明轩。明轩忌妒大哥，为陷害恒泰，将此事告知将军。将军得知后雷霆震怒，斥责郭孝带坏恒泰，鞭笞郭孝。无奈恒泰与郭孝主仆情深，情急之下以身抵挡郭孝鞭刑，在映月的央求下将军方才作罢。

情节 7. 恶霸强抢，养亲身亡，弃女破庙容身（该情节原告基于剧本《梅花烙》及小说《梅花烙》共同提出主张）

该部分在剧本《梅花烙》中的情节安排为：皓祯一个月未见吟霜，多隆又来龙源楼强抢吟霜。白胜龄为保护女儿，被多隆及其随从打成重伤，虽经吟霜四处求医，却不治身亡。吟霜被店主人赶出龙源楼，孤苦无依，破庙容身。

小说《梅花烙》在该部分的情节安排与剧本《梅花烙》基本一致。

这一情节的戏剧目的在于令吟霜处于孤苦无依的悲惨境地。为了实现这一目的，原告在具体情节上安排了：吟霜陷入孤苦无依的原因是其养父白胜龄的去世；白胜龄是因保护吟霜以致重伤不治身亡；重伤而害死白胜龄的，恰是再来强抢吟霜的多隆，而多隆之所以再来则是利用了皓祯的保卫空虚。原告对这一情节的设计及编排，体现了原告的独创智慧，并形成该部分情节区别于其他作品的独创性。

剧本《宫锁连城》就该部分的情节安排为：恒泰许久未见连城，佟家麟又来迎芳阁闹事，欲强抢连城。宋丽娘为保护女儿，被佟家麟及其随从打成重伤，迎芳阁失火，连城带宋丽娘四处求医，丽娘不治身亡。连城孤苦无依，破庙容身。

情节 8. 少年相助，代女葬亲，弃女小院容身（该情节原告基于剧本《梅花烙》及小说《梅花烙》共同提出主张）

剧本《梅花烙》在该部分的情节安排为：皓祯得知白胜龄被打死，为吟霜安置埋葬了白胜龄，并从天桥救回卖身葬父的吟霜，之后听从贴身侍从小寇子的建议，安置吟霜住在小寇子远亲的院落，并为

17

吟霜打点好日常一切所需。

小说《梅花烙》在该部分的情节安排与剧本《梅花烙》基本一致。

该情节安排的戏剧目的在于，安排皓祯与吟霜日后继续交往及发展感情的客观条件。为达到这一戏剧目的，原告设计吟霜居住在皓祯知道并便于相会的地方，而这个落脚地的寻得是来自小寇子的推荐，地点则是其三婶婆的闲置院落；安顿吟霜落脚的是皓祯；皓祯之所以帮助吟霜，恰是得知白胜龄的死造成吟霜孤苦无依的境地；而吟霜能够安心住在小院，也是基于皓祯已经安排白胜龄入葬。原告就该情节的连续设计，构成了区别于其他作品的独创情节。

剧本《宫锁连城》就该部分的情节安排为：恒泰得知宋丽娘被打死，为连城安置埋葬了宋丽娘，并从佟家麟处救回为母申冤反遭设计的连城，之后听从贴身侍从郭孝的建议，安置连城住在郭孝远亲的院落，并为连城打点好日常一切所需。

情节9. 钟情馈赠，私定终身，初见印痕（该情节原告基于剧本《梅花烙》及小说《梅花烙》共同提出主张）

剧本《梅花烙》在该部分的情节安排为：皓祯再来找吟霜，却发现吟霜不在住处，派人寻找未果，焦急等待吟霜回来。吟霜傍晚回来，皓祯一通责难，后来得知吟霜外出是为自己准备礼物白狐绣屏，两人当晚互诉衷肠，私定终身，皓祯发现吟霜肩上的梅花烙印。原告在这一情节的设置中，先设计了吟霜擅自出门引发皓祯焦虑的基础，之后安排吟霜回来后皓祯不明就里的责难，对于吟霜外出的原因则设计为为皓祯赶制礼物——白狐绣屏，真相说清后则引起两人真情流露，当晚私定终身，而吟霜肩头的梅花烙则恰是在两人私定终身的当天由皓祯发现。

小说《梅花烙》在该部分的情节安排与剧本《梅花烙》基本一致。

该情节的戏剧目的在于，造成皓祯与吟霜私定终身的局面。为达到该戏剧目的，原告安排：皓祯与吟霜的私定终身源于二人的真情流露；促成真情流露的动因是皓祯得知吟霜心意之后二人的互诉衷肠；而皓祯能够得知吟霜心意，则是基于吟霜的钟情馈赠；吟霜为赶制礼物而外出，皓祯却因吟霜的外出而焦虑万分，甚至在吟霜回来后大加责骂。结合原告的陈述，梅花烙的位置设计在吟霜的肩头这一隐秘部位，在二人私定终身的情况下，安排皓祯发现吟霜肩头的梅花烙是作者基于艺术美感的考虑，因此，在该情节中，也安排了皓祯在二人私定终身后，发现了吟霜肩头的梅花烙。原告就该情节的相关设计足以构成区别于其他作品的独创内容。

剧本《宫锁连城》就该部分的情节安排为：恒泰再来找连城，却发现连城不在住处，四处寻找未果，焦急等待连城回来。连城傍晚回来，恒泰一通责难，后来得知连城外出是为自己准备礼物，两人当晚互诉衷肠，私定终身，恒泰发现连城肩上的朱砂记。

情节 10. 福晋小院会弃女，发觉弃女像福晋（该情节原告基于剧本《梅花烙》及小说《梅花烙》共同提出主张）

剧本《梅花烙》在该部分的情节安排为：皓祯彻夜不归，回府后被倩柔撞到，于是和盘托出自己倾心吟霜之事，倩柔同意赴小院会见吟霜。起初倩柔见到吟霜，试图用钱收买，让吟霜对皓祯死心。但吟霜不为所动，不惜以死明志。倩柔被吟霜感动。回府后，倩柔与秦嬷嬷商议间发现，两人均觉得吟霜像年轻时的倩柔。

小说《梅花烙》在该部分的情节安排为：皓祯与公主成亲后，连续五天未与公主圆房。无奈之下告知雪如自己心仪吟霜。雪如同意赴小院会见吟霜。起初雪如见到吟霜，试图用钱收买，让吟霜对皓祯死心。但吟霜不为所动，不惜以死明志。雪如被吟霜感动，又觉吟霜有几分眼熟。

该部分情节的戏剧目的在于，造成倩柔／雪如与吟霜的第一次会面，并建立倩柔/雪如与吟霜之间的关联。原告作品在该部分的安排为：倩柔/雪如会见吟霜，原因是得知皓祯与吟霜之间的感情，目的是劝吟霜离开皓祯；倩柔/雪如与吟霜见面的地点就在皓祯为吟霜安排落脚的小院；会面的劝说结果并没有奏效，倩柔/雪如反而认可吟霜的为人，更凑巧的是，倩柔/雪如及秦嬷嬷见到吟霜后，都觉得吟霜的相貌有几分眼熟，正像年轻时的倩柔/雪如。原告就该情节的相关设计足以构成区别于其他作品的独创内容。

剧本《宫锁连城》就该部分的情节安排为：恒泰从连城处回到宫里当班，得知自己被皇上指婚醒黛公主，回府后闷闷不乐，与郭孝商议之时被映月听闻，恒泰便告知映月自己心仪连城之事。映月答应赴小院会见连城，并试图用钱收买，让连城对恒泰死心。但连城不为所动。映月离开后，与贴身郭嬷嬷商议中，均觉得连城像年轻时的映月。

情节18.道士作法捉妖（该情节原告基于剧本《梅花烙》及小说《梅花烙》共同提出主张）

剧本《梅花烙》在该部分的情节安排为：府内传闻吟霜是狐妖转世，兰馨公主听闻后心下焦虑，于是请来法师在庭院作法，指吟霜为妖，并对吟霜大行驱妖之法，百般折磨。

小说《梅花烙》在该部分的情节安排与剧本《梅花烙》基本一致。

该部分的戏剧目的是令吟霜再度遭受兰馨的折磨。起因是兰馨质疑吟霜狐妖转世；采用的折磨手段是通过法师作法，对吟霜进行精神及肉体的攻击。原告就该情节的相关设计足以构成区别于其他作品的独创内容。

剧本《宫锁连城》就该部分的情节安排为：府中频现事端，醒黛公主于是陷害连城狐妖附体，从宫内请来萨满法师在庭院作法驱妖，对连城大行驱妖之法，百般折磨。

情节 19. 公主求和遭误解（该情节原告基于剧本《梅花烙》提出主张）

剧本《梅花烙》在该部分的情节安排为：吟霜被污不洁后小产，皓祯与兰馨之间嫌隙更深。崔嬷嬷劝说兰馨与吟霜交好方能缓和与皓祯的关系，兰馨听后，亲自带补品前来探望吟霜。路上遇到皓祯，疑心兰馨又来害吟霜。于是兰馨羞愤之下喝下补品以示清白。

该部分情节的戏剧目的是造成兰馨与吟霜之间关系的不可调和。兰馨求和的原因是发觉与皓祯之间的关系已至冰点，几乎无法维系；促成求和主意的是嬷嬷的劝说；兰馨求和的方式是为吟霜送补品探望；结果兰馨被皓祯误会下毒，未达到求和的目的，反而蒙羞，喝下补品以证明清白。原告就该情节的相关设计足以构成区别于其他作品的独创内容。

剧本《宫锁连城》就该部分的情节安排为：连城被污不洁后，恒泰看破是醒黛设计陷害连城，与醒黛嫌隙更深，甚至决定休掉醒黛。醒黛听取宫中侍女秦湘姑姑的劝说，得知与连城交好方能缓和与恒泰的关系，于是亲自带点心来探望连城，欲与连城修好。路上遇见映月，疑心醒黛又来害连城。醒黛羞愤之下吃下点心以示清白。

情节 21. 告密（该情节原告基于剧本《梅花烙》及小说《梅花烙》共同提出主张）

剧本《梅花烙》在该部分的情节安排为：偷龙转凤的真相说破后，皓祥得知皓祯并非王爷的儿子，自己才是府中唯一的贝勒，心中不平，欲揭发此事，被王爷软禁。翩翩悲愤之下告知兰馨偷龙转凤之事。

小说《梅花烙》在该部分的情节安排为：偷龙转凤的真相说破后，皓祥得知皓祯并非王爷的儿子，自己才是府中唯一的贝勒，心中不平，于是携翩翩一同进宫告密。

该部分的戏剧目的在于，通过偷龙转凤秘密的公开，令整个剧情进入悲剧式的尾声。悲剧的产生原因是基于对偷龙转凤一事的告密；告密者是翩翩（剧本《梅花烙》）/翩翩与皓祥（小说《梅花烙》），告密原因是偷龙转凤的真相披露后，皓祥心有不平，决定将事件公之于众，翩翩在王爷软禁皓祥后爱子心切向公主告密（剧本《梅花烙》）/皓祥于是携翩翩共同进宫告密（小说《梅花烙》）。原告就该情节的相关设计足以构成区别于其他作品的独创内容。

剧本《宫锁连城》在该部分的情节安排为：偷龙转凤的真相说破后，明轩得知恒泰并非将军的儿子，自己才是府中唯一的长子，心中不平，于是携如眉一同向公主告密。

综上，在影视、戏剧作品创作中，特定的成剧功能、成剧目的，是通过创作者个性化的人物关系设置、人物场景安排、矛盾冲突设计来实现和表达的，基本的表达元素就是情节。

就该部分各情节的安排上，剧本《梅花烙》及小说《梅花烙》在情节表达上已经实现了独创的艺术加工，具备区别于其他作品相关表达的独创性。剧本《宫锁连城》就各情节的设置，与剧本《梅花烙》、小说《梅花烙》的独创安排高度相似，仅在相关细节上与原告作品设计存在差异（如：情节 1 中，将偷龙转凤的谋划安置在福晋与贴身嬷嬷之间；亲女肩上并未烫下烙痕，而是生来具有的朱砂记；情节 5 中，将军对郭孝施以鞭刑而非杖责；情节 7 中，设置迎芳阁失火的环节以致连城无处安身，而非被店家赶出；情节 8 中，恒泰救下连城的方式是从佟家麟府内救出而非天桥上；情节 10 中，恒泰告知映月倾心连城的时间是在得知指婚后及与醒黛成婚前；情节 18 中，连城并非狐妖，而是狐妖附体，并将情节安置在映月得知连城为其亲女前；情节 19 中，醒黛的慰问品是糕点，向醒黛进言之人为宫中派来的侍女，拦截之人是映月而非恒泰等），而此类差异并不代表差异化元素的戏剧功能发生实质变更，以至于可造成与原告作品的情节设置相似的欣赏体验。在本案中，各被告亦未能充分举证证明剧本《梅花烙》及小说《梅花烙》中的上述相关内容缺乏独创性或剧本《宫锁连城》就相关情节另有其他创作来源等合理理由。剧本《宫锁连城》与原告剧本《梅花烙》及小说《梅花烙》在相关情节的设置上存在相似性关联。剧本《宫锁连城》就上述相关情节的设置，与原告作品剧本《梅花烙》（基于"偷龙转凤""次子告状，亲信遭殃""恶霸强抢，养亲身亡""少年相救，代女葬亲，弃女小院容身""钟情馈赠，私定终身，初见印痕""福晋小院会弃女，发觉弃女像福晋""道士作法捉妖""公主求和遭误解""告密"情节）及小说《梅花烙》（基于"偷龙转凤""次子告状，亲信遭殃""恶霸强抢，养亲身亡""少年相救，代女葬亲，弃女小院容身""钟情馈赠，私定终身，初见印痕""福晋小院会弃女，发觉弃女像福晋""道士作法捉妖""公主求和遭误解""告密"情节）之间存在改编及再创作关系。

剧本《梅花烙》中，基于上述情节排布顺序形成的逻辑推演关系为：偷龙转凤一节形成皓祯与吟霜的角色对换，情节关于梅花烙的设计，则为日后倩柔与吟霜的母女相认留下依据；吟霜被白胜龄收养，皓祯在王府成长，塑造了二人天差地别的成长环境及现实地位；皓祯在龙源楼打退多隆等人救下吟霜，造就了二人的相识，为日后相恋及作品故事的向下发展设定前提；而皓祯对吟霜的搭救加之皓祥对皓祯的忌妒，引出了皓祥在得知此事后禀告王爷，导致王爷责罚小寇子，二人身份的悬殊也让白胜龄不得不劝说吟霜放弃对皓祯的感情；多隆的强抢及白胜龄的去世，令吟霜陷入无依无靠的境地，这就为皓祯安置吟霜住所提供了前提，而吟霜接受皓祯的帮助在小寇子三婶婆的院落住下，则为日后二人感情的深入发展提供了条件；吟霜与皓祯私定终身，皓祯被皇上指婚，奠定了皓祯、吟霜与兰馨

23

之间的恋爱纷争的基础；倩柔因得知皓祯与吟霜的感情，决定赴小院会见吟霜，这也是亲生母女二十年来的首度谋面；皓祯对吟霜的深深情意导致皓祯被皇帝赐婚后仍心系吟霜而无法在内心接受与兰馨的婚姻，于是有了皓祯逃避圆房的情节；而吟霜的入府则是倩柔基于皓祯与吟霜之间的情感而为保护王府安全作出的决定，也是日后兰馨发觉皓祯与吟霜之间感情的准备，并为兰馨对吟霜的迫害埋下伏笔；兰馨对吟霜的迫害将兰馨与皓祯及吟霜之间的矛盾推向顶峰，而皓祯则为保护吟霜，正式宣布纳吟霜为妾；三人之间的感情纠葛令皇上为兰馨的处境担忧，于是有面圣陈情一节，而皇上在此过程中却被皓祯说服而未予责罚，这也为日后皇上降罪吟霜打下基础；但纳妾及皇上的未予责罚并未让兰馨放下怨恨，对吟霜不洁的诬陷导致吟霜在府内地位更是堪忧，吟霜情急之下逃离时跌倒以致梅花烙的显现以及倩柔确认吟霜便是自己的亲生女儿并发誓保护吟霜，为后续偷龙转凤真相的揭示做好铺垫；兰馨为挽救与皓祯的关系，主动向吟霜求和，却被皓祯疑心下毒，兰馨对吟霜的记恨于是延续下来，后以吟霜为狐妖为由请法师作法驱妖的环节又将对吟霜的迫害升级，而皇上得知兰馨在王府的遭遇下令吟霜出家为尼，吟霜的蒙难将倩柔逼向崩溃，于是向王爷说出当年偷龙转凤的真相；得知真相后的皓祥基于多年来的内心积怨，欲将此事公之于众，却被王爷软禁，翩翩愤懑之下向公主告密。

小说《梅花烙》相对于剧本《梅花烙》的情节排布的区别在于：皓祯与吟霜私定终身前，已经得知皇上指婚的消息，而皓祯与吟霜的情意导致其在与兰馨成婚后始终逃避与之圆房，于是向雪如坦陈与吟霜之间的感情，雪如答应赴小院会见吟霜，起初希望借此打发吟霜离开皓祯，却反而被吟霜感动，于是接受小寇子的提议，接吟霜入府。

尽管小说《梅花烙》与剧本《梅花烙》的情节排布上存在细微

差别，但并不导致基于情节而形成的逻辑推演关系与剧本《梅花烙》构成明显差异。原告作品剧本《梅花烙》及小说《梅花烙》基于特定素材的选择、加工及特定的排列组合，构成完整的情节推演并形成具有独创意义的整体作品。

在剧本《宫锁连城》中的分布为：1."偷龙转凤"；2."女婴被拾，收为女儿"；3."少年展英姿"；4."英雄救美终相识，清歌伴少年"；5."次子告状，亲信遭殃"；6."弃女失神，养亲劝慰"；7."恶霸强抢，养亲身亡，弃女破庙容身"；8."少年相助，代女葬亲，弃女小院容身"；9."钟情馈赠，私定终身，初见印痕"；10."福晋小院会弃女，发觉弃女像福晋"；11."弃女入府，安置福晋身边"；12."皇上赐婚，多日不圆房"；13."公主发现私情，折磨弃女"；14."纳妾"；15."面圣陈情"；16."道士做法捉妖"；17."福晋初见印痕"；18."福晋询问弃女过往，誓要保护女儿"；19."公主求和遭误解"；20."凤还巢"；21."告密"。

剧本《宫锁连城》相对于原告作品小说《梅花烙》、剧本《梅花烙》在整体上的情节排布及推演过程基本一致，仅在部分情节的排布上存在顺序差异：恒泰与连城私定终身后，得知皇上指婚的消息，向映月坦陈与连城的感情，映月于是同意去小院会见连城，并希望帮助说服连城离开恒泰而遭连城拒绝；恒泰迎亲当日得知连城危险，赶去搭救连城而拖延与醒黛的婚期，以致映月基于恒泰与连城的感情，为保全王府而安排接连城以丫鬟身份入府。但此类顺序变化并不引起被告作品涉案情节间内在逻辑及情节推演的根本变化，被告作品在情节排布及推演上与原告作品高度近似，并结合具体情节的相似性选择及设置，构成了被告作品与原告作品整体外观上的相似性，导致与原告作品相似的欣赏体验。而在各被告提交的证据中，并不存在其他作品与剧本《梅花烙》、小说《梅花烙》、剧本《宫锁

25

连城》相似的情节设置及排布推演，足以否定原告作品的独创性或证明被告作品的创作另有其他来源。

此外，作品中出现的不寻常的细节设计同一性也应纳入作品相似性比对的考量。如：原被告作品均提及福晋此前连生三女，但后续并未对该三女的命运做出后续安排和交代。

在著作权侵权案件中，受众对于前后两作品之间的相似性感知及欣赏体验，也是侵权认定的重要考量因素。以相关受众观赏体验的相似度调查为参考，占据绝对优势比例的参与调查者均认为电视剧《宫锁连城》情节抄袭自原告作品《梅花烙》，可以推定，受众在观赏感受上，已经产生了较高的及具有相对共识的相似体验。

五、实质性相似

对前后两部作品之间是否存在实质性相似关系的比较，是处理著作权侵权纠纷过程中十分常见的辨别步骤。这里需要首先明确的是，为验证实质性相似关系是否存在，首先需要确认前后作品用于比较的具体内容界分。在改编权侵权案件中，特别是对于那些前后作品在体裁和表现形式方面已经出现显著变化的情形，比较的参照对象不应局限于文字、符号层面（比如，具体的措辞、语句、台词等），而应沿金字塔向上追寻至体现作者作品表达内容又具有作品独创性的部分，比如，具有独创意义的人物设置、人物关系、故事情节及基于特定逻辑、布局形成的情节串联整体等。这种参照内容的界分在改编权侵权案件认定及高级抄袭以致侵权的案件认定中是更加实用的。

本案中，对一审原告就人物设置、人物关系、故事情节及故事情节形成的串联整体提出的侵权主张，在判断逻辑上就需要以"分部比较"与"整体比较"相结合的方式进行比对。就情节部分的相似性比对而言，对具体情节的比较目的，首先是为了逐个验证具体情节层面上两作品之间是否存在相似性关联；其次是为了确定原告主张的情节在原、被告作品中是否存在，并以此为基础确定原告主张的情节串联整体是否构成相似性关联。就本案实际情况而言，一审原告就其主张的相似情节及人物关系等事项以一审原告作品、一审被告作品共同展示并结合图表方式予以说明，相关情节点在《梅花烙》剧本、小说以及《宫锁连城》剧本、电视剧中均有对应存在；虽然《宫锁连城》剧本及电视剧与原告作品《梅花烙》剧本及小说相比，在部分情节的设定上存在顺序的变化，但此类顺序变化并不影响一审被告作品在涉案内容部分情节间内在逻辑及情节推演的根本变化，而保持着与原告作品高度近似的相关安排；此外，另有多处在原告作品中具有独创性的表达也出现在被告作品中，并构成高度相似性关联；原告作品中的部分创作错误也在被告作品中有所体现（如，原告作品提及福晋此前连生三女，但并未对三女做后续安排和交代），这种情况属于文学创作中的疏漏，而在被告作品中，也出现了同样的创作错误。就此，《宫锁连城》剧本及电视剧在内容上与《梅花烙》剧本及小说存在相似性关联的认定是合理的。

由上述分析推理可知，《宫锁连城》剧本对于剧本及小说《梅花烙》的人物设置、人物关系、具有较强独创性的情节以及故事情节的串联整体进行改编，超越了"参考借用"的边界，构成了抄袭，以及对剧本及小说《梅花烙》著作权的侵害，应当承担相应的侵权责任。本案对于两部作品在人物设置（及关系）、故事情节、情节串联等方面的对比以及思想与表达的区分均有着重要意义，为今后相似案件的讨论奠定了理论和实践基础。本案在比对方法和要点方面建立了较为客观的标准，是相似案件的重要参考。

撰稿人：冯刚

北京知识产权法院法官

2. 著作权所有权：合作作品

—— 溥仪遗孀李淑贤诉李文达传记《我的前半生》著作权纠纷案

案例索引：请示案号：最高人民法院（1988）民他字第 2 号（合作作品）；北京市高级人民法院（1995）高知终字第 18 号民事判决。

基本案情

溥仪在东北抚顺战犯管理所时，由其口述，其弟溥杰执笔，写了一份题为《我的前半生》的自传体悔罪材料。1960 年，群众出版社将此材料少量印刷成册，供参阅。有关领导阅后即要求有关部门派人帮助整理该材料并予出版。有关部门及群众出版社在征得了溥仪的同意后，指定当时在群众出版社工作的李文达与溥仪一起对该材料进行整理、修改。在有关领导的安排下，李文达于 1960 年 7—8 月到抚顺战犯管理所及溥仪生活过的地方实地调查，澄清了一些讹误的历史事实。1961 年 8 月 15 日，群众出版社的几位编委召开《我的前半生》修改情况汇报会。李文达汇报了修改计划和该书应反映的主题思想。最后会议对该书的主题、叙述的形式、对溥仪思想性格的反映、强调内容的真实性等方面提出了重要的意见。此后溥仪与李文达开始在新的主题思想指导下重新撰写，经二人密切配合，1962 年初完成了初稿，后二人在广泛征求领导和清史专家意见的基础上又几次修改。1964 年，该书正式出版，书名仍为《我的前半生》，以爱新觉罗·溥仪署名。事后溥仪写下了"四载精勤如一日，挥毫助我书完成；为党事业为人民，赎罪立功爱新生"的条幅赠给李文达。此外在溥仪生前的日记中有多处李文达"帮助其修改整理书稿"的记载。1964 年 2 月 6 日，群众出版社于浩成在关于《我的前半生》一书稿费支付问题的请示报告中称："全书 41 万多字，按中上标准，每千字 12 元计，基本稿酬是 5040 元，加上第一次印数稿酬，合计为 11000 余元。溥仪是此书的名义作者，曾口头提供资料。为了照顾外界影响，我们考虑应付他适当数目的稿费，但也不宜过多，具体意见以一半为宜，一次付清，加印时即不再支付。对于此书的实际执笔者，拟按本社稿费办法第 19 条办理，即付给一半稿费（按该条规定社内人员写稿一般付应得稿酬 20％—30％，最高不超过 50％，因此书花费劳动较大，我们考虑以付 50％为宜）。"[1]此报告经出版社、公安部办公厅、公安部领导批准后执行。《我的前半生》首版稿酬 11700 余元，由溥仪和李文达各得一半。

1965 年，外文出版社将《我的前半生》译成英文出版，英文本定名为《从皇帝到公民》。1967 年溥仪逝世。1981 年 9 月《我的前半生》重印，群众出版社在重印说明中称："对书中所述一些历史事实提出商榷意见，而因作者已于 1967 年逝世，不可能再作任何修改，为此，在征得清史学者朱家金同志的同意后，将其所著《从我的前半生部分史实错误的修正》一文，作为附录刊于书后，以供广大读者参考。"[2]

---

[1] 北京高级人民法院（1995）高知终字第 18 号民事判决。
[2] 同上。此注中朱家金疑为朱家溍，似有误。

　　1984 年，为与意大利以及香港新昆仑影业有限公司改编《我的前半生》拍摄电影，李淑贤、李文达与群众出版社之间发生了谁享有该书著作权的争议。之后群众出版社按照有关领导同志的意见退出了纠纷。1985 年 3 月 5 日，群众出版社的主管单位公安部致函文化部，询问《我的前半生》版权归属问题。1985 年 11 月 4 日，国家版权局以（85）权字第 6 号答复公安部："《我的前半生》一书是溥仪和李文达合作创作的，李文达是一位不署名的合作作者。此书的版权应归溥仪和李文达共有。据此，群众出版社将此前数次重印《我的前半生》一书的印数稿酬和拍摄新片的酬金，付给溥仪遗孀李淑贤和李文达各一半。"[①]李淑贤对此有异议，向当时的北京市中级人民法院提起诉讼，要求确认溥仪是该书唯一作者，李淑贤是该书著作权的合法继承人；并要求李文达停止侵害，公开声明，挽回影响，赔偿损失。一审诉讼过程中，李文达于 1993 年去世，李文达之妻王滢、李文达之子李金酉、李金河、李海愿意继承诉讼，一审法院准许上述四人作为当事人参加诉讼。

判决与理由

　　案件审理过程中，北京市高级人民法院在审理过程中向最高人民法院请示，1991 年 10 月 16 日，最高人民法院审判委员会召开第五百二十次会议讨论了该案。会议认为，《我的前半生》一书的著作权应属溥仪所享有。李文达根据群众出版社组织上的指派帮助完成了该书的修改，付出了辛勤的劳动，应属职务行为，不应分享该书

[①] 北京高级人民法院（1995）高知终字第 18 号民事判决。

著作权。1991 年 11 月 27 日，最高人民法院批复北京市高级人民法院称："你院京高法（1990）185 号'关于《我的前半生》著作权纠纷处理意见的请示'收悉。经我院审判委员会讨论认为，《我的前半生》一书是溥仪的自传体作品，在该书的写作出版过程中，李文达根据组织指派，曾帮助溥仪修改出书，并付出了辛勤的劳动。但在当时的历史条件下，李文达与溥仪之间不存在共同创作该书的合作关系。因此，根据本案的具体情况，以认定溥仪为《我的前半生》一书的作者并享有该书的著作权为宜。"①

1995 年 1 月 26 日，北京市中级人民法院作出一审判决认定，《我的前半生》一书是溥仪的自传体作品，在该书的写作出版过程中，李文达根据组织的指派，曾帮助溥仪修改出书，李文达在该书的成书过程中付出了辛勤的劳动，但李文达与溥仪之间不存在共同创作该书的合作关系。因此，应认定溥仪为《我的前半生》一书的作者，并享有该书的著作权。

王滢等人不服提起上诉，北京市高级人民法院判决认为：《我的前半生》一书从修改到出版的整个过程都是在有关部门的组织下进行的，李文达是由组织指派帮助溥仪修改出书，故李文达与溥仪不存在合作创作的事实。《我的前半生》一书既是由溥仪署名，又是溥仪以第一人称叙述亲身经历为内容的自传体文学作品。该书的形式及内容均与溥仪个人身份联系在一起，它反映了溥仪思想改造的过程和成果，体现了溥仪的个人意志。该书的舆论评价和社会责任也由其个人承担。根据该书写作的具体背景和有关情况，溥仪应是《我的前半生》一书的唯一作者。

---

① 最高人民法院（88）民他字第 2 号（合作作品）。

评　析

最高人民法院知识产权庭原庭长蒋志培对本案有如下评论：本案是我国发生较早、影响最大的著作权纠纷案件，被称为"天字第一号"著作权纠纷大案。此案从起诉到终审判决历时近十年，惊动了从地方法院到最高审判机关等三级法院，并得到了最高人民法院两届首席大法官的关注……十年的诉讼，一方当事人去世了，一方当事人也风烛残年，但终于打出了对我国知识产权司法保护颇有意义的几条司法原则……①蒋志培法官所提到的从本案中提炼出的知识产权保护原则主要体现在《最高人民法院关于审理著作权民事纠纷案件适用法律若干问题的解释》（法释〔2002〕31号，以下简称著作权司法解释）第14条的规定：当事人合意以特定人物经历为题材完成的自传体作品，当事人对著作权权属有约定的，依其约定；没有约定的，著作权归该特定人物享有，执笔人或整理人对作品完成付出劳动的，著作权人可以向其支付适当的报酬。该条对由他人执笔、以特定人物经历为题材的自传体作品的权属做了规定，首先依当事人约定；没有约定的，著作权归该特定人物所有，执笔人仅能以其劳动获得适当报酬，而不能主张合作作品作者的权利。而在本案中，《我的前半生》一书是否为李文达与溥仪的合作作品，也是争议最大的一个问题。

我国《著作权法》第14条规定：两人以上合作创作的作品，著

① 参见蒋志培：《〈我的前半生〉著作权纠纷案》，载中国知识产权司法保护网，http://www.chinaiprlaw.cn，转引自崔国斌：《著作权法：原理与案例》，北京大学出版社2014年版，第274页。

作权由合作作者共同享有。没有参加创作的人，不能成为合作作者。合作作品可以分割使用的，作者对各自创作的部分可以单独享有著作权，但行使著作权时不得侵犯合作作品整体的著作权。可见，我国著作权法中的合作作品包括两种：可分割使用的合作作品和不可分割使用的合作作品，二者在著作权行使时的规则有所不同。对于合作作品的概念，则仅强调了"两人以上合作创作"，未有进一步的规定。有学者认为，合作作品的成立至少要满足两个条件：合作意图和合作事实。[①]这也与立法者的解释相符，《中华人民共和国著作权法释义》指出："一般认为，创作一个合作作品需要合作作者之间的合意，……合作作品的作者必须是参加创作的人，没有参加创作的人，不能成为合作作品的作者。"[②]可见，也是从合作意图和共同创作的行为两方面对合作作品进行的界定。下文拟从我国著作权法关于合作作品的规定入手，结合合作作品的构成要件，分析为何法院认为本案作品不属于合作作品，"以特定人物经历为题材的自传体作品"与普通合作作品的区别，以及著作权司法解释第14条规定与《著作权法》第14条关于合作作品规定之间的区别。

一、合作意图

合作意图是指各方之间有成为合作作者的意图。这个要件貌似简单，但实践中也会有各种复杂的情形。比如，意图是一种主观上的状况，是否需要各方明示才能证明，或者可以通过一定的事实行为进行推断。又比如，是否必须在合作作品形成之前即具备合作意图？事中甚至事后达成的合作意图是否也可以构成合作作品？合作意图是否要求创作者明确知晓合作的对方？合作作者涉及两个以上

---

① 韦之：《著作权法原理》，北京大学出版社1998年版，第42页。

② 胡康生主编：《中华人民共和国著作权法释义》，法律出版社2002年版。

的主体，各方之间对意图的理解存在差异如何处理等。对这些问题，我国司法实践中有些已经出现了典型案例，有些可能尚未有明确的答案。比如，张绍蓁诉任义伯案中，双方各自创作了作品，之前没有书面合作协议，之后单位负责人决定由任义伯在张绍蓁作品的基础上进行再创作。法院认为：是否形成创作中的合意，取决于任义伯是否接受。任义伯对此未提出异议，张绍蓁亦同意由任义伯修改再创作，应认为双方事实上已默认同意合作创作。故认定最终形成的作品为二人合作作品。①而在上海说唱脚本《八鸡宴》的署名权纠纷中，涉及合作作者之间是否必须具有直接的合意问题。该案中，黄鸣琰和盛荣华合意创作《八鸡宴》。创作过程中，盛荣华请其老师黄永生进行了大量的独创性修改，直至定稿。但黄鸣琰主张他并不知道黄永生为脚本修改创作，因此黄永生不能成为合作作者。上海市虹口区法院认为，黄鸣琰和盛荣华合写属实，而黄永生系合作作者一节，依据尚缺。即法院并未认可这种“间接的合意”，但有观点认为应该可以成立。②

美国也存在类似的案例，比如夏皮罗诉杰瑞·沃格尔音乐公司案涉及合作意图是否必须事先达成的问题。作曲家创作了一段曲子，后将该作品卖给了音乐出版商，出版商在作者同意的情况下请其他人配了新的歌词，第二巡回上诉法院认定该作品构成合作作品。法院认为，该作曲家作曲时就带有合作的意图，他最初意图与其妻子

---

① 最高人民法院中国应用法学研究所编：《人民法院案例选》（1995 年第四辑），人民法院出版社 1995 年版。转引自崔国斌：《著作权法：原理与案例》，第 279—281 页。

② 朱妙春：《朱妙春律师知识产权名案精选》，上海三联书店 2009 年版，第 258—259 页。转引自崔国斌：《著作权法：原理与案例》，第 282 页。

合作这一事实并不相关。①而在爱德华·B.马克斯音乐公司诉杰瑞·沃格尔音乐公司案中，则涉及合作作者之间是否必须彼此知晓对方的问题。第二巡回上诉法院认为，合作作者是否协同工作，甚至是否知晓彼此，并不会导致不同结果。只要他们意图将自己的贡献作为补充部分体现在单一作品中，就足够了。②美国众议院在对1976年版权法关于合作作者的报告中陈述了如下观点："如果作者同他人进行合作，或者每个作者在进行自己之创作的时候知道并意图使他的创作同其他人的创作合并成一个不可分割或相互依赖的统一整体③，合作作品的要件满足。综上，合作作品成立的试金石是意图，即在进行创作的时候，意图将其创作的部分吸收或合并进一个统一的整体的意图。"④该报告中强调的"意图"是指作者对自己的作品将要与其他人作品合并为一个整体的意图，而对于其他，如合意达成的时间、对方主体是否明确等并不强调。⑤但是，从前述两个案例中可以看出，

---

① *Shapiro Bernstein & Co. v. Jerry Vogel Music Co.*, 161 F.2d 406 (2d Cir. 1946), cert denied, 331 U.S. 820 (1047). 转引自卢海君：《合作作品的构成——以我国〈著作权法〉第13条的修订为背景》，载《知识产权》2009年第6期。

② *Edward B. Marks Music Co. v. Jerry Vogel Music Co.*, 140 F. 2d 266 (2d Cir. 1944)，转引自崔国斌：《著作权法：原理与案例》，第282—283页。另可参见卢海君：《合作作品的构成——以我国〈著作权法〉第13条的修订为背景》。

③ 美国版权法规定的合作作品指"由两位或者更多的作者为使其各自的创作形成统一整体中不可分割的或相互依存的部分而共同完成的作品"，其范围小于我国著作权法合作作品的概念。美国版权法第101条"定义"，参见《十二国著作权法》，清华大学出版社2011年版。如前所述，我国著作权法规定的合作作品既包括不可分割使用的，也包括可分割使用的合作作品，对于二者的构成要件是否相同，并不明确。

④ H.R. Rep. No. 94-1476 (1976), reprinted in 1976 U.S.C.C.A.N. 5659, 5736-37. 转引自卢海君：《合作作品的构成——以我国〈著作权法〉第13条的修订为背景》。

⑤ 我国亦有学者认为，一部作品要构成合作作品，作者在创作作品的时候必须有就自己的作品同"他人"的作品结合成为合作作品的意图。这种意图既可以明确表示出来，也可以从一定的行为中推断出来。但该"他人"是谁似乎并不需要在

虽然合作作者之间未在创作之前达成合意或者未直接达成合意，但双方对合作的安排或者事实均是认可的。如果在先的创作者并不认可在后创作者的行为，结论可能就会有所不同。

实践中发生纠纷的情形一般是未参与作品署名的一方主张自己是合作作者，故由其承担举证责任证明双方存在合作的意图。如本案中，李文达应举证证明双方共同创作合作作品的意图。在没有明确约定的情况下，要从事实确认对方的意图，关键应证明对方对合作意图的认可。双方的主观意图之间存在偏差的情况下，承担举证责任的一方如果无法证明对方亦认可或者接受合作的意图或者安排，就可能需要承担对其不利的后果。从本案具体事实来看，影响法院作出李文达和溥仪并非合作创作结论的事实包括：一是创作《我的前半生》一书是领导交办的一项具体任务，溥仪的任务是写出自己的过去和新生，以反映党的改造政策，群众出版社的任务是帮助修改书稿，达到能够出版的程度。李文达是群众出版社完成这一任务的主要具体执行者。双方的默契是帮助溥仪创作、创作该书，而不是合作创作的默契；二是该书由溥仪一人署名，以溥仪第一人称叙述，代表溥仪个人意志。①这其中，第一项事实是该案中的特殊事实，第二项则是此类描写特定人物生平的自传体文学作品中共有的现象。

创作作品的时候就明确知道。建立合作作品制度的目的是为了判定合作作者之间的利益关系，包括作者身份的确认。如果先前创作者有就自己的作品创作合作作品的意图，后来者将自己的作品同先前的结合行为并没有侵犯先前创作者的精神利益，可以认为该作品构成合作作品。法律可以规定后来者在创作合作作品的时候有通知先前创作者或者创作者的合法继承人的义务，否则视为侵犯先前创作者的版权。参见卢海君：《合作作品的构成——以我国〈著作权法〉第13条的修订为背景》。但将侵权与否的区别仅建立在后创作者是否通知的基础上，依据是否充分？是否通知即可或者通知后仍然需要在先创作人或其继承人的同意？上述问题均需进一步论证。

① 崔国斌：《著作权法：原理与案例》，第214页。

故在对前述著作权司法解释第 14 条规定的权威解读中，强调了如下观点："该特定人物的自传，均以第一人称撰写，涉及特定人物的经历与生活，与他们的人身权密切相关，社会公众也只是对特定人物的经历感兴趣，要由该特定人物承担社会责任。"①可见这是司法解释对该类作品作出特殊规定的重要原因之一。司法解释该条规定对此类作品的著作权归属进行了明确的规定，除当事人有明确约定外，其他人无法再依据著作权法第 13 条的规定，以事实来证明双方合作意图的存在。

二、合作事实

《著作权法》第 13 条规定：没有参加创作的人，不能成为合作作者。《中华人民共和国著作权法释义》对参加创作的解释是：所谓"参加创作"，是指对作品的思想观点、表达形式付出了创造性的智力劳动，或者构思策划，或者执笔操作，如果没有对作品付出创造性的劳动，就不能成为合作作者。②有学者对我国著作权法的规定提出批评，认为只要根据依据当事人之间的合意对合作作品作出了贡献的人即可成为合作作者，没有必要限制为直接从事创作的人。③但从前述立法机关的解释来看，此处的"创作"含义是较为宽泛的，既包括执笔操作，也包括构思策划，其重点是强调对合作作品作出实质性的贡献。但值得注意的是，《著作权法实施条例》第 3 条规定，著作权法所称创作，是指直接产生文学、艺术和科学作品的智力活动。为他人创作进行组织工作，提供咨询意见、物质条件，或者进行其

---

① 参见《〈最高人民法院关于审理著作权民事纠纷案件适用法律若干问题的解释〉的理解与适用》，载最高人民法院知识产权审判庭编：《最高人民法院知识产权司法解释理解与适用：最新增订版》，中国法制出版社 2016 年版，第 279—280 页。

② 胡康生主编：《中华人民共和国著作权法释义》。

③ 如曹新明：《合作作品法律规定的完善》，载《中国法学》2012 年第 3 期，文中建议对合作作品采用"合意与贡献"二维标准。

他辅助工作，均不视为创作。①这可能是前述学者提出批评的原因，即使对"创作"可以进行宽泛解释，但也必须满足上述规定，即合作作者付出的必须是直接产生作品的实质性贡献，而不包括其他方面的贡献。

本案中，李文达对《我的前半生》一书的贡献是得到认可的，这也是认为其应该是合作作者的最有力依据。但如前所述，合作作品的构成要件除参与合作创作外，还要求双方的合意，二者缺一不可。故虽然法律规定：没有参加创作的人，不能成为合作作者，但并不能从中反推"参加创作的人就应该是合作作者"。另一方面，从《著作权法》第13条的规定来看，该条限制了未参加创作的人，通过合意的方式成为合作作者。但按照著作权司法解释第14条规定，对于"以特定人物经历为题材完成的自传体作品"，这一点似乎亦有例外。对于此类作品，当事人可以对著作权权属进行约定，有约定的从约定，而且并未限制约定成为合作作者的人必须直接参与作品的创作。在该司法解释的理解与适用中明确指出：该条所称的"完成"的含义不同于著作权法中"创作"的含义，泛指一部作品的完成。也就是说，参与完成作品人员中既涵盖了付出创造性劳动的，也包括付出辅助性劳动的。②对于其他普通的合作作品，从目前法律规定来看，尚无法以"合意"来替代"创作"要件。

最后值得指出的是，本案审理过程中，北京市的相关法院就案件审理问题向最高人民法院报送了请示，最高人民法院作出了批复。根据《最高人民法院关于司法解释工作的规定》，批复亦属于司法解

---

① 《著作权法实施条例》第3条。

② 参见《〈最高人民法院关于审理著作权民事纠纷案件适用法律若干问题的解释〉的理解与适用》，载最高人民法院知识产权审判庭编：《最高人民法院知识产权司法解释理解与适用：最新增订版》，中国法制出版社2016年版，第280页。

释的一种形式。①制定司法解释是法律赋予最高人民法院的一项重要职权。本案发生于 20 世纪 90 年代，尚未十分强调批复应仅针对案件所涉及的法律问题作出，如果放在当今的环境下，最高人民法院的批复应该仅解释法律的理解和应用问题，而不会直接对案件事实或者处理意见给出结论了。再考虑到最初北京市中级人民法院欲以"该纠纷已经国家版权局处理"为由不予受理本案纠纷的事实，②过去的 30 年法院在法治化道路上的进步从本案这些枝节中也可窥见一斑了。

撰稿人：董晓敏

最高人民法院法官

---

① 该《规定》第 6 条：司法解释的形式分为"解释""规定""批复"和"决定"四种。对高级人民法院、解放军军事法院就审判工作中具体应用法律问题的请示制定的司法解释，采用"批复"的形式。

② 参见蒋志培：《〈我的前半生〉著作权纠纷案》。

3. 特殊历史时期作品的著作权归属

—— 曲建方与上海美术电影制片厂《阿凡提》职务作品争议案

案例索引：上海知识产权法院（2015）沪知民终字第 200 号民事判决；上海市徐汇区人民法院（2013）徐民三（知）初字第 1048号民事判决；上海知识产权法院（2017）沪 73 民再 1 号。

基本案情

1978 年，上海美术电影制片厂（以下简称美影厂）编剧凌纾根据新疆民间故事创作了《阿凡提 —— 种金子》美术电影文学剧本，美影厂认可后成立了摄制组，指派靳夕、刘蕙仪担任导演，曲建方担任美术设计。其后，曲建方绘制了阿凡提、巴依及小毛驴角色造型，通过美影厂审核后，制成木偶投入拍摄。1979 年，美影厂完成了木偶片《阿凡提 —— 种金子》的摄制（即涉案影片）。阿凡提造型的主要特征是：狭长的头形，高额头，叶片状的眉毛，黑豆眼，弯曲很翘的鼻子，小嘴巴，小耳朵，卷曲上翘的山羊胡，细头颈，体形上细下粗，上身长，头裹白头巾，身着白色长外衣，脚穿靴尖高翘的黑皮靴。其时，美影厂没有关于作品权利归属的规定。

2010 年 5 月，经曲建方合同许可，电子工业出版社出版发行了

《阿凡提故事精选（美绘版）》和《阿凡提经典漫画（珍藏版）》图书，两本图书均使用了涉案美术形象。案件审理中，曲建方与电子工业出版社确认，除署名权外上述两本图书著作权的其他权利归属于曲建方。曲建方表示，被控侵权图书的权利义务由其承担，美影厂对此予以认可。

2013年11月，美影厂起诉至上海市浦东新区人民法院，请求判令：电子工业出版社、曲建方和大连阿凡提国际动画有限公司停止侵权并支付赔偿金人民币20万元。审理中，美影厂申请撤回对大连阿凡提国际动画有限公司的起诉，法院裁定予以准许。

曲建方提起反诉，请求确认其享有阿凡提、巴依老爷、小毛驴角色形象的著作权。

上海市徐汇区人民法院一审认为，涉案角色造型的创作者通过手工绘制，以线条、形状、色彩等美术元素的组合构成特定化、固定化的阿凡提、巴依和小毛驴角色造型，符合我国著作权法规定的美术作品的构成要件。涉案角色造型具有区别于其他角色的显著特征，可以从涉案影片中抽离出来，独立地被使用，故涉案角色造型属于可以单独使用的美术作品。涉案美术作品尚在法律规定的保护期内，应受到我国著作权法的保护。

判决与理由

上海市徐汇区人民法院一审认为，本案争议焦点在于涉案角色造型著作权归属的认定。

涉案影片摄制于1978年至1979年，距今已有30余年。当时我国正处于计划经济时期，著作权法未颁布实施，社会公众对于著作权保护意识普遍淡薄，美影厂也没有关于作品权利归属的规定。在此时代背景下，曲建方所创作的涉案角色造型美术作品，其创作成果的归属，需充分考虑到作品创作时没有著作权法可依，不能机械套用现行法上的概念，否则将会导致法律事实与客观事实发生偏差。本案中，涉案角色造型美术作品是由曲建方创作，作品体现了曲建方的个人意志，美影厂没有证据证明其在造型审核中对曲建方的造型设计进行了实质性改变，故不能认为涉案作品是美影厂集体意志的体现，且法人作品的署名权归属于法人，而美影厂在涉案影片、完成台本及《中国美术电影造型选集》中多次将美术设计或涉案作品作者署名为曲建方，因此，涉案角色造型美术作品不能作为法人作品来认定。对于涉案角色造型美术作品的著作权归属，应综合考量创作背景和过程、当事人的行为及其真实意思表示，以及公平、诚信等因素来进行审查判定。

首先，从创作背景和过程来看。一方面，当时我国尚未建立著作权法律制度，社会公众也缺乏著作权保护的法律意识。曲建方作为美影厂的职工，为了美影厂拍摄影片的需要，根据职责所在创作的成果归属于单位，符合当时人们的普遍认知。涉案角色造型需要根据剧本、导演确定的人物性格和影片风格来进行设计，某种程度上也是创作团队集思广益的结果，蕴含了整个创作团队的设计思想，美影厂付出的该部分智力应在著作权中予以体现。另一方面，正如前述，涉案角色造型的设计带有强烈的作者个性化色彩，体现了作者个人的思想、意志、情感和艺术造诣。如果涉案角色造型美术作品著作权全部归属于美影厂所有，则无疑抹杀了曲建方设计涉案角色造型时所付出的独创性贡献。

其次，从当事人的行为及其真实意思表示来看。2008年3月，美影厂许可他人在银行卡上使用《阿凡提的故事》中的电影动画形象。需要指出的是，影片中的角色形象虽然与涉案角色造型美术作品有所不同，其表现随着场景千变万化，但是其始终保留了涉案美术作品最具显著性和识别性的特征，从而与涉案美术作品构成实质性相似，不构成新的美术作品，美影厂许可他人使用电影动画形象，仍然是对涉案角色造型美术作品的使用。2008年7月，美影厂因他人出版发行、销售的《阿凡提的故事》VCD包装封面和光盘表面上擅自使用阿凡提及毛驴形象提起了诉讼。上述事实表明，美影厂在2008年就涉案美术形象对外授权使用并对侵犯涉案作品著作权的行为进行了维权。

而曲建方在上海市浦东新区人民法院（2008）浦民三（知）初字第449号案件审理中，在明知系美影厂将阿凡提美术形象许可他人在银行卡上使用的情况下，明确表示不向美影厂主张权利。该事实表明，曲建方在本案诉讼前对美影厂行使涉案作品著作权的行为知悉且不表异议。

在案大量证据表明，在涉案影片公开发行前，曲建方即使用涉案美术形象在《新少年》期刊上发表连环画"影子的故事"，并为《边塞》文艺丛刊刊登的美术电影剧本"种金子——阿凡提的故事"绘制涉案美术形象插图。后曲建方持续不断地以涉案美术形象对外投稿并在公开出版物上发表，使用或授权他人使用阿凡提等美术形象拍摄动画片，将阿凡提等美术形象授权他人在产品包装上、广告宣传中使用，或投入他人开发的手机动漫项目。1996年7月12日，曲建方取得了阿凡提美术形象《作品登记证》。美影厂提出的1983年至2003年间曲建方没有使用涉案美术形象的质疑，根据1988年2月曲建方在晋升一级美术设计师的《高级专业技术职务评审呈报表》关于工作主要成就和主要著作（论文）中的填写，1983年由新疆人民出版社出版《种金子》彩色单本连环画，1986年为上海少儿出版社出版的《小阿凡提的故事》绘画插图,该内容应经美影厂审核,该事实表明曲建方在上述期间也使用了涉案美术形象。2004年11月、2006年12月、2008年10月,曲建方因他人擅自使用阿凡提等美术形象先后提起了诉讼。相关网站和媒体对曲建方参加上海书展阿凡提系列图书签售活动、对曲建方的专访,以及对法院认定曲建方享有阿凡提美术形象著作权的生效判决作了广泛报道,相关媒体并在报道中将曲建方称为"阿凡提之父"。另外,美影厂在本案中表示,其曾在2008年前后向上海市版权局对曲建方版权登记提出过异议,版权局要求其通过诉讼解决,当时考虑曲建方是老职工便没有提起诉讼。

综合上述事实,曲建方长期以来持续不断地使用或授权他人使用涉案美术形象,并于1996年就阿凡提美术形象进行了著作权登记,对侵犯涉案作品著作权的行为多次进行了维权,媒体对曲建方及法院生效判决作了广泛报道。根据上述曲建方行使涉案作品著作权的大量事实、媒体的广泛报道以及美影厂在本案中的表述,美影厂不可能不知道曲建方行使涉案作品著作权的行为,但美影厂长期以来一直没有提出异议或启动救济程序主张其权利。

由此可见,在本案诉讼前的多年里,美影厂和曲建方均存在行使涉案作品著作权的行为,双方彼此知悉并不表异议。双方长期以来以实际行为达成了"涉案作品双方均有权支配"的默契,从而形成了事实契约关系。从诚信角度出发,双方均不得在事后作出相反的意思表示,主张涉案角色造型美术作品著作权归其一方所有。

综上所述,根据涉案作品的创作背景和过程、当事人行使涉案作品著作权的行为及其真实意思表示,并考虑公平、诚信等因素,一审法院认定涉案角色造型美术作品的著作财产权由美影厂和曲建方共同享有。鉴此,美影厂指控电子出版社和曲建方侵犯其著作权不能成立，一审法院对本案其余争议焦点不再赘述。美影厂基于其享有涉案作品全部著作权提出的诉讼请求，一审法院不予支持；曲建方要求确认其享有涉案作品全部著作权的反诉请求，一审法院亦不予支持。

据此，一审法院判令曲建方和美影厂共同享有涉案角色美术作品的财产权，驳回二者独占著作权的诉讼请求。

判决后，美影厂与曲建方均不服，分别向上海知识产权法院提起上诉。

上海知识产权法院审理认为，无论是与涉案角色有关的民间故事，还是电影剧本，均系文字作品，其间关于涉案角色的描述，均为文字描述。曲建方首次以手绘的表达方式塑造涉案角色造型，使涉案角色不再停留于抽象的概念或思想，具有独创性，应当认定其是涉案角色造型美术作品的作者。一审法院对涉案角色造型的创作者是曲建方、涉案角色造型不属于法人作品的分析认定，合法有据，本法院予以认同。涉案角色造型系由曲建方创作，且在案证据表明，其当时是美影厂的职工，是为了完成单位的工作任务所作创作，故涉案作品属于《著作权法》第16条规定的职务作品。本案的关键在于涉案职务作品的著作权归属问题。

自涉案角色造型作品创作完成至美影厂提起本案诉讼长达30余年的期间内，美影厂与曲建方各自使用涉案作品的共存状态是客观存在的事实，美影厂在知道上述事实的情况下，一直未表异议也未主动启动救济程序向曲建方主张权利，此种状态已足以使曲建方信赖其可以作为涉案作品的著作权人行使和支配相关权利。且如前所述，曲建方持续支配和使用涉案作品的行为同样也对涉案作品的知名度和内涵价值作出了贡献，因此，此种情况下若将涉案作品的著作权财产权归属一方当事人单独享有，显然会导致权利失衡，也有违公平原则。一审法院基于当事人对涉案作品著作权的行使情况，并考虑公平、诚信等因素，确认涉案角色造型美术作品的著作权财产权由美影厂和曲建方共同享有，并无不当，二审法院予以认同。综上，上海知识产权法院二审判决：驳回上诉，维持原判。

评　析

本案涉及的是特殊历史时期形成作品的著作权归属问题，所谓特殊，是指当时尚未确立法定意义上的著作权制度，著作权的归属问题有赖于当时的国家政策。新中国成立初期，政府对著作权还持认可态度，但后来随着社会主义改造的进行，著作权制度也逐渐式微，只剩下从苏联引进的稿酬制度，而这一制度在"文化大革命"期间亦归于无形。[①]直至 1990 年 9 月 7 日，全国人大常委会通过《中华人民共和国著作权法》，法律意义上的著作权制度才得以真正确立。

现行《著作权法》修订于 2020 年。对于著作权归属，《著作权法》第 11 条对作者的含义进行了规定，[②]第 18 条规定了职务作品的内容，[③]

---

① 参见周林：《中国版权史研究的几条线索》，载周林、李明山主编：《中国版权史研究文献》，中国方正出版社 1999 年版，第 4—14 页。

② 《中华人民共和国著作权法》第 11 条 著作权属于作者，本法另有规定的除外。创作作品的公民是作者。由法人或者其他组织主持，代表法人或者其他组织创作，并由法人或者其他组织承担责任的作品，法人或者其他组织视为作者。如无相反证明，在作品上署名的公民、法人或者其他组织为作者。

③ 《中华人民共和国著作权法》第 16 条 公民为完成法人或者其他组织工作任务所创作的作品是职务作品，除本条第二款的规定以外，著作权由作者享有，但法人或者其他组织有权在其业务范围内优先使用。作品完成两年内，未经单位同意，作者不得许可第三人以与单位使用的相同方式使用该作品。有下列情形之一的职务作品，作品享有署名权，著作权的其他权利由法人或者其他组织，法人或者其他组

本案的审理充分考虑了特殊历史时期的状况，对认识著作权归属的历史、法律规定的适用有着很强的参考价值。

一、职务作品著作权归属的一般规则

（一）作者身份的认定规则

《著作权法》（2020）第 11 条第 2 款中规定创作作品的"自然人"是"作者"，第三款中又规定法人或者其他组织在一定条件下可以视为作者。本条所称的"公民"与《民法通则》含义相同，指的是自然人。受特定历史时期的思想认识影响，当时的法条中并未直接采用"自然人"这一术语，而当前进行的第三次《著作权法》修正稿中则已将"公民"替换为"自然人"。

本条所称"创作作品"的具体含义在《著作权法实施条例》（2013 年修订）有着明确规定，是指"直接产生文学、艺术和科学作品的智力活动。为他人创作进行组织工作，提供咨询意见、物质条件，或者进行其他辅助工作，均不视为创作"。根据这一规定，仅为创作者进行组织工作，提供物质条件等辅助性帮助的，不能成为作者。作品的创作是作者经过独创性智力活动，并将其以某种形式固定的智力表达过程，其中起着决定性意义，影响作品形成、风格的是创作者本身，外界意见、物质等仅为辅助性要素，最终作品仍有待于创作者确定，而这是著作权制度得以出现并持续激励创作的基石。由此来说，一般情况下只有自然人才能成为真正意义上的"作者"，并对其作品享有权利。

但在特殊情况下，法人或者其他组织也能成为著作权法意义上

织可以给予作者奖励：

（一）主要是利用法人或其他组织的物质技术条件创作，并由法人或者其他组织承担责任的工程设计图、产品实际图、地图、计算机软件等职务作品；

（二）（三）下略。

的作者，并借此享有"作者"的权利。《著作权法》第 11 条第 3 款规定，由法人或者其他组织主持，代表法人或者其他组织创作，并由法人或者其他组织承担责任的作品，法人或者其他组织视为作者，即所谓法人作品。①当然，法人作品下的"作者"仅仅是"视为"的作者，并非真正意义上的作者，做出这种制度安排，主要是基于产业方面的考虑。一方面，立法者主要考虑到作品创作过程中单位所发挥的作用，将单位视为作者，使其对作品有更大的控制权；另一方面，这种制度安排的原因，很大方面是由于此类作品参与者众多，著作权如果集中于某人或是某些人，后续的利用者将有可能会投入过多的时间和精力在权利的获得上，对社会公众获得更多的作品也较为不便。

在法人作品中，著作权完全归法人所有，实际创作者甚至连署名权也不能享有。《著作权法》第 11 条中对于法人作品的用词较为弹性，法院在具体案件的法律适用中有着较为宽松的解释空间，其中最突出的问题在于法院并不刻意区分单位和个人之间的雇佣关系与独立合同关系。因此，即使创作者并非单位具有雇佣关系的员工，法院仍有可能将作品认定为法人作品。在法人作品的认定过程中，其与特殊职务作品的关系一直是长期困扰法院的问题，二者之间并不存在明显的界限。

（二）职务作品的认定规则

《著作权法》第 18 条对职务作品进行了规定，根据作者享有权利的多少，又可以将职务作品分为普通职务作品和特殊职务作品，

---

① 有学者认为，"中国著作权法关于法人作品的规定借鉴自美国版权法，而传统大陆法系著作权法是绝对不会承认不能动手劳动进行实际创作的法人或其他组织能够成为'作者'"。王迁：《著作权法学》，北京大学出版社 2007 年版，第 2 页。

其中特殊职务作品中作者的权利空间较小，仅能享有署名权，而单位或者其他组织对作者的奖励也只能是"可以"。

普通职务作品是公民为完成单位工作任务创作的作品，这种情况下作者几乎保留了全部的著作权，单位只享有业务范围内的优先使用权。就法律规定而言，单位的优先使用权只是两年，如果单位使用该作品，则使用权具有排他性；两年期满，作者可以自行许可第三人以相同方式使用该作品。《著作权法实施条例》第12条第1款规定，职务作品完成两年内，经单位同意，作者许可第三人以与单位使用的相同方式使用作品所获报酬，由作者与单位按约定的比例分配。

而特殊职务作品则是指满足《著作权法》第2条之后，进一步具有特殊情形的作品，该作品是指"主要利用法人或者其他组织的物质技术条件创作，并由法人或者其他组织承担责任的工程设计图、产品设计图、地图、计算机软件等职务作品"。根据《著作权法实施条例》第12条第2款，该法所称的"物质技术条件"是指"该法人或者该组织为公民完成创作专门提供的资金、设备或者资料"。对于特殊职务作品，作者享有的著作权仅有署名权，其他著作权统归单位所有。需要指出的是，该类作品都是技术类作品，即为解决技术问题创作、开发的作品。作品虽由公民创作，但是由于作品性质的技术性，所谓的保护作品完整性、修改权等精神类著作权的享有与否，于创作者而言并无太大的实际意义。

除此以外，《著作权法》第18条第2款中还规定，当事人即单位和员工可以将普通职务作品约定为特殊职务作品，[①]由此而言，单

---

① 关于两年的起算时间，《著作权法实施条例》第12条第2款规定，作品完成两年的期限，自作者向单位交付作品之日起计算。

位和员工之间的约定对于作品性质的认定具有十分重要的作用。

而在本案中,考虑到当时所处的年代,既无明确的法律规定,也无可考的行业惯例,又无直接的双方约定,确定作品的性质,应综合考虑作品产生的背景、作品的使用情况、作品的权利维护等情形。美影厂虽称作品为法人作品,但多次将涉案作品的作者署名为曲建方,因此,涉案作品难以认定为法人作品;对于特殊职务作品,该类作品一般为技术类作品,而双方又无明确约定,涉案作品显然不属于此种作品。在此情形下,应当根据普通职务作品的规则确定作品权利的归属。但实际上,考虑到作品产生的特殊时代背景以及双方当事人的真实意思表示,作品著作权的归属又实难以完全在既有法律条文下予以确定。

二、著作权归属的证明依据

权利人为证明其权利存在,应当以一定形式将其为著作权权利人的身份属性通过一定的方式对外展示,产生公示效果,因此取得社会公信力。而根据《民事诉讼法》《著作权法》等法的相关规定,著作权人对他人主张权利时,需提供证据证明。一般来说,创作者证明自己的创作过程在实践中存在不少困难,因此,如何合理地维护著作权人的合法权益成为立法者必须面对的问题。在此问题上,《著作权法》第 12 条第 1 款规定:"如无相反证明,在作品上署名的公民、法人或者其他组织为作者。"这是一条推定式的法律规定,推认署名者是作者,同时设置了前提条件,即没有相反证明,这也意味着如果在后续过程中出现了相反证明,即使在作品上署名,其作者身份也将被否定。当然,除少数不愿意透露自己身份,①大多数作者在作

---

① 此类作品如色情作品,创作者的真实身份一旦暴露,将对其社会声誉造成负面影响,甚至有可能会受到法律法规的制裁。此类作品的著作权问题较为复杂,本文不作讨论。

品发表时，都会表明自己的身份。由此而言，《著作权法》第 12 条对于作者身份的举证有着非常重要的意义。

否定作品署名上的"相反证明"并无明确的操作规则，如果相对人不能提供此类证据，作品上的署名者即为作者或著作权人。虽然法律规定上并未规定明确的相反证据类别，但《著作权法》实施以来的多年实践表明，此类证明可能包括证明作品另有所属的证人证言、发表在先作品的不同署名等，至于其证明力达到何种程度才能推翻作品的署名效力，则需要由审理法院根据个案中的具体情况，根据证据规则综合判断。

具体到本案中，涉案作品的署名为"曲建方"，无论是曲建方本人提供的证据、第三方公开的资料，甚至美影厂自身形成的材料，都表明涉案作品的作者是曲建方。在案件审理中，美影厂为"否定"作品署名的效力，提出作品创作于《著作权法》颁布之前，国家正处于计划经济时期，曲建方完成交付的工作才能取得相应待遇，员工的工作成果归属于单位是当时社会公众普遍认同的行为准则和行业惯例。应该说，美影厂的这一理由具有很强的证明力，确实如美影厂所言，在计划经济时代，员工或者说职工创作的成果统归单位是社会规则。而且，美影厂曾与多个员工产生过此类纠纷，[①]其中很多案件的涉案作品的著作权都被判归美影厂，但本案却有着不同于其他案件的情形，作品著作权的归属除考虑特定时期的规则外，还应对作品的创作背景、创作过程、当事人的行为表示及其意思表示综合考虑，计划经济时代的历史背景应当考虑，但本案发生在作品创作完成的 30 年后，径直适用所谓当时通行的社会规则，则是对著

[①] 如葫芦娃案，创作者仅有署名权，其他著作权都被判归美影厂。参见上海市黄浦区人民法院（2010）黄民三（知）初字第 28 号民事判决、上海市第二中级人民法院（2011）沪二中民五（知）终字第 62 号民事判决。

作权制度本身的否定。基于此，审理法院考虑到特定的历史背景，综合考虑多种事实，根据著作权制度对案件进行审理。

三、特殊历史时期形成作品的著作权归属规则

（一）特殊历史事件形成作品的司法实践

计划经济时期创作完成作品的著作权归属问题在当前司法实践中并不少见，以本案一方当事人上海美术电影制片厂为例，仅在上海地区，系统可查的与员工、前员工或是其他创作者之间产生的权属纠纷就有 23 件。①此类案件的审理历来较为复杂，涉案作品往往有着很强的社会关注度，如本案涉及的"阿凡提"，以及美影厂在其他案件中的"美猴王""葫芦娃""黑猫警长"等美术形象，都是在当时乃至当今社会公众中有着广泛影响力和知名度的作品，某些作品甚至称得上所处时代的文化符号。

特殊历史时期形成作品的著作权规则并无明确的法律规定，审理法院一般会根据案件的具体情况，对涉案作品的著作权进行分配。一般情况下，适用计划经济时代的社会规则，将特殊历史时期形成作品的著作权判归单位，并不存在什么问题，无论是创作者本人还是社会公众，从法理和情理上都能接受。但是对于部分案件，如本案所涉及的情况，将涉案作品的著作权判归双方共有，在司法实践中也是存在的。

（二）一般情形：著作权归属于单位

特殊历史时期，或者说计划经济时代，员工或者说创作者本身并无独立的社会属性，其身份、财产等与自身有关的社会属性都与所在单位有关，单位会为员工解决住房、医疗、子女入学等福利待遇，作为对应，员工需要完成单位交付的工作任务，将其创作的作品交

---

① 查于上海法院智能办案系统，截止日期 2017 年 2 月 14 日。

付单位所有。而著作权制度的作用在于激励创作者创作更多的优秀作品，使社会公众获得更多的优秀作品。[①]

计划经济时代，作为个体的创作者即作者并无参与社会商业活动，尤其是作品传播活动的条件，其创作完成的作品交付单位后，由单位对作品进行开发利用、商业交往、许可授权等与财产权有关的使用，所获收益归单位所有。作为个体，创作者体现社会价值的表现更多地体现在精神奖励或是个人地位上，如创作的作品优秀，能够获得各种奖励、荣誉称号等，以及附随性的物质奖励。

就当时的法律环境来看，我国尚未建立著作权法律制度，社会公众也缺乏著作权保护的法律意识，双方当事人对此也予认可，甚至谈论权利问题是"很不光彩的事情"。[②]这说明，针对动画电影的整个创作而言，完成工作任务所创作的成果归属于单位，是符合当时人们的普遍认知的。一般情况下，创作者对于创作作品的使用并无意识觉醒，作品交付单位后，后续著作权的行使，如自行开发利用、许可他人使用、许可他人改编以及作品权利的维护等权利的行使和维护均由单位进行。对于此类作品，作品的著作权一般归属于单位，创作者仅享有署名权。此前发生的美影厂与胡进庆、吴云初之间就"葫芦娃"产生的著作权权属纠纷案，即属于此种情形。

（三）特殊情况：创作者与单位共同享有

虽然特殊历史时期创作完成作品的著作权归属于单位是此类案件的经常性现象，但并不表示创作者对创作的作品没有可能获得著

[①] 《著作权法》第 1 条中明确表示，其制定本法的目的在于保护创作者（传播者）权益、促进作品的创作和传播。

[②] 如葫芦娃案的审理过程中，有证人表示，在当时谈论权利是可笑的。参见上海市黄浦区人民法院（2010）黄民三（知）初字第 28 号民事判决、上海市第二中级人民法院（2011）沪二中民五（知）终字第 62 号民事判决。

作权，在符合一定条件的案件中，创作者即作者仍能获得作品的著作权。就创作作品的形成时代而言，作者实无可能获得作品的著作权，但是，纠纷的发生、案件的审理毕竟发生在著作权制度完备的现代社会，著作权的归属不能径行根据计划经济时代的通行规则和社会认知进行分配，而是要全面考虑作品的实际状态、当事人各方的意思表示和现行法律规则予以判断。

作品之所以产生广泛的社会影响和良好的行业声誉，与创作者完成作品本身质量有关，也与作者、传播者在扩大作品影响、开发经济价值、维护作品权利等方面所做的努力有关，一份优秀的作品，无不倾注着作者和传播者的巨大心血。基于此，《著作权法》第1条中开宗明义地表示，其立法目的在于维护创作者（传播者）的权益，同时，也在于促进作品的创作和传播。作为作品的创作者和传播者，获得作品产生的经济收益，是著作权制度确立的规则导向。

对于特殊历史时期产生的作品，诚如上文所言，一般创作者并无明确的权利意识，作品的传播和权利的维护一般由单位进行，当时的创作者和一般社会公众认为谈论权利是思想觉悟不高的表现，遑论行使权利、利用作品获得经济收益。特殊历史时期结束以后，部分创作者权利意识觉醒，开始逐渐脱离单位对其创作作品的控制，有意识地利用作品获取相应的经济收益，通过申请作品著作权登记、对外投稿发表、授权他人使用作品或是对外合作，甚至是提起诉讼维护作品权益等方式表明自己的权利人身份。在此过程中，单位作为特定历史时期作品的归属者，应当是对其员工的上述行为及其产生的可能后果有着明确的认识。在特殊历史时期形成作品的著作权权属纠纷中，法院是在现有著作权法律规则下，根据作品的状态、当事人的意思表示，对作品权利归属问题进行判定。

作为特殊历史时期作品的承袭者，单位应当以积极作为的姿态维护其对此类作品的身份属性和经济权益，对员工的不当行为采取必要的行动。事实上，在大部分案件中，单位作为作品的权益所有者，扮演着积极的权利行使者和权利维护者的角色。但在部分案件中，如本案中，曲建方在单位期间即以个人名义对外投稿发表，脱离单位后，更是成立专门的公司进行"阿凡提"的开发和利用，获得了著作权登记，多次起诉未经许可使用"阿凡提"的非法行为并得到审理法院的支持，凡此种种，均对外表明，曲建方是作者，拥有"阿凡提"的著作权，对于上述事实，美影厂一直有着清醒的认识。在此情形下，将涉案作品的著作权财产权判归任何单方当事人享有，都会造成权利失衡，有违数十年来的社会认知，并产生一系列的其他纠纷，也有违公平原则。因此，法院基于当事人对涉案作品著作权的行使情况，考虑公平、诚信原则等因素，将涉案作品的著作权判归作者曲建方和单位美影厂共同享有。

撰稿人：陶冠东

上海知识产权法院法官

4. 著作权之人格权——发表权

——杨绛"钱钟书书信手稿"诉中贸圣佳拍卖公司侵害著作权及隐私权案

案例索引：北京市高级人民法院（2014）高民终字第1152号民事判决。

基本案情

钱钟书及其配偶杨季康、其女钱瑗与李国强系朋友关系，三人曾先后向李国强寄送私人书信百余封。上述信件本由李国强收存，但2013年5月中贸圣佳公司公告称其将拍卖上述书信手稿等共计110件作品。同时大量媒体对此进行了报道，称钱钟书手稿如此大规模公之于世尚属首次。

杨季康向北京市第二中级人民法院提出诉前申请，请求责令中贸圣佳公司及李国强立即停止侵害著作权的行为。北京市第二中级人民法院经审查后于6月3日作出禁止中贸圣佳公司实施侵害著作权行为的裁定。中贸圣佳公司随即发布停拍声明，但其网站中仍然刊登了多篇报道文章，其中披露了部分书信手稿全文，内容包括讨论出版细节、介绍家庭生活、发表个人观点等。此后，杨季康向北京市第二中级人民法院对二被告提起了侵害著作权及隐私权之诉。

原告杨季康诉称：杨季康及其配偶钱钟书、其女钱瑗与李国强系朋友关系，三人曾先后向李国强寄送私人书信共计百余封，三人分别对各自所写书信享有著作权和隐私权。杨季康作为钱钟书的唯一继承人，并作为钱瑗的继承人之一，在钱瑗的另外一位继承人即其配偶杨伟成同意的情况下，有权对侵害三人书信手稿著作权和隐私权行为提起诉讼。上述信件本由李国强收存，李国强作为收信人应依法保守朋友的通信秘密，保护写信人的隐私权。但2013年5月间，中贸圣佳公司发布公告称其将于2013年6月21日举行"也是集——钱钟书书信手稿"公开拍卖活动，公开拍卖上述私人信件。中贸圣佳公司还计划于6月18日至20日举行预展活动，于6月1日举行相关研讨会，且其已于5月20日举行了"也是集——钱钟书书信手稿"活动，将上述若干封私人信件公开展览、公之于众。杨季康获知上述情况后请求北京市第二中级人民法院诉前裁定二被告停止侵权行为，人民法院作出责令中贸圣佳公司停止侵权裁定后，中贸圣佳公司停止了对涉案书信手稿的公开拍卖活动。但李国强作为收信人擅自将书信手稿委托拍卖、中贸圣佳公司为公开拍卖而举行的相关准备活动以及通过网络等方式传播书信手稿的行为，已构成对杨季康著作权和隐私权的侵犯，给其造成了严重伤害，故诉至法院，请求判令被告中贸圣佳公司及李国强停止侵犯隐私权和著作权的行为，在报纸、网站等媒体上公开赔礼道歉，赔偿因侵害著作权给杨季康造成的经济损失人民币50万元，支付因侵害隐私权给杨季康造成的精神损害抚慰金人民币15万元，支付杨季康为制止侵权所支出的合理费用人民币5000元，并承担本案诉讼费用。

被告中贸圣佳公司答辩称：1.杨季康据以证明其享有钱瑗涉案权益的证据仅为杨伟成出具的说明，在杨伟成无正当理由未出庭的情况下，其证言不能作为单独认定案件事实的依据。该说明不足以证明杨伟成系钱瑗涉案著作权的二继承人之一，不能排除钱瑗的两位继子女可依照法定继承或受遗赠而享有继承权，更不能证明杨季康可以就全部涉案权益提起诉讼。2.中贸圣佳公司已履行我国相关法律、部门规章、行业规则等规定的审查义务，委托人在委托拍卖时已就拍品权属等情况提供了保证。中贸圣佳公司还就涉案拍品是否属于文物监管范围主动向相关部门进行了申报，并已获得监管部门的核准。此外，根据业内拍卖活动惯例，中贸圣佳公司无法预见到涉案行为存在侵权可能性。3.本案中相关拍品尚未进入拍卖阶段，亦未进行预展活动，相关拍前鉴定活动也并未侵犯杨季康的合法权益。中贸圣佳公司于获知本案争议后第一时间与委托人进行联系，并于获知委托人撤拍决定后第一时间停止了相关拍卖活动。综上，杨季康有关停止侵权、赔偿损失、赔礼道歉的主张没有事实和法律依据，请求法院判决驳回其全部诉讼请求。

被告李国强答辩称：1.法律并未规定私人书信是否属于著作权法保护的作品。钱氏三人致李国强的信件内容，多为讨论出版细节、代购或赠阅图书及日常问候等事务性、礼节性内容，不具有文学性和艺术性，并非受著作权法保护的作品。即使构成作品，鉴于钱钟书和钱瑗均已去世，在其他权利人未出具放弃权利声明的情况下，杨季康也无权对钱钟书和钱瑗的作品著作权单独提起诉讼。2.钱氏三人寄信行为本身表明涉案信件内容不涉及隐私，三人亦未向李国强做出保密要求，因此书信手稿中并无隐私内容。即使信件内容涉及隐私，因隐私权是与自然人人格不可分离的人身权利，不能转移、转让和继承，杨季康也无权就钱钟书、钱瑗的隐私权提起诉讼，且著作权与隐私权属于不同的法律关系，不应在同一案件中处理。3.李国强因年事渐高，无力保管书信等藏品，为避免藏品丢失毁损，遂于 2013 年 4 月 21 日将钱氏三人书信手稿转让给案外人叶常春，该转让行为系合法民事行为，李国强对涉案拍卖活动毫不知情，杨季康所指控的侵权行为与李国强无关。4.杨季康未举证证明涉案被拍卖信件的具体数量及被"公之于众"信件的具体内容，未举证证明被告李国强实施了哪些侵权行为，亦未提供任何证据证明其精神遭受损害且造成严重后果，故其关于李国强侵权并应承担赔礼道歉、赔偿损失、支付精神损害抚慰金的主张无事实依据。综上，杨季康的主张没有事实和法律依据，请求法院驳回其全部诉讼请求。

判决与理由

北京市第二中级人民法院在审理此案时探讨了以下法律要点：

第一，关于原告杨季康是否有权提起本案诉讼及其相关权利的认定。

根据我国《著作权法》及《继承法》相关规定，著作权归作者享有。著作权属于公民的，公民死亡后，其著作财产权在著作权法规定的保护期内，依照继承法的规定转移。作者死亡后，其著作权中的署名权、修改权和保护作品完整权由作者的继承人或者受遗赠人保护。作者生前未发表的作品，如果作者未明确表示不发表，作者死亡后 50 年内，其发表权可由继承人或者受遗赠人行使。如果钱氏三人的涉案书信构成作品，三人分别对自己的作品享有著作权。根据杨季康家庭继承关系的认定，杨季康和钱瑗配偶杨伟成有权依法继承钱瑗著作权中的财产权，依法保护其著作权中的署名权、修改权和保护作品完整权，依法行使其著作权中的发表权。现杨伟成书面表示同意杨季康单独在本案中主张相关权利，故杨季康依法有权主张涉案钱瑗的相关权利。杨季康有权依法继承钱钟书著作权中的财产权，依法保护其著作权中的署名权、修改权和保护作品完整权，依法行使其著作权中的发表权。

根据我国《民法典》总则、继承编、侵权责任编的相关规定，钱氏三人各自有权保护自己的隐私权不受侵犯。死者同样有隐私，对死者隐私的保护不仅仅是对死者生前意愿的尊重，也是弘扬社会善良风俗的需要。对死者隐私的披露必然给死者近亲属的精神带来刺激和伤痛，死者的近亲属具有与死者的隐私相关的人格利益，而该利益应当受到法律的保护。根据上述继承关系，原告杨季康作为钱钟书和钱瑗的近亲属及继承人，有权就涉案隐私权问题提起本案诉讼。

第二，被告中贸圣佳公司被控侵权行为的认定。

被告中贸圣佳公司是涉案被控拍卖行为的主体，但其并未尽到拍卖人应尽的合理注意义务。首先，其并未提交《委托拍卖合同》原件，且其所述委托拍卖合同的签署日期（2013 年 4 月 20 日）早于李国强所述的书信转让日期（2013 年 4 月 21 日），二者存在明显矛盾，故法院对其《委托拍卖合同》及委托人身份的真实性不予确认，其关于已经尽到对拍品的审查义务以及涉案拍品属于合法拍卖标的的抗辩主张，依据不足，法院对此不予支持。其次，我国法律保护公民的通信自由和通信秘密。未经权利人许可大规模拍卖他人书信，并擅自对他人作品进行著作权法意义上的使用，存在侵害他人隐私权和著作权的极大可能性，中贸圣佳公司对此未尽到合理注意义务。再次，根据现有证据显示，互联网上披露、复制和传播部分信件内容的文章均非中贸圣佳公司所写，但均提到相关信件信息获取自中贸圣佳公司，而中贸圣佳公司亦将相关媒体报道刊载在其网站中，可见其已将涉案书信内容向相关专家、媒体记者等披露、展示或提供，亦对后者的公开发表、评论、复制、传播等行为未予提示和制止，反而在网站中转载，其行为系对相关书信权利人著作权和隐私权的直接侵犯，应当承担相应的法律责任。

第三，关于被告李国强被控侵权行为的认定。

确认涉案书信本应由被告李国强保管，其虽提交证人证言用以证明其已将书信等藏品转让给案外人叶常春，但证人并未亲历转让交易过程，且其所述转让日期与中贸圣佳公司所述拍卖合同签署日期矛盾，故被告李国强并未就其主张提供充分证据，现在证据不能形成完整证据链条，故法院对其主张不予支持。

原告杨季康关于委托拍卖人系李国强及李国强直接实施了侵害著作权行为的主张，虽因证据不足而难以得到支持，但李国强作为收信人，负有保护写信人通信秘密和隐私的义务，况且杨季康曾于信中明确要求其将手中书稿信札等妥为保藏，基于此，李国强未经权利人同意擅自将书信手稿以对外转让或其他方式出手，且未对受让人及经手人等作出保密要求和提示，构成对权利人隐私权的侵害，应承担相应的法律责任。

综上，被告中贸圣佳公司未尽到拍卖人应尽的注意义务，未经著作权人及其继承人许可，擅自向鉴定专家、媒体记者等展示、提供并放任后者在互联网上传播涉及钱钟书、钱瑗、杨季康三人的私人书信，构成对其著作权和隐私权的侵害，依法应承担停止侵权、赔礼道歉、赔偿损失的法律责任。被告李国强未妥善保管涉案书信，导致后续侵权行为发生，亦构成对涉案隐私权的侵害，依法应与中贸圣佳公司承担连带责任。

关于被告中贸圣佳公司因侵害著作权赔偿原告杨季康经济损失的具体数额，因原告杨季康并未提交因涉案侵权行为受到损失的证据，被告中贸圣佳公司也未提交其使用涉案作品所获利润的证据，其侵权所得亦不能确定，法院将根据涉案书信作品的知名度和影响力、中贸圣佳公司过错程度以及侵权行为的时间、规模、性质、情节等因素酌情确定。关于二被告因侵害隐私权向原告杨季康支付精神损害抚慰金的具体数额，法院将根据二被告过错程度、涉案侵权行为的时间、规模、性质、情节以及侵权行为所造成的后果等因素酌情确定。

综上，北京市第二中级人民法院依法判决："一、中贸圣佳国际拍卖有限公司自本判决生效之日起停止涉案侵害杨季康隐私权和著作权的行为；二、李国强自本判决生效之日起停止涉案侵害杨季康隐私权的行为；三、中贸圣佳国际拍卖有限公司自本判决生效之日起十日内赔偿杨季康因涉案侵害著作权行为给其造成的经济损失人民币十万元；四、中贸圣佳国际拍卖有限公司、李国强自本判决生效之日起十日内共同向杨季康支付精神损害抚慰金人民币十万元；五、中贸圣佳国际拍卖有限公司、李国强于本判决生效之日起十日内就其涉案侵权行为在《北京青年报》上刊登向杨季康赔礼道歉的声明（声明内容须经本院核准，逾期不执行，本院将在一家全国发行的报纸上公布本判决主要内容，相关费用由中贸圣佳国际拍卖有限公司、李国强负担）；六、中贸圣佳国际拍卖有限公司于本判决生效之日起十日内就其涉案侵权行为在其官方网站（网址为 http://www.zmsj.cc/）首页上连续七十二小时刊登向杨季康赔礼道歉的声明（声明内容须经本院核准，逾期不执行，本院将在一家全国发行的报纸上公布本判决主要内容，相关费用由中贸圣佳国际拍卖有限公司负担）；七、驳回杨季康的其他诉讼请求。"

中贸圣佳公司不服一审判决，提起上诉。北京市高级人民法院二审判决驳回上诉，维持原判。

评　析

本案当事人知名度高，社会影响大，案件类型新颖，法律关系复杂，不仅涉及与民生息息相关的著作权及隐私权领域基本法学理论问题，还隐含着著作权与物权的冲突与协调问题、个人隐私与社会公众知情权之间的选择与平衡问题以及拍卖公司对私权保护的义务问题等，是探讨知识产权法学理论与发挥司法评价和指引功能的典型范例。

本案在诉前禁令的基础上，对以下法学问题做出有益探讨：

一、私人书信可能构成作品，写信人的著作权受法律保护

我国著作权法所称的作品，是指文学、艺术和科学领域内具有独创性并能以某种有形形式复制的智力创造成果。作品的构成要件包括独创性与可复制性。书信作为人类沟通感情、交流思想、洽谈事项的工具，通常是写信人独立构思并创作而成的文字作品，其内容或表现形式通常不是对他人已发表的作品的引用、抄录，即不是单纯模仿、抄袭他人的作品，因此书信通常具有独创性。书信通常以信纸或其他纸张为载体，能够以有形形式予以复制，因此具有可复制性。鉴于书信通常兼具独创性和可复制性，符合著作权法关于作品的构成要件，故可以成为著作权法保护的作品。根据法院查明的事实，杨季康主张的涉案钱氏三人写给李国强的书信符合作品独创性和可复制性要求，构成我国著作权法保护的作品。

二、书信手稿之上著作权与物权的并存关系

书信手稿之上同时存在着著作权与物权。起初，著作权和物权均由写信人享有，随着手稿寄出，其物权可能发生变化。信件寄出后的物权归属，法律并无明文规定，对此，一审法院认为可依从通信双方的意思自治来判断。根据物权变动的基本原则，"寄信"行为可以认为是物的交付，如果写信人具有转移物权的意思表示，则书信手稿之物权发生转移。一般情况下，无论是用包装精美的信函、贺卡、明信片，还是用普通信纸所书写的信件，写信人通常具有将手稿赠与对方的意思表示。极少数情况下，写信人出于保密需要或其他原因，才会专门做出物权保留、物权限制等意思表示。概言之，大多数情况下写信人均有转移书信手稿物权的意思，则可推定物权发生转移。本案中，在写信人无保留物权或限制物权等意思表示的情况下，法院认为李国强作为收信人可以取得书信手稿的物权。但是，著作权并不会随着书信手稿物权的转移而发生变化，因此，会出现本案中书信手稿之物权与著作权主体分离的现象，这真实地反映了社会生活中的基本情况。

三、书信手稿之上著作权与物权的冲突与协调

物权的权利客体是书信手稿这种有形的物质载体，其权利内容是对有形物质载体的直接占有、使用、处分和收益的权利，属于绝对权，所显示的独占性和排他性程度相对较强。而著作权的权利客体是书信所承载的无形信息，其权利内容是对书信所承载无形信息的专有使用收益的权利，在一定程度上具有绝对权的性质，但独占性和排他性程度相对较弱，只能排斥他人未经许可使用与自己的作品相同或近似的表达。

通常，收信人作为所有权人可依法行使其物权，随着商品经济发展和社会生活复杂化，收信人出于追求经济利益、披露信息、向社会捐献历史文化资料、有效保管书信等各种目的，转让、拍卖私人书信手稿，进而使私人书信手稿这种"物"作为商品进入流通领域已并不罕见。当收信人处分书信手稿过程中，写信人的著作权与

收信人的物权会产生某种程度的冲突，如何协调著作权与物权之间的关系是值得关注的问题。

对此，应当根据物权法之规定，即"物权的取得和行使，应当遵守法律，尊重社会公德，不得损害公共利益和他人合法权益"原则来处理，同时要考虑物的充分利用、社会公众的获取利益及作者著作权等的保护。就本案而言，收信人及其他合法取得书信手稿的人，对于书信手稿进行处分时不得侵害著作权人的合法权益，特别是发表权。发表权属于著作人身权之一，是指决定作品是否公之于众以及何时、何地、以何种方式公之于众的权利。涉案钱氏一家的书信手稿均为写给李国强的私人书信，从私人书信本身的功能可以看出，写信人的本意在于向友人传递信息，交流感情，而非将所写内容公之于众，为世人所品评。除非作者明示，否则从寄信行为本身无法得出作者同意将手稿作品予以发表的意思表示。本案中，在得知书信手稿即将被公开拍卖后，原告杨季康已经公开表示强烈反对将书信手稿公开发表。基于此，包括收信人及其他合法取得书信手稿的人在内的所有人，均不得违背著作权人及其继承人的意志，公开发表他人书信手稿。作品的发表是一次性行为，作品一旦被非法发表，将导致权利人的意志被违背，意味着私人书信进入公众视野，该行为存在不可逆转性，这种为公众所知悉的状态将无法回复到为权利人所控制的私密状态。因此，一旦未经许可以公开拍卖等方式发表他人私人书信作品，将对权利人发表权造成难以弥补的损害，这也正是法院发布诉前禁令的重要原因。

四、钱钟书书信手稿如果构成书法美术作品，亦不影响本案判决观点

有观点认为，倘若涉案书信手稿构成美术作品，则收信人作为美术作品原件的持有人，有权公开展览书信手稿，则本案裁判基本观点有失偏颇。

对此,笔者认为不妥。根据我国《著作权法实施条例》第 4 条规定,"美术作品是指绘画、书法、雕塑等以线条、色彩或者其他方式构成的有审美意义的平面或者立体的造型艺术作品。"本案中钱钟书的相关书信手稿,系由毛笔或钢笔完成,其书法风格独具一格,极具美学价值,因此其诸多书信手稿,既构成文字作品,也可能构成作为书法的美术作品。我国著作权法第 20 条规定,"美术等作品原件所有权的转移,不视为作品著作权的转移,但美术作品原件的展览权由原件所有人享有"。该制度是立法特别为美术作品原件持有人所赋予的权利,其意义在于保障美术作品原件持有人的经济利益和使用权益。美术作品原件所有人所享有的展览权仅限于原件,作品的展览权仍然归属于作者。通常,美术作品原件持有人对已经公开发表的作品的原件进行展览,不影响美术作品作者对作品享有的展览权。但在作品尚未公开发表的情况下,原件持有人对原件的展览势必将导致作品的公开发表,这就涉及作者发表权及基于此的相关权利受到干涉的问题。我国《著作权法》对此并未作出明确规定,司法个案中可依价值权衡原则处理。书信手稿作为一类作品载体形式,具有很强的特殊性。相比于其他体裁的作品而言,书信手稿具有更强的人格依附性,其首先是描述私人事务和个人感情的文字作品,与作者的人格、身份有着特别密切的联系,其次才是具有美学价值的书法作品。当将公众欣赏书法美学的获知利益、原件所有人经济利益和使用权益与著作权人的人格权益相比较衡量时,更应当首先保护著作权人的人格权益。

司法在个案中的选择不仅要权衡各方当事人的合法权益,更要对将来的社会生活给予有效指引。若以著作权人格权为重,则原件所有人展示书法美学的权利会受到限制,公众在著作权人决定发表前亦无法欣赏到书法作品,但这不意味着否定收信人可以不侵入著作权人权利范围的方式行使物权，其可以将书信手稿以不公开的方式转让、赠与、继承等，对于其经济利益并无大碍。而社会公众亦可在著作权人决定发表或著作权保护期限经过后合法获得作品。反之，若以原件所有人的展览权为重，则今后大凡书法家所写私人书信，甚至普通人用图画等方式形成美术作品的书信，收信人均可以原件展览权为由擅自公开展览书信原件，则私人通信的价值将受到影响，写信人的发表权将无从保护。综上，即使书信手稿可被认定为美术作品，仍不妨碍本案判决的观点正确性。

五、名人书信著作权保护与公共获知利益协调

本案涉及名人书信著作权保护的问题。名人作为公众人物，社会公众对其书信手稿的内容关注程度更高，其书信手稿中所体现的文学艺术价值更高，他人一旦未经许可公开发表名人书信手稿所造成的侵权后果也更为严重。虽然著作权法并未对名人书信作出特别规定，但名人书信原件的所有权人对于保护书信作者的著作权需要尽更高的注意义务，尤其针对没有发表的名人书信作品，行使其所有权时更应尊重著作权人的意愿，在没有得到著作权人同意的情况下，应注意采取措施防止书信作品的相关内容和文字公之于众。鉴于本案中涉案书信是没有发表的作品，杨季康作为书信的著作权人并未允许他人公开发表其作品，故他人不得擅自公开其作品。

六、私人书信内容属于隐私范畴，擅自披露私人书信，伤害权利人及亲属感情，构成侵权

《侵权责任法》第2条规定侵害隐私权应当依照本法承担侵权责任。隐私权是人身权的一种基本类型，又称个人生活秘密权，是指公民不愿公开或不让他人知悉个人秘密的权利。一般而言，隐私权包括通信秘密权与个人生活秘密权。通信中的私人信息属于通信秘密，个人可以对不危害社会公共利益的私人通信加以保密和隐瞒，

不使其为他人所知，以保护自己的人格利益。即使行为人合法获取到他人的通信信息，也负有妥善保管这些通信信息的义务，如果故意泄露他人通信秘密，造成损害后果，应承担相应的法律责任。死者同样有隐私，对死者隐私的保护不仅仅是对死者生前意愿的尊重，也是弘扬社会善良风俗的需要。对死者隐私的披露必然给死者近亲属的精神带来刺激和伤痛，死者的近亲属具有与死者的隐私相关的人格利益，而该利益应当受到法律的保护。

诚然，名人及学者的私人书信可能包含着丰富的知识和信息，因而具有极高的文学艺术科学价值，对其书信手稿的研究和流转将有利于社会文化发展。但是，即使出于社会公共利益而对个人隐私进行公开和使用，也应当以尊重个人意愿为前提，最大程度保护公民个人利益。这是因为，隐私权是公民的一项基本人身权利，而个人利益是公共利益得以实现的基础。如果在写信人反对的情况下，将其私人信件随意处置甚至公开拍卖，不仅导致个人隐私得不到保护，更将导致公民丧失通信的动力和社会个体之间的诚实信任，这将对整个社会公共利益和文化发展造成极为不利的后果。

七、拍卖公司对私权的注意和保护义务

拍卖是以公开竞价的形式，将特定物品或者财产权利转让给最高应价者的买卖方式。在拍卖活动中，委托人委托拍卖人拍卖物品或者财产权利，竞买人参加竞购拍卖标的，并由最高应价购得拍卖标的的竞买人买受拍卖标的。拍卖人在自己组织的拍卖活动中既不能竞买，也不能拍卖自己的物品或者财产权利，只能促成交易的达成并收取相应的佣金。拍卖人的地位决定了其进行的鉴定、发布拍卖公告、展示以及最终实施拍卖均是为促成委托人与竞买人达成交易而进行的必要环节，拍卖人应当依法从事公开拍卖活动及相关必要活动。

关于拍卖公司是否负有对于拍品所涉著作权及隐私权的保护义

务，值得深入探讨。我国《拍卖法》仅要求委托人提供身份证明和拍卖人要求提供的拍卖标的的所有权证明或者依法可以处分拍卖标的的证明及其他资料，并未要求拍卖人审查拍卖标的可能存在的侵害著作权、隐私权的情况。因此，当拍卖标的为物而非著作权本身时，拍卖人只须对物的所有权进行审查。由于拍卖行业所涉标的种类繁多，其中拍卖的作品的权属情况和可能出现的侵权情况非常复杂，拍卖人很难对此进行判断。尤其是在我国拍卖行业，依照相关法律法规和行业习惯，并未要求拍卖人查明拍卖标的的全部瑕疵，在此种情况下要求拍卖人对拍卖标的的著作权归属及侵权情况进行审查，将不适当地增加拍卖人的义务，影响拍卖活动的正常发展。由于公开是拍卖活动的原则，拍卖的开放性和公众参与性是公开原则的集中体现，拍卖与其他买卖方式的基本区别就在于前者的公开程度是后者无法比拟的，故亦不能仅以公开为由增加拍卖人的审查义务。因此，依据现行法律法规的规定，拍卖人并无主动审查拍品是否侵害他人著作权及隐私权的义务。

但是，拍卖人作为拍卖活动的行为主体，应当对于拍品是否侵害他人合法权益负有善良管理人应尽的注意义务。对于应当预见、可以预防或阻止的侵权行为，应当采取措施，停止或制止侵权行为，避免损害的扩大。根据本案查明的事实，中贸圣佳公司既不能提交真实的委托拍卖合同，且其所述该合同签署日期又与李国强所述书信转让日期存在矛盾，且在权利人的明确制止的情况下不主动停止传播涉案手稿，属于应当预见到其行为存在极大的侵权可能性，具有明显的主观过错，故而法院才会判决其承担侵权责任。

撰稿人：杨静

北京知识产权法院法官

5. 著作权之演绎权

—— 白先勇与上海电影（集团）有限公司、上海艺响文化传播有限公司、上海君正文化艺术发展有限公司《最后的贵族》/《谪仙记》著作权侵权纠纷案

案例索引：上海市第二中级人民法院（2014）沪二中民五（知）初字第 83 号民事判决。

基本案情

白先勇是中国台湾地区著名作家，小说《谪仙记》的作者，依法享有对该作品的著作权。小说《谪仙记》于 1965 年 7 月发表在中国台湾地区《现代文学》，后在大陆地区被收入多部书籍出版发行，具有广泛的社会知名度。

1989 年，原上海电影制片厂（以下简称上影厂）将小说《谪仙记》改编为电影《最后的贵族》，该电影由谢晋导演，并于同年上映。

为宣传话剧《最后的贵族》，上海艺响文化传播有限公司（以下简称艺响公司）在其印发的宣传彩页上以及演出场所（上海人民大舞台）的大型宣传海报上，均公开宣称该话剧是根据谢晋导演的同名电影改编，主办单位为上海电影（集团）有限公司（以下简称上影集团），承办单位为艺响公司、上海君正文化艺术发展有限公司（以

下简称君正公司）。在其举办的新闻发布会上，也使用了白先勇的照片作为背景。

白先勇曾向媒体发表公开声明，同时委托律师发函给艺响公司并抄送给上海人民大舞台，要求立即停止侵权行为。但是，三被告对原告的严正要求置若罔闻，仍于 2013 年 12 月 17 日至 22 日，连续六天在上海人民大舞台公开演出话剧《最后的贵族》。

白先勇认为，上影集团、艺响公司和君正公司在未取得原作品《谪仙记》的著作权人即原告的许可，也未向其支付报酬的情况下，擅自使用电影《最后的贵族》进行话剧演出，侵犯了其著作权。上影集团在未经原告许可的情况下，擅自授权他人以改编方式使用经原告作品演绎的电影作品，也侵犯了原告的著作权。据此，白先勇起诉至上海市第二中级人民法院，请求三者停止侵权，在报刊和网络刊登道歉声明，并赔偿经济损失及合理费用 55 万元。

上影集团辩称：上影集团与上影厂为关联企业，上影集团授权艺响公司改编话剧得到了电影作品权利人上影厂的许可。

艺响公司、君正公司共同辩称：被告将电影《最后的贵族》改编为话剧得到了中国文学艺术界联合会（以下简称中国文联）、上海市文学艺术界联合会（以下简称上海文联）的同意以及上影集团授权，而且通过中间人与白先勇就授权事宜进行了联系。

第三人上影厂有限公司述称：同意上影集团的答辩意见。

判决与理由

上海市第二中级人民法院审理后认为，艺响公司、君正公司对于其将电影《最后的贵族》改编为同名话剧并进行演出的事实并无异议，本案的争议焦点在于，艺响公司、君正公司的改编行为是否分别得到了原告白先勇和上影厂的许可，上影集团是否作出了原告及艺响公司、君正公司所主张的包括原作品作者权利的授权，以及如果三被告构成侵权情况下的民事责任承担问题。

一、关于被告艺响公司、君正公司的改编行为是否得到了原告白先勇和上影厂的许可问题

根据《著作权法》第37条第2款规定："使用改编、翻译、注释、整理已有作品而产生的作品进行演出，应当取得改编、翻译、注释、整理作品的著作权人和原作品的著作权人许可，并支付报酬。"本案系艺响公司、君正公司将《最后的贵族》电影作品改编为同名话剧引发的纠纷。电影《最后的贵族》系根据文字作品小说《谪仙记》改编而来，属于演绎作品。演绎作品是指在保持原有作品基本表达的基础上，增加符合独创性要求的新表达而形成的作品，演绎作品包含了原作品作者和演绎者的智力成果，存在原作品作者和演绎者所享有的双重权利。本案中，上影厂经原告同意，通过对文字作品小说《谪仙记》的改编，制作了电影《最后的贵族》，享有对《最后的贵族》电影作品的著作权，但电影《最后的贵族》作为演绎作品，艺响公司、君正公司将该演绎作品改编为另一种作品形式即话剧，并进行公开演出，则需同时取得原作品作者即文字作品小说《谪仙记》作者的许可和演绎作品作者即电影作品《最后的贵族》制片者上影厂的许可。

1. 关于电影作品著作权人的许可问题

上影集团向艺响公司出具授权书，授权艺响公司使用电影作品《最后的贵族》，上影集团虽非该电影的制片者，但鉴于该电影制片者上影厂同意上影集团行使该授权行为，故可认定艺响公司将该电影改编为同名话剧并演出，得到了电影作品著作权人的许可。

2.关于原作品小说《谪仙记》著作权人的许可问题

原告认为，上影集团通过概括性授权的方式，代替原告行使了本应由原告行使的原作品著作权人享有的改编权。

上影集团及上影厂认为，上影集团所作出的授权仅限于上影厂所享有的对电影作品的使用许可，至于原作品作者的授权，并未代替也无权代替其作出相关许可，艺响公司应另行取得原作品作者的许可。

艺响公司、君正公司认为，根据授权书中的授权内容和相关保证，上影集团作出了包括电影作品及文字作品著作权权利人在内的授权许可。

法院认为，《著作权法》第17条规定，电影作品和以类似摄制电影的方法创作的作品的著作权由制片者享有。同时，《著作权法》第13条规定，改编、翻译、注释、整理已有作品而产生的作品，其著作权由改编、翻译、注释、整理人享有，但行使著作权时不得侵犯原作品的著作权。据此，上影厂作为电影《最后的贵族》制片者，享有对《最后的贵族》电影作品的著作权，有权对该电影作品正常利用。但是，由于电影《最后的贵族》包含原作品作者原告的权利，如果制片者上影厂对该电影的使用不当，就改编其电影作品作出原告诉称的包括原作品作者权利在内的授权，则超出了其所享有的对电影作品权利的范围，构成对原告著作权的侵害。综合本案全案的事实和证据，对上影集团是否作出对原作品作者权利的授权许可，作如下分析：（1）从授权书的形成及内容看，该授权书系葛宏伟起草制作，由上影集团负责人签字。授权书内容可明显反映出上影集团系就制片者仅针对其所享有的电影《最后的贵族》的著作权权利作出使用许可，但没有作出代替原作品作者即原告作出上述改编的许可的意思表示。上影集团既无权代替原告作出原作品作者的授权许可，其对演绎作品的授权也不必然导致艺响公司取得原作品作者的许可。艺响公司取得上影集团关于改编的许可后，仍需取得原作品作者即原告的相关许可。（2）从证人证言的内容看，证人葛宏伟的证词反映，艺响公司作为改编行为的主导者，十分清楚其改编行为除了取得电影制片者的许可外，还需取得原作品作者原告的许可，为此在上影集团出具授权书之前及之后，都在努力与原告进行联系以取得相关许可。在未能获得原告许可的情况下，艺响公司、君正公司擅自实施了改编及演出行为。（3）从上影集团参与改编及演出的情况看，原告虽主张上影集团参与了艺响公司、君正公司的改编和演出活动，但没有提供相应的证据支持，艺响公司、君正公司亦均表示改编行为系由该两被告独立完成，与上影集团无关。因此，原告关于上影集团作出"概括性授权"的事实主张、艺响公司、君正公司关于上影集团给予其包括著作权权利人在内授权的说法，均无事实与法律依据，本院不能支持。至于艺响公司、君正公司辩称演出系获得中国文联、上海文联等部门同意一节，仅能说明相关部门对开展"谢晋诞辰90周年纪念活动"的管理行为，并不能替代艺响公司、君正公司依法应向原作品作者取得的权利使用许可。

综上，艺响公司、君正公司未经原作品作者即原告的许可，将电影作品《最后的贵族》改编为同名话剧并进行演出，侵害了原告享有的对其小说作品《谪仙记》的著作权，包括署名权、改编权及获得报酬的权利；上影集团许可艺响公司、君正公司改编电影作品《最后的贵族》的行为，不构成对原告著作权的侵害。

二、关于民事责任的承担问题

上海市第二中级人民认为，艺响公司、君正公司侵害原告享有的对其作品的署名权、改编权和获得报酬权等著作权权利，依法应承担停止侵害、消除影响、赔礼道歉和赔偿损失的民事责任；艺响公司、君正公司共同实施侵害著作权行为，造成原告损害，应当承担连带责任。

关于停止侵害，是指艺响公司、君正公司应立即停止话剧《最后的贵族》的演出及相关宣传活动。

关于消除影响、赔礼道歉，考虑到侵权行为影响所及的范围，艺响公司、君正公司应在本院指定的报刊和网站上刊登声明，向原告赔礼道歉，消除因侵权行为所造成的影响。

关于赔偿损失。白先勇请求适用法定赔偿，参照艺响公司、君正公司的获利等因素主张赔偿数额为人民币50万元。艺响公司、君正公司辩称，白先勇主张的律师费过高，就演出场所座位所作的公证、在中国台湾地区所作的公证均缺乏必要性。而法院认为，本案中白先勇的实际损失不能确定，虽然查明了话剧演出出票的基本情况，但由于艺响公司、君正公司未提供其因改编及演出活动付出成本相关的财务资料等证据，其所抗辩付出近人民币200万元成本的说法无从证明，故对艺响公司、君正公司的违法所得也不能确定。根据白先勇的请求，法院适用法定赔偿确定两被告应承担的赔偿数额。法院认为，白先勇小说《谪仙记》具有较高知名度，以此改编的电影《最后的贵族》也具有较高市场知名度，原告文字作品具有较高的权利价值。艺响公司明知对电影作品改编话剧需要取得原作品权利人许可，虽与原告进行联系试图取得授权，但在联系未成，且在白先勇发出律师函要求艺响公司立即停止侵权的情况下，仍执意按原计划连续六天进行演出，具有明显的主观过错。但是，鉴于话剧演出虽使白先勇及其作品的声誉受到一定损害但尚未达到严重程度，且从演出情况看，演出场次六场后未再继续，且大部分出票为赠票，获利应为有限。

关于合理费用，白先勇以公证形式保全演出场所座位情况的证据，完成台湾地区居民来大陆诉讼所需身份证明及诉讼代理等事项，该部分支出应属合理。至于律师费，应根据本案纠纷律师诉讼代理工作的难易程度、工作量等因素，确定属于合理开支范围的数额。

据此，上海市第二中级人民法院判令艺响公司、君正公司停止侵权，在报刊、网站刊登道歉声明消除影响，连带赔偿白先勇经济损失人民币 20 万元，合理费用 5 万元。

评　析

本案涉及的是作品的演绎权问题，其行为包括改编、翻译、摄制（电影）或汇编等，与著作权人财产权中的改编权、翻译权、摄制权和汇编权等四项权能有关。①就演绎权这一名词而言，并非法定概念，只是学理上为了研究方便而使用的概括性术语。对于演绎作品的权利归属，《著作权法》第 13 条规定："改编、翻译、注释、整理已有作品而产生的作品，其作品由改编、翻译、注释、整理人享有，但行使著作权时不得侵犯原作品的著作权。"

作为作品的原著作权人，《著作权法》给予了较为充分保护，对于后续的演绎者，第 16 条规定："出版改编、翻译、注释、整理、汇编已有作品而产生的作品，应当取得改编、翻译、注释、整理、汇编作品的著作权人和原作品的著作权人的许可，并支付报酬。"演绎作品的使用者除得到演绎作品著作权人许可以外，还应得到原著作权人，即作品最初创作者的许可，并支付相应的对价。

---

① 参见《著作权法》第 10 条第 1 款第（十三）（十四）（十五）（十六）项规定，条文中对四项权能的内涵做了具体规定。

一、演绎作品的种类及其内涵

（一）改编权

《著作权法》第 10 条第 1 款第（十四）项规定，改编权是指改变作品，创作出具有独创性的新作品的权利。改编作品是相对于原作品而言，构成新作品，需要具有"独创性"。关于改编后的作品类型，有观点认为，改编是"在不改变作品基本内容的情况下将作品由一种类型改变为另外一种类型"，①即改编后的作品类型与原作品属于不同种类，但对于文字、音乐、舞蹈等作品而言，改编之后还是会产生相同类型的作品。这一解读与社会实践存在一定差异。

事实上在司法实践中，对改编权的定义解读有着较大的弹性空间，"甚至可以超越媒介形式的改变"。②作品类型不发生改变并不意味着不存在改编，在我国传统文化中有着许多民间音乐作品，如《乌苏里船歌》改编自赫哲族民间音乐曲调《想情郎》，但二者都属于音乐作品。③由此而言，将改编作品限定为作品类型的改变，有待商榷。有法院认为，"改编主要包括两种情况：一是不改变作品原来类型而改编作品；二是不改变作品基本内容而将作品由一种类型改编成另一种类型"。④

就其本质而言，改编是利用原作品创作出新的独有独创性的作品。改编作品与原作品相比有着一定的独创性，不同于原作品，但改编作品又主要利用了原作品中的独创性内容，自原作品基础上发

---

① 胡康生主编：《中华人民共和国著作权法释义》，第 72 页。
② 崔国斌：《著作权法：原理与案例》，第 412 页。
③ 参见何怀文：《中国著作权法》，北京大学出版社 2016 年版，第 391 页。
④ 杨宏科与霍秉全侵害著作权纠纷案，陕西省宝鸡市中级人民法院（2008）宝市中法民三初字第 11 号民事判决书；北京时代嘉华文化传媒有限公司与北京居海传媒有限公司侵害著作权纠纷案，北京市朝阳区人民法院（2011）朝民初字第 24269 号民事判决书。

展而来。改编作品需要具有一定的独创性，在原作品上的简单修改、合并或是适当的增加、简化，虽然付出了一定的智力性劳动，但由于未对原作品的基本内容和表现形式做出改变，不能称其为"新作品"，因此只能称之为"修改"，其行为类似投稿中的编辑修改，而非著作权法意义上的改编。

（二）摄制权

摄制权是指以摄制电影或者以类似摄制电影的方法将作品固定在载体上的权利，①由此可见，摄制权是指将作品拍摄成电影或类似电影作品的权利，所以摄制权也被称为制片权。关于电影，《著作权法实施条例》第4条规定，"电影作品和以类似电影的方法创作的作品，是指摄制在一定介质上，由一系列有伴音或者无伴音的画面组成，并借助适当装置放映或者以其他方式传播的作品"。

将原作品拍摄成电影的行为是否构成对摄制权的侵害，关键在于电影作品中有无系争作品中受保护的独创性内容。在某种意义上，将摄制权视为一种特殊的改编权，在法理上也是可以的。②

至于哪些作品能够享有摄制权，《著作权法》中并无明确的规定。事实上也无必要对此进行规定，摄制权作为著作权人对作品享有的权利，能否产生摄制权，与作品类型、技术条件和社会需求等因素相关，与其将摄制权的作品类型加以限定，不如将其交与社会。从当前的社会实践来看，小说、戏剧等之类的文字作品是最为常见的摄制权作品。国际公约和著作权法规定了电影类作品，但并未明确规定为只是将小说拍摄为电影、电视剧等，未经许可拍摄音乐、美术或摄影作品，也应构成对摄制权的侵害。③

---

① 《著作权法》第10条第1款第（十三）项。
② 参见崔国斌：《著作权法：原理与案例》，第412页。
③ 参见胡康生主编：《中华人民共和国著作权法释义》，第59页。

（三）翻译权、汇编权

翻译权和汇编权也是演绎权的类型。

翻译权是指将作品从一种语言文字转换成另一种语言文字的权利。①翻译的作品通常含有文字内容的作品，如小说、戏剧等，体现出翻译者的独创性劳动，因此，一般翻译者对其翻译后的作品都有独立的著作权。

汇编权则是指将作品或者作品的片段通过选择或者编排，汇集成新作品的权利。②与翻译权不同，汇编权的构成要求汇编的结果必须具有独创性，否则不能构成汇编。就其性质而言，汇编并未对原作品本身进行改变，只是"汇集"作品，成立汇编权是由于其在单独作品的选择或编排上体现了独创性，在整体上形成了新作品。③

二、演绎作品保护范围的界定

（一）演绎权保护范围界定方法

演绎作品本身具有独创性，其权利的存在和行使由演绎作品的著作权人控制。强调演绎作品的独创性，其意义在于将改编权与原作品的复制权或者其他权利进行区分，体现演绎作品是独立于原作品的存在，复制权或者其他权利未产生新作品，而演绎则产生了新作品。演绎作品产生后，如何区分二者，界定演绎作品的保护范围，是演绎作品首先需要面对的问题。

认定演绎作品保护范围的方法需要满足两项条件：第一，能与复制行为区分；第二，能与独立创作（或合理使用）行为区分。④《著作权法》虽对改编、摄制等四项演绎权的定义有所规定，但在实际

---

① 参见《著作权法》第 10 条第 1 款第（十五）项。
② 参见《著作权法》第 10 条第 1 款第（十六）项。
③ 参见胡康生主编：《中华人民共和国著作权法释义》，第 60 页。
④ 参见梁志文：《论演绎权的保护范围》，载《中国法学》2015 年第 5 期。

案件中，如何对上述行为进行区分，更多地是由案件审理法院根据具体情况进行判断，并无条文性的规定。然而，对此类案件进行分析比较，还是能够发现实践中司法机关相对较为普遍的验证方法。

演绎权作为独立性权利，司法实践中一般通过三个步骤对其保护范围进行界定。第一，判断被控侵权作品与原作品直接是否有实质性近似，这是判定被控侵权作品是否侵权的前提。第二，被控侵权对象是具有独创性的新作品。演绎权独立于复制权的重要基础在于演绎作品体现了相对于原作品的独创性，有演绎者自己的独创性贡献。第三，被告非法使用了原作品的独创性内容。演绎作品使用了原作品的独创性内容作为构成要素，形成新的表达形式，具有独创性贡献。①

（二）改编作品的著作权保护范围界定

在著作权侵权判定中，侵犯改编权的法律判定标准与侵犯复制权的法律判定标准并无二致。②在司法实践中，法院一直尝试确立明确的细分准则，对复制权侵权和改编权侵权进行区分。然而司法实践证明，上述努力事实上很难达成一致的法律标准，立法机关或是最高司法机关也未在此问题上取得突破，对同样的事实产生的纠纷，不同的法院都有可能产生不同的意见。

山东省高级人民法院在审理烟台办公自动化网络工程公司和唐懋宽著作权侵权纠纷案中认为，复制是对原作品的再现，结果体现为以某种方式将作品制成一份或多份；演绎是在原作品的基础上增加了独创性内容，产生了新作品，但该新作品以原作品的独创性内容作为基础。③

---

① 参见梁志文：《论演绎权的保护范围》，载《中国法学》2015 年第 5 期。
② 参见何怀文：《中国著作权法》，第 393 页。
③ 参见山东省高级人民法院（2002）鲁民三终字第 9 号民事判决书。

而北京市朝阳区人民法院在审理《堆云·堆雪》案中即认为，涉案作品的表现形式是雕塑，被告使用的是油画，二者虽载体不同，但除尺寸、颜色及局部差异外，在人物整体造型、姿势、神态等方面基本相同，构成对涉案作品的"复制"。[①]同样的事实，该法院在三年后审理的薛华克与燕娅娅等侵害著作权纠纷案中却认为，将作品由摄影作品改变成油画作品的行为，构成了对涉案作品的"改编"。[②]立体形式到平面形式的改变是"复制"，而平面形式到平面形式的改变是"改编"，同一法院在相同事实上不同的审理意见，凸显了改编作品认定的差异性。就其保护效果，对原作品的著作权来说，无论是通过复制权的主张，还是以改编权的被侵犯声索，最终都能实现权利的保护。司法实践中对此问题的处理方式不同，反映了对改编权确定标准的不同认识。

就本案而言，上影厂经白先勇许可，将小说《谪仙记》演绎为电影《谪仙记》，就其作品形式而言实现了从小说到电影的改变，就其内容而言，电影《谪仙记》的人物、情节等构成作品的独创性内容，均来源于小说《谪仙记》。对这一改变行为，作品类型分别是小说和电影，二者存在着明显的差异性，因此并不存在上述讨论中"复制"与"改编"的区分问题。电影《谪仙记》作为作品，享有《著作权法》赋予的各项著作权。

（三）作品改编与原作品的权利保护

改编作品的著作权人对其作品享有独立的著作权，其权利内容和行使方式上与原创性作品的著作权并无差异，只是在其行使著作权时，还需承担一定的注意性义务。《著作权法》第 13 条规定："改编、

[①] 北京市朝阳区人民法院（2009）朝民初字第 2930 号判决。
[②] 北京市朝阳区人民法院（2011）朝民初字第 7231 号判决。

翻译、注释、整理已有作品而产生的作品，其著作权由改编、翻译、注释、整理人享有，但行使著作权时不得侵犯原作品的著作权。"该条规定对改编者的著作权予以了确认，同时也规定了改编者的义务，即在其行使著作权时不得侵犯原作品的著作权。

至于改编者需要有哪些注意义务，何种行为属于对原作品著作权人权利的侵犯，《著作权法》并未予以明确，相应的《著作权法实施条例》也未在规定中予以说明。对改编者而言，其侵犯原作品著作权人的行为方式理论上与普通人并无太大差异，需要特别说明的是原作品的保护作品完整权。

"改编"是对原作品改变以创作新作品，在改变原作品结构形式、表达方式的同时，对原作品的意思表达也会产生一定的改变，由于改编者和原作者之间思想认识的不同，改编后的作品很难保证原作者所认为的"原汁原味"。事实上，在改编权纠纷中，原作者经常性提起的意见就是改编者改变了原作品所要表达的意思，甚至歪曲了原作品的案件层出不穷。而在司法实践中，法院似乎倾向于限制性解读原作者的保护作品完整权。如樊祥达诉上海电视台等著作权侵权纠纷案中，原作者樊祥达认为，改编者上海电视台严重歪曲和篡改原著且损害原著声誉，侵害了其保护作品完整权。而法院则认为，樊祥达和上海电视台等对改编的范围和程度没有约定，而樊祥达也没能举证证明上海电视台等的改编行为达到了歪曲、篡改原著的程度。对于作者而言，许可他人改编自己作品，改编者对其创作的作品享有独立的著作权，只要正确署名为改编作品和相应的改编者，改编作品的质量和声誉由改编者自己承担，社会公众评价的对象是改编作品而非原作品，很难对公众产生误导性影响。①

----

① 参见何怀文：《中国著作权法》，第 401 页。

三、使用演绎作品进行表演

（一）表演权的构成

表演权是《著作权法》中一项重要的权利，由表演者享有。所谓表演，《著作权法》第10条第（九）项规定，表演权，即公开表演作品，以及用各种手段公开播送作品的表演的权利。而表演者，《著作权法实施条例》第5条第（六）项规定，指的是"演员、演出单位或者其他表演文学、艺术作品的人"。表演者具体的指代对象《著作权》《著作权法实施条例》均未明确指出，而是指出了三类人，即演员、演出单位或者其他表演文学、艺术作品的人，至于实际上是哪一方，则由当事各方在法律给定的范围内自行商定，而在现有实践中，演出单位成为表演者的情形更为常见。

表演者通过自身对现有作品的理解，通过电影、话剧、舞蹈、戏曲等形式对作品表达的内容进行公开再现，是一种再创作行为。能够用于表演的作品相对较为有限，只有特定的作品才能用于表演，现实中较为常见的是音乐作品、戏剧作品、曲艺作品、舞蹈作品和杂技艺术作品。[①]取得表演权，除对象可以用于表演，表演者的行为也应是艺术性的，体现了创造性，否则便不能获得表演权。如原创动力与群光实业案中，群光实业的工作人员使用案外人设计的动漫人物在商场与顾客互动，原创动力认为其行为构成侵权诉至法院。法院审理认为，群光实业工作人员的互动行为并未实现艺术性的创作，涉案作品本身并未艺术性地体现对涉案作品的感知。

（二）表演者使用演绎作品的义务承担

权利和义务是对等的，表演者在享有表演权的同时，也要承担相应的义务。在使用演绎作品进行表演时，《著作权法》第16条规定：

---

① 参见何怀文：《中国著作权法》，第401页。

"使用改编、翻译、注释、整理已有作品而产生的作品进行出版、演出和制作录音录像制品，应当取得该作品的著作权人许可，并支付报酬。"表演者使用演绎作品进行表演，获得演绎作品著作权人的许可并支付报酬使表演者能够注意，在发生纠纷时处理侵权与否的界限也较为清晰。

需要说明的是，虽然法理上认为取得著作权人许可的实施者应当是表演者，但在实际操作中，表演组织者取得著作权人许可的事例也属常见，因此《著作权法》第38条规定了，如果是"演出组织者组织演出，由该组织者取得著作权人许可，并支付报酬"。

本法第16条的规定源于演绎作品的著作权人与原作品著作权人都享有完整的著作权，故使用演绎作品表演，必须取得原作著作权人及演绎作品著作权人的双层许可，这一点同《著作权法》第36条规定图书出版者在出版演绎作品时需尽的义务，其原理一致。根据本条规定，使用他人作品演出，无论该作品是作者未发表的还是已发表的，表演者（演员、演出单位）都应当取得著作权人许可，并支付报酬。

但是，表演者使用演绎作品还要获得改编作品原作品著作权人的许可，对于表演者及普通公众而言，似乎存在不少认识上和实际操作上问题。表演者使用演绎作品的授权是相互独立的，需要同时获得原作品著作权人和演绎作品著作权人的许可，并支付相应的报酬。一般而言，表演者使用演绎作品未经过原作品著作权人的许可引发纠纷，主要有以下几种原因：一是表演者的原因。表现为：（1）对著作权法相关规定不熟悉，不认为使用演绎作品还需经过原著作权人许可；（2）对演绎作品创作过程不清楚，不知道演绎作品是演绎自他人作品。二是演绎者的原因。表现为：（1）信息标注不全。未能正确标注原作品著作权人的必要信息，对社会公众产生了误导，误认为演绎作品是原创作品。(2)信息提示不全。演绎者许可表演者使用演绎作品过程中，未能尽到合理的提示义务，使表演者误以为不需再获得原作品著作权人的许可，从而导致表演行为侵权。本案中，艺响公司、君正公司即认为，其改编电影《最后的贵族》得到了上影厂关联公司上影集团的授权，即演绎作品著作权人的许可，且已与原作品著作权人白先勇进行联系，因此无需再经过原作品著作权人白先勇的许可，以及不需支付报酬。可以看出，艺响公司、君正公司虽能认识到演绎作品电影《最后的贵族》改编自白先勇的小说《谪仙记》，但未能认识到法律规定中原作品著作权人仍有权对演绎作品的表演行为享有独立的许可权和获得报酬的权利，由此造成了侵权。

撰稿人：陶冠东

6. 信息网络传播权

——磨铁数盟公司诉苹果公司《明朝那些事》信息网络传播权侵权案

案例索引：北京市高级人民法院（2013）高民终字第2620号民事判决；北京市第二中级人民法院（2012）二中民初字第5177号民事判决；最高人民法院（2015）民申字第1294号民事裁定。

基本案情

涉案作品《明朝那些事儿第1部》《明朝那些事儿第2部》《明朝那些事儿第3部》《明朝那些事儿第4部》《明朝那些事儿第5部》《明朝那些事儿第6部》以及《明朝那些事儿第7部》的作者为石悦（笔名"当年明月"），该套书由浙江人民出版社出版。2012年1月13日，石悦与磨铁数盟公司签订著作权授权合同，约定自2012年1月13日起至2017年1月12日止，将作品《明朝那些事儿》1—7部的包括信息网络传播权在内的相关著作权的专有使用权许可给磨铁数盟公司。

原告磨铁数盟公司称：被告苹果公司所经营的应用程序商店（App Store）里包含两个名为"明朝那些事"及"明朝那些事儿"的应用程序（以下简称"涉案应用程序"）。其中涉案应用程序一"明朝那些事"里包括涉案作品《明朝那些事儿》1—7部的简体版本，开发者为"yufang wei"；涉案应用程序二"明朝那些事儿"里包含涉案作品《明朝那些事儿》1—7部的简体和繁体两个版本，开发者为"xbooks"。磨铁数盟公司主张：上述两涉案应用程序侵犯了原告对涉案作品享有的包括信息网络传播权在内的相关著作权的专有使用权。苹果公司作为其App Store的经营者，应对涉案应用程序的著作权侵权行为承担连带责任。

苹果公司辩称，应用程序商店（App Store）由位于卢森堡的艾通思公司运营。应用程序商店中的绝大多数内容是由发布人开发的第三方应用程序。艾通思公司只是作为发布人的代管人收取费用，即收取最终用户支付的30%作为其标准佣金，而70%属于发布人。因此，苹果公司主张其并非App Store的实际运营者，故不应对涉案应用程序承担侵权责任。

根据百度百科对苹果公司所经营的App Store的描述，App Store是一个由苹果公司为iPhone和iPod Touch、iPad以及Mac创建的服务，允许用户从iTunes Store或Mac App Store浏览和下载一些为了iPhone SDK或Mac开发的应用程序……App Store的产业链简单明晰，共涉及三个主体，即苹果公司、开发者、用户。此外还包括第三方支付公司，但只是作为收费渠道，不是产业链的主要参与者……App Store建立了用户、开发者、苹果公司三方共赢的商业模式，各自在产业链中的角色与职责表现如下：（1）苹果公司：掌握App Store的开发与管理权，是平台的主要掌控者。其主要职责包括四点：一是提供平台和开发工具包；二是负责应用的营销工作；三是负责进行收费，再按月结算给开发者……此外，苹果公司经常会公开一些数据分析资料，帮助开发者了解用户最近的需求点，并提供指导性的意见，指导开发者进行应用程序定价、调价或是免费。

（2）开发者：应用软件的上传者。其主要的职责包括三点：一是负责应用程序的开发；二是自主运营平台上自有产品或应用，如自由定价或自主调整价格等……（3）用户：应用程序的体验者。用户只需要注册登录 App Store 并捆绑信用卡即可下载应用程序……①

根据苹果公司在其官方网站上发布的《App Store 审核指南》，"1.1 作为一个应用商城的应用开发者，你要受你和'APPLE'之间的该计划许可协议、用户界面规约和其他许可或者合同的条款的规约……"；"11.11 通常你的应用越贵，我们就会审核更彻底"；"11.12 提供订阅的 APP 应用程序必须使用 IPA，如同前述《开发者计划许可协议》中规定的一样，'APPLE'将和开发者按照 3：7 的比例分享此类商品的订阅收入"。《App Store 审核指南》下方标注有"©APPLE，2011"等字样。

苹果 App Store 中供用户购买的应用程序有两种来源，一是由苹果公司自行开发的；二是由第三方应用程序开发商所开发的。第三方应用程序开发商若要开发应用程序并在 App Store 销售，首先须在苹果公司官方网站（Apple.com）注册开发商账号，并与苹果公司签订《已注册的 APPLE 开发商协议》，以取得开发商注册账号。随后，须在苹果公司的官方网站同意并签署《iOS 开发商计划许可协议（包括附表 1）》，并填写含有信用卡账号、电子邮箱地址、申请人签名等内容的《订购表格》，并将其传真至苹果公司在美国的指定传真电话，经过苹果公司从开发商信用卡中扣款 99 美元，并须经开发商在线同意并签署《iOS 开发商计划许可协议（附录 2）》，方可获得在App Store 发布收费应用程序的资格，并通过 iTunes Connect 上传和

---

① 参见 App Store，百度百科，https://baike.baidu.com/item/App%20Store/9970575? fr=aladdin。

设定应用程序的发布情况。

其中，第三方应用程序开发商签署的《已注册的 APPLE 开发商协议》抬头处标有"Apple Inc."字样，该协议记载："以下是阁下与 Apple Inc.（Apple）之间的法律约定，规定了阁下参与成为已注册的 Apple 开发商应当遵守的条款。"另，《iOS 开发商计划许可协议》在首部记载："在下载和使用 Apple 软件之前，请仔细阅读下列许可协议条款与条件。这些条款与条件构成阁下与 Apple 之间的法律协议。"其正文中记载："1.2 Apple 是指 Apple Inc.，是一家加利福尼亚州企业"……；"6.1 一旦阁下认为阁下的应用程序已完成了充分的测试并已完备，阁下可以通过 App Store 将其提供给 Apple 分销"；"6.2 Apple 选择分销，阁下理解并同意，Apple 可独自酌情：a）确定阁下的应用程序不符合当时有效的全部或任何部分文档资料或计划要求；b）以任何理由拒绝分销阁下的应用程序，即使阁下的应用程序符合文档资料或计划的要求"；"8.撤销，阁下理解并同意，Apple 可随时终止分销阁下的获许可应用程序、获许可应用信息，或撤销任何阁下的应用程序的数字证书"。

此外，苹果公司许可 iOS 开发商使用苹果公司的软件编写、测试可运行在 iOS 环境下的应用程序。苹果公司给予开发商的为有限的、非独家的、个人的、可撤销的许可，并对开发商使用软件的权利进行了规定。所有（开发商）设计的应用程序都必须签署由 Apple 签署的证书，才能安装在已注册装置中。所有应用程序必须向 Apple 提交，并由 Apple 选择分销并同意，Apple 独自酌情决定是否同意分销。

北京市第二中级人民法院在一审时指出：涉案作品《明朝那些事儿》为石悦（笔名"当年明月"）所著，依法享有著作权。根据石悦与磨铁数盟公司签订的著作权授权合同，磨铁数盟公司依合同关系取得涉案作品《明朝那些事儿》1—7 部的包括信息网络传播权在内的相关著作权的专有使用权。

关于被告苹果公司是否为 App Store 实际经营者的问题，一审法院给予了肯定回答，理由如下：第一，在应用程序商店 App Store 的商业模式中，苹果公司是 iTunes 程序的开发者，并提供该程序的免费下载。第二，应用程序商店 App Store 的运行界面上标注有"苹果公司版权所有或保留所有权利"等字样。第三，应用程序商店 App Store 中的所有应用程序均由苹果公司自行开发或由与其签订《已注册的 APPLE 开发商协议》和《iOS 开发商计划许可协议（包括附表 1）》《iOS 开发商计划许可协议（附录 2）》的开发商进行开发。第四，上述协议约定苹果公司在 App Store 运营中承担包括协议内容、政策的修改，应用程序的审核、分销和撤销等重要职责。由此，一审法院驳回了被告苹果公司提出的涉案应用程序商店 App Store 并非由其经营的抗辩主张。

关于苹果公司是否应为涉案应用程序未经授权擅自复制及发布涉案作品的行为承担连带侵权责任的问题，一审法院认为：苹果公司作为网络开放平台应用程序商店 App Store 的运营者，对该平台具有很强的控制力和管理能力，其通过该平台对第三方开发商上传的应用程序加以商业上的筛选和分销，并通过收费下载业务获取了直接经济利益，故对于该平台提供下载的应用程序，应负有较高的注意义务。而苹果公司在可以明显感知涉案应用程序为应用程序开发商未经许可提供的情况下，仍未采取合理措施，故苹果公司并未尽到上述注意义务，因此苹果公司对于开发商上传涉案侵权应用程序构成应知，具有主观过错，侵犯了磨铁数盟公司对涉案作品享有的信息网络传播权，应承担相应的法律责任。

苹果公司不服原审判决，随后向北京市高级人民法院提起上诉。

判决与理由

北京市高级人民法院认为：本案二审的焦点问题包括以下几个：一、苹果公司是否为应用程序商店的经营者；二、苹果公司应否负有较高的注意义务，对于第三方侵权行为是否属于应知；三、苹果公司的涉案行为是否属于法定的网络服务商的免责事项。

一、关于苹果公司是否为应用程序商店的经营者

二审法院指出，虽然苹果公司主张艾通思公司为其应用程序商店在中国的经营者，但是在案证据能够证明：在应用程序商店 App Store 的商业模式中，主要存在三方参与者，即平台服务提供商、应用程序开发商和应用程序最终用户。开发商在与平台服务商签署相关协议、注册开发者账号及支付相关费用后，才可以成为开发应用程序的开发商。平台服务商依据上述协议获得对该平台的管理和控制。当应用程序开发商上传应用程序后，平台服务商依据协议确定的规则，对程序进行审核。审核通过后，按照开发商上传时事先设定的方式发布，供用户购买。

本案中，苹果公司即为平台服务商，其一方面作为 iTunes 程序的开发者并提供该程序的免费下载，另一方面与开发商签订协议，是涉案协议的当事人，并依据协议的约定在 App Store 运营中承担包括协议内容、政策的修改、应用程序的审核、分销和撤销等重要职责。此外，应用程序商店 App Store 的运行界面上标注有"苹果公司版权所有"或"保留所有权利"等字样。据此，一审法院认定苹果公司为应用程序商店的经营者，有事实依据，应予维持。

二、关于苹果公司是否应负有较高的注意义务，对第三方侵权行为是否属于应知

最高人民法院《关于审理侵害信息网络传播权民事纠纷案件适用法律若干问题的规定》[①]第 8 条、第 9 条、第 11 条规定，人民法院应当根据网络服务提供者的过错，确定其是否承担教唆、帮助侵权责任。网络服务提供者明知或者应知网络用户利用网络服务侵害信息网络传播权，未采取删除、屏蔽、断开链接等必要措施，或者提供技术支持等帮助行为的，人民法院应当认定其构成帮助侵权行为。网络服务提供者的过错包括对于网络用户侵害信息网络传播权行为的明知或者应知；根据侵权的具体事实是否明显，综合考虑网络服务提供者提供服务应当具备的管理信息的能力、网络服务提供者是否主动对作品进行了选择、编辑、推荐等各种因素，综合认定网络服务提供者是否构成应知。网络服务提供者从网络用户提供的作品、表演、录音录像制品中直接获得经济利益的，人民法院应当认定其对该网络用户侵害信息网络传播权的行为负有较高的注意义务。

本案中，苹果公司所经营的应用程序商店，是为开发者上传涉案应用程序供公众下载提供服务，属于网络服务提供行为。由于苹果公司所经营的应用程序商店是一个以收费下载为主的网络服务平台，并且在与开发商的协议中，约定了固定比例的直接收益，因此可以认定苹果公司应对开发商的侵权行为负有较高的注意义务。

本案中，涉案应用程序使用了涉案作品的主要内容。苹果公司在可以明显感知涉案应用程序为应用程序开发商未经许可提供的情况下，仍未采取合理措施，故可以认定苹果公司并未尽到上述注意

---

① 最高人民法院《关于审理侵害信息网络传播权民事纠纷案件适用法律若干问题的规定》（法释〔2012〕20 号），于 2013 年 1 月 1 日起开始实施。

义务，具有主观过错，其涉案行为构成侵权，一审法院相关认定正确，应予维持。

三、苹果公司的涉案行为是否属于法定的网络服务商的免责事项

根据《信息网络传播权保护条例》第 22 条的规定，网络服务提供者为服务对象提供信息存储空间，供服务对象通过信息网络向公众提供作品、表演、录音录像制品，并具备下列条件的，不承担赔偿责任：1.明确标示该信息存储空间是为服务对象所提供并公开网络服务提供者的名称、联系人、网络地址；2.未改变服务对象所提供的作品、表演、录音录像制品；3.不知道也没有合理的理由应当知道服务对象提供的作品、表演、录音录像制品侵权；4.未从服务对象提供作品、表演、录音录像制品中直接获得经济利益；5.在接到权利人的通知书后，根据本条例规定删除权利人认为侵权的作品、表演、录音录像制品。

苹果公司主张：应用程序商店的经营者仅向开发商提供了上传、发布应用程序的存储空间，依据上述规定不应就开发商的侵权行为承担民事责任。然而，苹果公司对于应用程序商店具有极强的管控能力，绝非简单地提供存储空间而已。它通过包括《已注册的 APPLE 开发商协议》和《iOS 开发商计划许可协议》等一系列协议，基本控制了该平台上应用程序开发的方向和标准，不但收费许可相关开发商使用苹果公司的软件编写、测试可运行在 iOS 环境下的应用程序，为开发商提供相关作业系统、文档资料、软件（源代码和目标代码）、应用程序、示范代码、模拟器、工具、应用程序库存、API、数据等内容和服务，还要求开发商开发的所有应用程序必须向苹果公司提交，并由苹果公司选择分销且同意苹果公司酌情独自决定是否同意分销。苹果公司对于可以在应用程序商店上发布的应用

程序采取了符合其自身政策需求的选择与挑选，而无需受到第三方开发者的限制。这与一般的信息存储空间网络服务提供是存在差别的。此外，如前文所述，苹果公司从涉案应用程序中直接获利，应当知道开发商侵权的情况。综上，苹果公司的前述主张，缺乏依据，本院不予支持。

综上所述，原审判决认定事实清楚，适用法律正确，应予维持。

<hr>

评　析

本案是关于如何认定网络服务提供商（ISP）[①]在向其用户提供网络服务的过程中因第三方的直接侵权行为所引发的间接侵权责任的案例。

网络服务提供商在提供网页浏览、转发信息邮件、提供主机服务、帮助用户搜索查询的过程中，有可能因第三方的直接侵权行为而导致其承担间接侵权责任。因此，如何认定网络服务提供商的侵权责任已成为各国网络法律及政策方面最为复杂且争论最多的焦点问题之一。

在网络服务提供商直接侵犯权利人的著作权——如作为网络内容提供商（ICP），而非仅为"纯粹通道"（mere conduit）提供服务时——权利人可对该网络内容提供者提起直接侵权之诉。然而更多情况下，网络服务提供商只是提供了一种网络服务，并不涉及对

[①]　网络服务提供商的一般定义为："在线服务或网络接入提供商，或在线服务或网络接入设备的运营商"，以及一个"在由用户指定的网络两点或者数点之间，对于用户选择的材料，不修改其传输或收到的材料内容，而提供传输、路由或提供数字在线通信接入服务的单位"。参见 17 U.S.C. § 512 (k) (1)。

权利人作品的直接侵权，此时网络服务提供商因第三方的直接侵权行为应承担何种侵权责任就变成了一个重要的话题。

目前世界范围内尚无统一的著作权间接侵权责任理论。然而，通过回顾美国、欧洲以及中国在该领域的相关立法及案例，我们可以发现各国法院在认定网络服务提供者责任时普遍会考虑下列因素：网络服务提供者是否知晓终端用户的侵权行为；是否存在主观的侵权意图；是否对侵权行为给予实质性帮助；是否具有控制侵权行为、侵权内容获取的权利和能力；及其是否从侵权行为中直接获得经济利益等。

一、美国：网络服务提供商的间接侵权责任理论以及《千禧年数字版权法》

美国通过普通法的多年案例逐渐发展出两套间接侵权责任理论——帮助侵权责任（contributory liability）以及替代侵权责任（vicarious liability）。就前者"帮助侵权责任"而言，权利人需证明：（1）直接侵权行为的存在；（2）被告实际知晓或能推定知晓侵权行为的存在；（3）被告促成或者实质上帮助了该直接侵权行为。[1] 就第二种"替代侵权责任"而言，权利人需证明：（1）直接侵权行为的存在；（2）被告具有控制、监管该直接侵权行为的能力和权利；（3）被告从该直接侵权行为中直接获得经济利益。[2]

2005 年美国最高法院在审理"米高梅诉格罗斯特"一案时[3]，受到专利法的启发，又发展出一种新的间接侵权责任理论——"引诱

---

① *NCR Corp. v. Korala Assocs., Ltd.*, 512 F. 3d 807, at 816 (6th Cir. 2008).

② *Gershwin Publ'g Corp. v. Columbia Arts Mgmt., Inc.*, 443 F.2d (2d Cir. 1971), at 1159, 1162. 另可参见 *Shapiro, Bernstein Co. V. H.L. Green Co.*, 316 F.2d (2d Cir. 1963), at 304, 308; *CoStar Group, Inc. v. LoopNet, Inc.*, 373 F.3d 544, 550 (4th Cir. 2004)。

③ *MGM v. Grokster*, 125 S. Ct. 2764 (2005).

侵权责任"（inducement liability）理论。[1]本案的原告为各大电影、唱片等娱乐公司，被告为提供 P2P 的软件开发商。用户可通过下载被告提供的 P2P 应用软件搜索、下载并存储受版权保护的文件（如音乐文档、电影等）。原告基于被告间接侵权的理论（即帮助侵权及替代侵权理论），向法院提起诉讼。

美国最高法院在审理此案时，提出一个新的"引诱侵权"的理论，并将之定义为："发布某种工具的人若有意强调该工具的版权侵权用途，并有明确鼓励他人侵权的意思表示或采取了其他的实际步骤鼓励他人侵权，则应对第三人的侵权行为承担法律责任。"[2]根据美国最高法院的解释，引诱侵权责任理论需要满足"被告确定的侵权意图"及"积极的引诱行为"两大要素。美国最高法院指出：在该案中，被告基于引诱目的采取了一系列的积极引诱行为，包括：被告为吸引用户使用格罗斯特（Grokster）服务器而推出的广告，被告教导用户如何使用该软件从事侵权行为的文章及新闻邮件，以及被告为客户下载侵权文件时提供的客服支持等。对于被告"确定侵权意图"的认定，最高法院认为：有足够的证据表明被告存在侵权的"确定意图"，如被告公司的内部交流、广告用语、为吸引纳普斯特（Napster）前用户的各种努力、被告未实施过滤或其他技术以屏蔽侵权内容的事实等。由此，美国最高院判定被告引诱侵权责任成立。

在立法方面，美国也是最早就网络服务提供商的侵权责任及如何应用"避风港"原则进行法律规范的国家之一。1998 年美国国会

---

[1] *MGM v. Grokster*, 125 S. Ct. 2764 (2005).

[2] 宋海燕：《中国版权新问题——网络侵权责任、GOOGLE 图书馆案、比赛转播权》，商务印书馆 2011 年版，第 19 页。

通过了《千禧年数字版权法》（DMCA）。[①]《在线版权侵权责任限制法案》（OCILLA）是一项美国联邦法律，其为包括网络服务提供商和其他网络中介商在内的在线服务提供商提供了有条件的"避风港"，使其在一定条件下免于为他人的侵权行为承担法律责任。该法案成为 1998 年《千禧年数字版权法》的组成部分，被称为"避风港"条款或"第 512 条款"。

根据美国《千禧年数字版权法》第 512 条的规定，网络服务提供商在满足一定条件的前提下，可免于为其提供的信息传输（transmitting）、系统缓存（caching）、主机服务（hosting）或链接服务（linking）而产生的侵权责任承担赔偿责任。网络服务提供商若想援引该"避风港条款"，首先要满足两项前提性条件。第一，该网络服务提供商已经采取并合理实施了针对"反复侵权用户"（repeated infringers）停止服务的政策；第二，网络服务提供商必须采用且未干涉"标准的技术性措施"。

除了上述两个前提性条件之外，《千禧年数字版权法》第 512 条（c）及（d）条款还要求网络服务提供者在寻求"避风港"保护之前，需额外满足以下条件：（1）并不实际知晓侵权行为的存在，或并未意识到能从中明显推出侵权行为的事实或者情况；（2）在具有控制侵权行为的权力和能力的情况下，没有从侵权行为中直接获得经济利益；（3）在知晓或意识到（侵权行为）或者从著作权人或其代理人处收到侵权通知后，迅速删除侵权内容或屏蔽对侵权内容的访问。[②]

---

① 1998 年美国《千禧年数字版权法》是为实施世界知识产权组织 1996 年两则条约而出台的美国版权法案。

② § 512（c）（1）（B）中相同的表述在 § 512（d）（2）中也可以看到，后者是针对提供链接服务的网络服务提供者的避风港条款。

二、《欧盟电子商务指令》2000/31/EC

欧盟也随后于 2000 年推出了《欧盟电子商务指令》2000/31/EC，其中第四节具体规定了网络服务提供商可免除侵权责任的具体情形。[3]

根据该指令第 12 条及第 13 条，若网络服务提供者仅提供"纯粹传输服务"或"临时缓存"服务，其唯一目的是使得内容传输更为高效，具有机械性、自动性及被动性的性质，且对其传输、储存的内容不知情也无权控制，则可免于承担侵权责任。该指令第 14 条规定，作为"提供内容存储服务"的网络服务提供者（"主机服务商"），若对于侵权行为没有实际知晓或意识到相关事实和情形，且在知晓或者意识到后迅速删除或屏蔽对该侵权内容的访问，也可免于侵权责任。

三、中国关于网络服务提供商侵权责任的立法

中国在认定网络服务提供商的侵权责任方面也制定了相关的法律及法规。首先，中国《民法通则》[4]以及 2010 年生效的《中华人民共和国侵权责任法》[5]都对"共同侵权责任"（joint-liability）做出了规定，对网络服务提供商可能承担的间接侵权责任奠定了法律基础。同时，中国现行著作权法以及 2006 年制定的《信息网络传播权保护条例》也为网络服务提供商的具体责任做出了规定。

2006 年《信息网络传播权保护条例》中关于"避风港"的条款与美国《千禧年数字版权法》的 512 条款十分相似。该条例第 20 条规定，信息网络服务提供者根据服务对象的指令提供"网络自动接

---

③ The European Union E-Commerce Directive 2000/31/EC。中译本见吴峻译《简明欧洲信息技术法》，商务印书馆 2019 年版，第 289 页。

④《中华人民共和国民法通则》（2017 年版）第 130 条关于"共同侵权责任"的定义。

⑤《中华人民共和国侵权责任法》第 9 条和第 36 条。《中华人民共和国侵权责任法》于 2008 年 11 月 26 日通过，2010 年 7 月 1 日起生效。

入"服务，或者对服务对象提供的作品提供"自动传输"服务时，若未选择且未改变所传输的作品，且仅向指定的服务对象提供该作品，而非向公众提供作品时，可不承担赔偿责任。第21条规定，网络服务提供者在提供"自动存储服务"时，若未改变自动存储的作品，且不影响提供该作品的原网络服务提供者掌握服务对象获取该作品的情况，则不承担赔偿责任。第22条规定，网络服务提供者为服务对象提供"信息存储空间"时，若未改变服务对象所提供的作品，不知道也没有合理理由应知服务对象提供的作品侵权，未从该作品中直接获得经济利益，并在收到权利人通知后即刻删除侵权作品的情形下，不承担赔偿责任。第23条规定，网络服务提供者为服务对象提供"搜索或链接"服务时，不知道也没有合理理由应知服务对象提供的作品侵权，并在接到权利人通知书后立即断开与侵权作品链接的，不承担赔偿责任。

同时，鉴于各地法院审理网络侵权案例的数量攀升，中国最高人民法院于2012年底特别颁布了《关于审理侵害信息网络传播权民事纠纷案件适用法律若干问题的规定》的司法解释，为如何审理网络服务提供商的侵权责任及如何理解《信息网络传播权保护条例》提供了具体的指导意见。该司法解释的第8条规定：人民法院应当根据网络服务提供者的过错，确定其是否承担教唆、帮助侵权责任。具体而言，若网络服务提供者明知或者应知网络用户利用网络服务侵害信息网络传播权，但未采取删除、屏蔽、断开链接等必要措施，或者提供技术支持等帮助行为的，人民法院应当认定其构成帮助侵权行为。[1]其中，网络服务提供者的"过错"包括：对于网络用户侵

---

① 最高人民法院《关于审理侵害信息网络传播权民事纠纷案件适用法律若干问题的规定》第7条。

害信息网络传播权行为的明知或者应知；网络服务提供者具备的管理信息的能力；网络服务提供者是否主动对作品进行了选择、编辑、推荐等。①该司法解释同时指出，若网络服务提供者从网络用户提供的作品中直接获得经济利益的，人民法院应当认定其对该网络用户侵害信息网络传播权的行为负有较高的注意义务。②

本案中，苹果公司的抗辩理由之一为：涉案的应用程序商店（App Store）是由位于卢森堡的艾通思公司进行经营，而非苹果公司，故认为其不应成为本案的被告。北京法院在研究了涉案应用程序商店的商业模式，尤其在审阅了苹果公司在其官方网站上发布的《App Store 审核指南》、苹果公司要求第三方开发商在发布应用程序之前必须签署的《已注册的 APPLE 开发商协议》《iOS 开发商计划许可协议（包括附表 1）》以及《iOS 开发商计划许可协议（附录 2）》之后，指出苹果的抗辩理由与上述协议自相矛盾。涉案应用程序商店的商业模式及上述协议充分说明苹果公司在 App Store 的运营中承担着包括但不限于：协议内容、政策修改、应用程序的审核、分销及撤销等重要职责。由此，法院驳回了被告苹果公司提出的涉案应用程序商店 App Store 并非由其经营的抗辩主张。

苹果公司的另一抗辩理由为：作为应用程序商店的经营者，其仅向应用程序的开发商（直接侵权人）提供了上传及发布应用程序的存储空间，故根据 2006 年《信息网络传播条例》第 22 条的规定，应享受"避风港"的免责条款。对此，北京高级人民法院援引了中国最高人民法院于 2012 年底颁布的《关于审理侵害信息网络传播权

---

① 最高人民法院《关于审理侵害信息网络传播权民事纠纷案件适用法律若干问题的规定》第 7 条。

② 最高人民法院《关于审理侵害信息网络传播权民事纠纷案件适用法律若干问题的规定》第 11 条。

民事纠纷案件适用法律若干问题的规定》的司法解释，在依次分析了苹果公司对侵权行为是否知晓（包括明知及应知）、对涉案应用程序商店是否具有控制和管理能力以及是否从侵权行为中获取利益等因素之后指出，苹果公司对于涉案的应用程序商店具有极强的管控能力，绝非简单地提供存储空间而已。苹果对应用程序商店的经营模式与一般的信息存储空间网络服务提供是不同的，且苹果公司从涉案应用程序中直接获利，应当知道开发商侵权的情况，故驳回了苹果要求享受"避风港"的诉求。

撰稿人：宋海燕

娱乐产业的商标权案例

7. 商标的合理使用：商标性使用或是指示性使用？

——陕西茂志娱乐公司诉梦工场影业《功夫熊猫2》商标权纠纷案

案件索引：北京市高级人民法院（2013）高民终字第 3027 号民事判决 ①；最高人民法院（2014）民申字第 1033 号。

基本案情

中信出版社于 2007 年 1 月出版了由权迎生创作的 20 册漫画集《功夫熊猫》第一版。同年 11 月 1 日，陕西茂志影视有限公司向中华人民共和国国家工商行政管理局商标局（简称商标局）申请在第 41 类"电影制作"等服务上注册"功夫熊猫"图文组合商标，同年 12 月，该公司向陕西省广播电影电视管理局提交了 26 集国产电视动画片《功夫熊猫》制作备案申请并获得公示，取得了电视节目制作许可证。2009 年 4 月 16 日，该公司将上述商标的有关权益转让给陕西茂志娱乐公司（简称茂志公司）；2010 年 6 月 28 日，该商标

---

① 是否属于商标性使用是判定是否构成侵权的前提，本案是探讨商标使用性质的经典案例，曾经被评为中国 2013 年 50 大典型知识产权案例，其中的审理思路一直到今天仍影响着法官对商标使用性质的判断。

获准注册，茂志公司取得该商标的注册商标专用权。

茂志公司发现，梦工场动画影片公司（简称梦工场公司）制作、派拉蒙影业公司（简称派拉蒙公司）发行的动画片 *KUNG FU PANDA 2* 即将在中国大陆地区以《功夫熊猫2》的名称公映。茂志公司认为，梦工场公司和派拉蒙公司的上述行为属于在相类似的服务上使用了与茂志公司涉案注册商标相近似的标志，由于涉案被诉侵权的电影知名度高，会在茂志公司以后使用其涉案注册商标的过程中，使相关公众产生反向混淆，故构成对其涉案注册商标专用权的侵害。因此，茂志公司诉至法院，请求判令梦工厂公司、派拉蒙公司、中影公司和华影天映公司立即停止侵害茂志公司涉案注册商标专用权的行为并承担本案诉讼费用。

梦工场公司认为，梦工场自2005年就开始使用"功夫熊猫"作为电影名称进行公开宣传，早于茂志公司涉案注册商标的申请日，《功夫熊猫2》作为《功夫熊猫》的电影续集，系梦工场公司对其合法权利的合理使用；梦工场公司2005年7月即完成了美术作品《功夫熊猫（KUNG FU PANDA）》，其享有在先著作权；梦工场公司将"功夫熊猫"作为电影名称使用，并非商标性使用，即使认为属于商标性使用，梦工场公司系在第9类"动画片"商品上使用"功夫熊猫"商标，与茂志公司涉案注册商标核定使用的服务不相同亦不相类似，不会造成消费者的混淆、误认，亦不会造成对茂志公司商标的反向混淆，不构成对茂志公司涉案注册商标的侵害。

判决与理由

北京市第二中级人民法院经审理认为：梦工场公司、派拉蒙公司、中影公司和华影天映公司的被诉行为是否属于商标性使用是判断是否构成对注册商标专用权的侵害的前提条件。

涉案被诉电影 *KUNG FU PANDA* 2 及此前的 *KUNG FU PANDA* 在中国大陆地区公映时均使用"功夫熊猫"作为电影名称，并自 2005 年起就在新闻报道、海报等宣传材料中以"功夫熊猫"作为电影名称对上述电影进行了持续宣传。"功夫熊猫"作为该部电影作品的组成部分，系用以概括说明电影内容的表达主题，本身具有叙述性，而这个名字并非用以区分电影的来源，即电影的制作主体。

事实上，不同制作公司聘请不同的导演、组织不同的演员阵容，对同一部作品进行翻拍形成不同版本的同名影视剧的做法在影视界司空见惯。从相关公众的一般认识角度来看，相关公众具有甄别电影名称与电影制作公司（导演、演员）关系的常识、意识和能力，其是从电影制作公司（导演、演员）的角度识别电影的来源，而并非通过电影名称。综上，电影名称不能起到商标所具有的区分服务来源的功能。因此，在涉案被诉电影及宣传材料中使用"功夫熊猫"作为电影名称并非商标性的使用。

鉴于涉案被诉电影及宣传材料中使用"功夫熊猫"并非商标性使用行为，茂志公司关于梦工场公司、派拉蒙公司、中影公司和华影天映公司涉案行为构成对其涉案"功夫熊猫及图"注册商标专用权的侵害的主张，不能成立，不予支持。法院最终判决驳回了原告的全部诉讼请求。

原告茂志公司不服，向北京市高级人民法院提起上诉，北京市高级人民法院判决认为"电影《功夫熊猫 2》中使用"功夫熊猫"字样是为了说明自己制作、发行、放映的电影的内容和特点，并不是作为表明其电影制作或者类似商品、服务的来源使用，并非商标意义上的使用行为。"北京市高级人民法院经审理判决：驳回上诉，维持原判。

评　析

商标本质上是应用于商业领域，用以区分商品与服务来源的标志。这一概念本身包含着两层意思：首先，从商标标志使用的角度看，并非所有的商标标志使用都属于商标性使用；其次，从侵权构成的角度看，只有商标性使用才可能构成商标侵权。因此，非商标性使用，就会成为商标侵权中非常有力的抗辩。

非商标性使用抗辩近年来被广泛适用，与商标侵权纠纷的特点有很大关系。一方面，商标侵权案件中，使用他人商标标志的事实容易认定，而标志使用的性质往往存在很大分歧，导致相当一部分案件是在审查商标使用的性质。另一方面，随着社会经济与商业活动的发展，商业标志的使用方式更加复杂，对新出现的使用方式，人们对使用的性质还存在不同认识。比如在手机应用软件名称、游戏名称、电影名称以及楼盘名称等①是否属于商标性使用，一直是争议的焦点。

所以，当我们在新的领域遇到困难的时候，就会回顾这些经典的案例与基本理论，有助于我们思考商标法更本质的问题，而不被社会发展带来的形式上的变化所迷惑。这也正是我们阐释本案的意

---

① 关于楼盘名称是否属于商标性使用，中华人民共和国最高人民法院（2013）民提字第 3 号民事判决书认为：将他人注册商标中具有显著性和知名度的部分作为商品房销售中的楼盘名称进行宣传使用，实质属于能够起到识别作用的商业标志性使用，容易造成相关公众混淆和误认，应认定为商标使用行为。

义所在。

一、商标性使用与非商标性使用的区分

商标使用分为商标性使用与非商标性使用，二者核心的区别在于使用行为是否发挥了商标标志区别商品来源的功能。如果标志的使用具有指示性、描述性，或者客观为了介绍产品而进行的使用，并不能区分商品的来源，就不属于商标性使用。本文先从相关的法律规定进行分析：

（一）商标使用的立法规定及不足

《中华人民共和国商标法》（2019，简称商标法）将商标定义为，能够将商品区别开的可视性标志。[①]因此商标的内涵是以商标的功能界定的，即商标是能够实现区分商品或者服务来源的标志。对于这一定义可以从三个层面解读：第一，商标本身是一种标志；第二，商标是使用在商业领域的标志；第三，商标的主要功能，是为了区分商品与服务的来源，而所谓的商品与服务的来源，是指商品或服务的提供者。因此在判定是否属于商业使用中，应当围绕商标的定义与功能展开，看商标标志的使用是否应用于商业领域，是否发挥了识别商品来源的功能。

商标法对商标使用方式进行了列举式的规定："本法所称商标的使用，是指将商标用于商品、商品包装或者容器以及商品交易文书上，或者将商标用于广告宣传、展览以及其他商业活动中，用于识别商品来源的行为。"这一条罗列了商标常见的使用方式，并指明了商标使用的目的必须用于识别商品来源这一基本功能。

但是法律中关于商标使用方式规定的滞后性是显而易见的，这

---

① 《商标法》第 8 条规定："任何能够将自然人、法人或者其他组织的商品与他人的商品区别开的标志，包括文字、图形、字幕、数字、三维标志、颜色组合和声音等，以及上述要素的组合，均可以作为商标申请注册。"

种列举加功能兜底的规定方式，显然是针对传统的有形商品进行的规定。若以软件产品为例，就可以看出网络软件作为一种非典型性的商品与传统商品有很大不同。网络软件并不存在有形的销售环节，而是通过互联网下载使用。消费者使用软件产品的习惯是，通过搜索软件名称下载应用软件然后直接使用，使得软件名称本身就有了识别网络软件商品的能力，这种非典型的软件获取方式，使得软件名称成了获得商品的核心地位。而且网络用户在获得软件产品时，关注的是软件的功能用途而不是软件的提供者。而当软件名称与商标构成近似的时候，作为软件名称的标志是否属于商标性使用，就成了首先需要明确的问题。

（二）非商标性使用的立法规定及不足

商标法中并没有明确规定非商标性使用，最具有相关性的法律条文是商标法第 59 条第 1 款中所用说法是"正当使用"，该条规定："注册商标中含有本商品的通用名称、图形、型号或者直接表示商品的质量、主要原料、功能 、用途重量、数量及其他特点或者含有地名、注册商标专用权人无权禁止他人正当使用。"这一条的规定就是我们所称商标指示性使用或者商标描述性使用的法律渊源，主要针对显著性不高的商标标志注册后进行的使用限制，避免商标权利过大，损害第三人利益与公共利益。北京市高级人民法院在 2006 年也曾经对商标使用行为进行过规定①，"构成正当使用商标标识的行为应当具备以下要件：（1）使用出于善意；（2）不是作为自己的商品的商标使用；（3）使用只是为了说明或者描述自己的商品。"

商标性使用判断的核心在于，使用商标标志是否起到区分商品

---

① 北京市高级人民法院 2006 年《关于审理商标民事纠纷案件若干问题的解答》第 26 条。

来源的功能，而非商标性使用，根据法律规定则被认为是对产品的描述或指示。如在"新浪拍客"案①中，双方争议的焦点就在于"拍客"一词，究竟是用来区分新浪提供的服务，还是用来描述 APP 的功能用途。最终法院认定商标性使用的判断应以是否用于识别商品来源为标准，作为商标的文字如果其本身具有一定含义，商标权人是无权禁止他人在原有第一含义的范围内正常使用该文字。"新浪拍客"中"拍客"是互联网时代一个群体，新浪使用"拍客"一词不属于商标性使用。

又比如在华帝公司被诉商标侵权的"聚能案"②中，法院认为华帝公司在商品上使用了聚能，但聚能作为一种技术特征被广泛使用于描述该类商品，"聚能"尽管作为商标进行了注册，也无权阻止他人基于合理理由对"聚能"一词进行正当性使用。同时华帝公司也使用了"华帝"与"vatti"作为商标，且"华帝"商标更具有知名度与区分度，不会导致消费者的混淆。也就是说"聚能"一词的使用确实与已注册商标标志相同，但"聚能"标志的使用仅仅在于表示煤气灶等产品的功能与技术特点，而非作为商标来区分产品来源。

而根据北京市高级人民法院的有关解释，商标的指示性使用被认定为一个主客观统一的过程，将使用商标的主观心态与后果引入到商标使用性质判定上来，即使用人主观上具有善意，客观上没有将商标标志作为商标使用，后果上仅是说明或描述商品，不会导致消费者的混淆与误认。北京市高级人民法院的解释，具有一定的合理性，从商标法中指示性使用的判断，从客观行为扩张到了主观与客观的后果，可能更有利于在司法审判中应用。

---

① 北京知识产权法院（2015）京知民终字第 114 号民事判决书。
② 江苏省高级人民法院（2016）苏民终 621 号民事判决书。

　　但是这一规定有两点不足之处：第一，针对的范围过窄，过度集中在缺少显著性的商标标志的类型。法律明确涉及的情形，包括通用名称、图形、型号或者直接表示商品的质量等，基本都是本身缺少显著性，具有通用性的标志。[①]这种限制并非完全因为商标使用性质问题，也可能有商标利益的衡量，避免商标权利过大导致的权利垄断。法律规定过于集中于商标缺乏显著性的情形，一种可能的后果就是一旦认定了商标具有显著性，就可以直接否定商标使用的正当性。如 2017 年中国最为有知名的商标指示性使用纠纷——"老干妈风味"商标侵权案[②]，被告在自己的产品上标注"老干妈风味"，辩称老干妈风味仅仅是对产品的描述性使用，而非商标性使用。法院最终认定"老干妈"既不是常见的口味，也不是日用食品行业对商品口味的常见表述方式，因此在自己生产的辣酱上添加"老干妈风味"不属于合理使用。这种先分析商标标志是否具有显著性的做法，当然是符合法律规定的，但由于法律规定范围过窄，实际上限缩了指示性适用的情形。

　　第二，外延范围上不等同。商标法中没有指示性使用的规定，而是用了正当使用一词。但司法实践与理论讨论时，常将指示性使用、描述性使用与正当使用等同使用。但应当注意的是，正当使用

---

　　① 北京市高级人民法院 2006 年《关于审理商标民事纠纷案件若干问题的解答》第 27 条列举了构成商标正当使用的情形，也仅仅将通用名称等缺少显著性的商标使用作为了正当使用的对象。该条规定："下列行为属于正当使用商标标识的行为：（1）使用注册商标中含有本商品通用名称、图形、型号的；（2）使用注册商标中直接表示商品的性质、用途、质量、主要原料、种类及其他特征标识的；（3）在销售商品时，为说明来源、指示用途等在必要非范围内使用他人注册商标标识的；（4）规范使用与他人注册商标相同或者近似的自己所在地的地名的；（6）其他属于正当使用商标标识的行为。"

　　② 见北京知识产权法院（2016）京 73 民初 108 号民事判决，北京市高级人民法院（2016）经民终 76 号民事判决。

与描述性使用、非商标性使用存在一定的差异。从意思上说我们也可以看出，正当性使用是说商标使用行为仍属于商标性使用，但使用行为是正当的，属于侵权的豁免事由。而指示性使用，则根本不构成商标性使用，不属于商标性使用，则没有判定侵权与否的必要。如在上文中我们提到的"聚能案"中，"聚能"一词如果是正当使用，意味着构成商标性使用，但是不构成侵权。如果认定不属于商标性使用，则无需讨论是否构成侵权。

二、商标使用性质在个案中的判定方式

商标指示性使用，在司法实践中认定难度较大、分歧多，一方面是因为立法滞后，在应对新的商业形式与产品形态上存在不足。另一方面则是判定是否属于商标性使用，具有高度的主观性，容易因为判定主体的不同而产生不同结论。典型的比如在腾讯公司游戏名称"穿越火线"案[①]中，对于游戏名称究竟是否属于商标性使用，一二审法院存在截然对立的认识。一审法院北京市朝阳区人民法院认为，游戏名称作为开发游戏的名称，使用于游戏安装后显示的游戏名称、游戏开启界面、游戏的推广宣传，已经起到了区分游戏服务来源的作用，构成商标性使用。而二审法院北京知识产权法院则认为，游戏名称发挥的不是识别商品或服务来源的功能，因此游戏名称不是对商标的商标性使用。两审法院，截然相反的观点但似乎各有各的道理，实质上表现了商标指示性使用，在法律认定时的主观性与任意性的一面。

而我们回到本案关于商标使用性质的判定看，商标使用如何通过客观的标准，确定商标使用性质。我们从功夫熊猫案中可以看出，

---

① 见北京市朝阳区人民法院（2015）朝民（知）初字第 41188 号民事判决，北京知识产权法院（2016）京 73 民终 937 号民事判决。

法院着重强调了三点因素：第一，使用商标时使用人的主观状态是善意还是恶意。本案中法院认定，派拉蒙公司使用"功夫熊猫"具有延续性，属于善意使用。第二，从商标的功能上，电影名称不具有区分作品来源的功能，而是"说明自己制作、发行、放映的电影的内容和特点，并不是作为表明其电影制作或者类似商品、服务的来源使用，并非商标意义上的使用行为"。第三，从后果上看，消费者的注意义务与混淆可能性。影视作品的名称并不是消费者识别影视作品的主要方式，消费者不会因为名称相同而产生混淆与误认。

本案中的认定电影名称不属于商标性使用，其积极之处在于结合了商标使用与影视行业的特点进行了分析。电影不同于一般的商品，多种要素与标志都具有一定的识别功能，比如投资人、导演、演员、角色名称、电影名称等均可以识别影视作品的来源。人们很容易在詹姆斯·卡梅隆、泰坦尼克号与莱奥纳多·迪卡普里奥之间建立对应关系，而不会想到电影来自哪个制作公司。这是影视行业的特点决定的，演员的知名度、导演的艺术性更具有显著性与号召力。而传统商品领域关注的商品来源问题，在影视作品中并不重要。电影的名称尽管可以用来区分不同的电影作品，但电影名称的功能——尤其在翻译影视作品的名称上，更多的是对作品特点、内容的概括，有的甚至就是作品中的某个角色名称。

本案中电影《功夫熊猫》也是如此，《功夫熊猫》电影讲述的就是卡通角色功夫熊猫为主角的故事。功夫熊猫作为电影的名称，实际上是以角色名称来概括电影的故事与情节。而当电影作品的相关公众看到功夫熊猫的名称时，想到的必然是卡通的形象或者电影，而非电影的来源或者提供者。从混淆的角度看，非商标性使用一般不会导致消费者的混淆与误认，这就避免了侵权后果。消费者不会因为市场上有两个名为功夫熊猫的电影，而混淆电影的来源。原因就在于电影中多种元素都可以发挥识别功能，名称相同演员不同、情节不同，消费者均可以区分。

综合上述分析我们可以看出，本案作为认定商标指示性使用的典型案例，其积极之处在于遵循了北京市高级人民法院在 2006 年《关于审理商标民事纠纷案件若干问题的解答》第 26 条确立的商标基本思路，围绕三个方面着力进行分析：第一，坚持以商标的基本功能为出发点。第二，结合商标使用的行业特点与商品特点，分析了商标使用的目的。第三，对使用者的主观状态与混淆后果进行适当分析。

这种分析方式与认定思路影响到了后续类似案件的处理，比如在 2016 年湖北省高级人民法院审理的电视节目名称"如果爱"商标侵权案①中，湖北电视台因电视节目名称为"如果爱"，被诉侵犯了在先注册的"如果爱"商标。湖北省高级人民法院认为节目名称是节目内容与特点的概括，并不直接指向节目的提供主体。电视节目名称的使用方式比较特别，作为节目名称使用他人商标，不会导致消费者认为二者之间存在关联。因此，"如果爱"作为电视节目名称仅仅是体现节目内容与风格特点，不会导致消费者的混淆，并最终认定节目名称不属于商标性适用。

因此，商标性使用与指示性使用，由于缺乏统一的规则，并且对判断主体的依赖较大，导致在司法实践中表现出很大的差异性，甚至有的结论自相矛盾。但在具体判定的方法上，仍然遵循着大致相同的规则，即主要考虑以下四个方面内容：第一，商标自身的含义与显著性。如果商标标志属于通用名称，能够用来描述商品的质量、功能与用途等因素又或者具有商标之外的第二含义，商标权人

---

① 湖北省高级人民法院（2016）鄂民终字第 109 号民事判决。

之外的主体可以善意、合理地使用商标标识。第二，商标使用是否发挥了商标的基本功能，考察这一点时综合考虑的因素较多，包括具体的商标使用方式、消费者的认知习惯等因素。第三，结合消费者的注意力，分析商标使用是否会导致混淆的后果出现。第四，商标标志使用的行业或商品的特点，商标使用在传统的商品上，与使用在影视作品、软件作品上可能在形式上与性质上都有很大不同，只有能体现出商品的提供者区分商品来源的使用，才会构成商标性使用。

三、对商标性使用与指示性使用区分做法的反思

从法律规定或逻辑上看，把商标性使用区分为商标性使用与指示性使用，是当下主流的观点与做法，而且经过大量案件的实践，判定方法也遵循着大致的框架与思路。但我们也要注意到这一硬性区分方法本身存在的不足，已经做出的众多判决中有自相矛盾的一些认定，是这一区分方法与认定方法的不足。如同样作为节目名称，在湖北高院审理的"如果爱"案中，认定节目名称不属于商标性使用。而在金阿欢与江苏省广播电视台关于"非诚勿扰"商标侵权再审案①中，广东省高级人民法院则又另辟蹊径认为"节目名称属性并不能当然排斥该标识作为商标的可能性"，江苏卫视广泛地将台标与节目名称同时进行宣传，已经使得消费者能够将节目名称与节目的提供者对应起来，起到了区分电视节目来源的功能，并最终认定节目名称构成"商标性使用"。所以我们有必要在文章结束之际分析这一区分方法的不足。

首先，商标性使用与指示性使用的二分法，逻辑上并不周延。商标性使用对应的是非商标性使用，但实践中正当使用、描述性使用、

---

① 广东省高级人民法院（2016）粤民再 447 号民事再审判决。

指示性使用与非商标法意义上的使用，均同时存在甚至有时候相互替代，加剧了指示性使用内涵的混乱。

而且从商标自身的特征看，商标使用情形非常复杂，实践中商标性使用与指示性使用，并不是完全截然对立的。商标标志在识别商品来源的时候，可能也在描述商品，而商标标志在描述商品的时候，也可能根据标志的知名度与使用方式不同发挥着识别商品来源的功能。如在"聚能"案中，尽管煤气与燃气等商品中"聚能"具有描述功能的作用，但是"聚能"一词对于普通的消费者而言仍然具有一定的显著性，华帝公司使用他人注册的"聚能"仍可能一定程度上发挥区分商品的来源的功能，并可能导致消费者的混淆。法院可能认识到"聚能"作为商标标志发挥了一定的识别功能，才从知名度的角度补充了混淆的问题。法院认为华帝公司使用"聚能"时，将"华帝"与"聚能"同时使用，消费者会通过华帝来识别商品来源。这一理由显然实际上并不认为"聚能"不能识别商品的来源，而是"华帝"的显著性与知名度更高，导致消费者容易以"华帝"来识别商品来源，不会与"聚能"相混淆。

其次，现行法律对指示性的使用规定的范围过于狭窄。商标法以及北京市高级人民法院有关指示性使用的解释，均集中在商标缺少显著性的类型上。实际上缺少显著性的商标标志，在商标法中一般是不应当获得注册的，或者注册后即便法律没有明确规定，也理应不能阻止他人合理地使用该标识。

实践中产生的商标使用纠纷，其实类型较为多样，并非完全因为商标标志缺少显著性引发的。尤其在电影名称、电视节目名称里，商标标识并非缺少显著性，相反可能非常具有显著性，比如本案中提及的"功夫熊猫"，又比如我们上文中提到的"非诚勿扰"与"如果爱"，都具有非常高的显著性。在判断是否属于商标性使用的时候，并不是商标的显著性问题，而是使用方式是否实现了商标的基本功能。如果将商标使用性质的纠纷，局限于商标缺少显著性的范畴，则无疑有挂一漏万之嫌。

总的来看，商标使用性质判定的分歧，是商标法中具有典型性的争议问题。从产生的原因看一方面立法上，商标法的理论本身尚存在一些自相矛盾欠缺逻辑自恰之处。另一方面也是社会发展，尤其在娱乐产业与计算机、手机应用等新的"非典型"商品出现，产生了新的商标标志使用方式，使人们需要在新的社会环境与经济背景下，考虑使用商标的性质与功能。因此在商标使用性质判定的过程中，商标标志、商标功能、商品来源这些不变的因素，必须要更多地结合商标使用的商品特点、行业特点，才能做出更适当的认定。

撰稿人：孟斌

原北京第一中级人民法院法官

8. 电视节目名称的保护

——北京星光大道影视诉央视《星光大道》商标纠纷案

案例索引：北京市第一中级人民法院（2013）一中民初字第11888号民事判决

基本案情

2003 年 7 月 9 日，北京星光大道影视制作有限公司（简称星光大道公司）向商标局申请注册第 3624619 号"星光大道"商标，并于 2005 年 1 月 7 日经商标局初步审定公告。针对涉案商标，中央电视台在法定异议期内向商标局提出异议申请，其后历经商标异议复审和行政诉讼，涉案商标最终于 2012 年 3 月 28 日被授权公告，核定使用在第 41 类组织竞赛（教育及娱乐）、广播和电视节目制作、无线电和电视节目制作等服务上。涉案商标目前处于合法存续状态。2012 年 6 月 13 日，经商标局核准，涉案商标从星光大道公司转让至案外人星光大道传媒公司名下。

（2013）京长安内经证字第 9448 号公证书（简称第 9448 号公证书）载明，星光大道公司于 2013 年 5 月 28 日对域名 www.cctv.com 的备案信息及域名 www.cctv.com 和 www.cntv.cn 上的相关网页内容进行了证据保全。根据中华人民共和国工业和信息化部 ICP/IP 地址 / 域名信息备案管理系统查询显示，中央电视台为域名 www.cctv.com 的主办单位。点击 www.cctv.com 后进入"央视网"界面，其所显示的域名为 www.cntv.cn。该页面最下方显示有"中国中央电视台中国网络电视台版权所有"字样，逐步点击"联系 CCTV""栏目""星光大道""视频""往期节目""节目列表""2012"链接后进入相应页面。分别点击"2012"链接项下的"05 月"和"04 月"中的视频文件，并将所打开的页面予以拷屏保存。从上述网页打开的视频文件中可见，"CCTV3 综艺"频道播放的《星光大道》栏目在其节目播放片头和播放时电视屏幕右下角显示有"星光大道"字样，且根据节目播出的内容显示，节目录制现场的舞台背景屏幕和现场观众背景屏幕也使用了"星光大道"文字。

2005 年 10 月 27 日，中央电视台向商标局申请注册第 4966182 号"星光大道"商标，并于 2009 年 6 月 7 日被授权公告，核定使用在第 38 类电视播放、无线电广播等服务上，专用权期限至 2019 年 6 月 6 日。 中央电视台提交证据证明其《星光大道》栏目采取录播的形式，并自 2004 年 10 月 9 日首播以来，已经在社会公众中建立起较高的知名度和美誉度。

星光大道公司于 2013 年 9 月 2 日向北京市第一中级人民法院提起诉讼，称中央电视台在其《星光大道》栏目中多处使用"星光大道"，侵犯其商标权。且中央电视台对涉案商标的申请注册提出异议，在明知涉案商标核准注册的情况下，仍然进行大量、反复的突出性使用，具有明显的侵权恶意。请求法院判令中央电视台赔偿经济损失及合理开支共计人民币 1000 万元。

判决与理由

星光大道公司主张中央电视台在《星光大道》栏目播放片头、录制现场舞台背景屏幕、录制现场观众背景屏幕、播放时电视屏幕右下角突出使用了"星光大道"文字，且由于《星光大道》栏目是一档以选秀等组织竞赛形式举办的娱乐节目，故中央电视台未经星光大道公司许可所实施的上述行为，构成对星光大道公司在"组织竞赛（教育及娱乐）"和"广播和电视节目制作"服务上已获准注册的"星光大道"商标的侵犯。法院对此分别予以评述。

一、在《星光大道》栏目播放片头和播放时的电视屏幕右下角使用"星光大道"文字是否构成对涉案商标的侵犯

本案中，《星光大道》栏目是以录制播出的形式向电视观众提供节目内容，在后的电视播放需以在先的节目制作为前提和基础。尽管节目制作与电视播放之间存在一定关联，但就其本质而言，二者仍然属于在时间和空间上可以区分且各自独立的行为阶段，故对于各个阶段对"星光大道"文字的使用不能一概而论，而应具体问题具体分析。

根据查明的事实，中央电视台已于 2009 年 6 月 7 日在第 38 类电视播放等服务上获准注册第 4966182 号"星光大道"商标，目前该商标处于合法存续状态。基于此，中央电视台有权在电视播放等核定使用服务上自行使用或许可他人使用上述"星光大道"商标，此为其享有注册商标专用权的应有之意。因此，中央电视台在《星光大道》栏目播放时的片头和电视屏幕右下角对"星光大道"文字的使用，是对其核定使用在电视播放服务上的"星光大道"商标专用权的合法行使，该行为不构成对涉案商标专用权的侵犯。

二、在《星光大道》栏目录制现场的舞台背景屏幕和观众背景屏幕使用"星光大道"文字是否构成对涉案商标的侵犯

由于《星光大道》栏目的内容主要体现为由选手参加的才艺选拔形式，并通过周冠军、月冠军、年冠军的角逐产生年度总冠军，故其在表现形式上也属于组织竞赛的范畴。中央电视台所使用的"星光大道"文字与涉案商标在文字构成上相同，仅在字体上存在一定差异，二者构成相近似的标识。尽管如此，法院仍然认为中央电视台在节目录制现场舞台背景屏幕和观众背景屏幕使用"星光大道"文字的行为，并不当然构成对涉案商标专用权的侵犯，对此还应结合商标的本质及其功能予以综合考虑。

商标的外观表现为符号，《商标法》第52条第（一）项的规定若仅从表面上看，也体现了一种对商标符号的保护，即他人未经许可，不得擅自在相同或类似商品上使用与注册商标相同或近似的商标。但如果仅是在符号学意义上对商标进行保护，则不仅不符合商标的本质，有违商标法价值取向，而且会不适当地扩展商标权的保护范围，进而使得侵权认定扩大化。就其本质而言，商标是在商品流通领域中发挥产源识别作用的商业标识，其功能在于将不同生产经营者所提供的商品或服务相区分，以此确保相关公众免受混淆误认之苦。此种区分力的形成，是由于市场主体将商标符号在其所提供的商品或服务上进行了商业上的使用，进而使得该商标符号所标示的商品或服务能够在与之相同或类似的商品或服务市场中，与其他市场主体所提供的商品或服务相区分。换言之，此时商标符号经过商业使用，已经在特定商品或服务与其提供者之间建立起具有法律保护利益的特定联系，且此种联系在该特定商品或服务市场上为相关公众所知悉。因此，商标法之所以保护商标而不保护商标符号，

是因为商标符号在进入商品或服务流通领域之前，其仅具有符号学意义，此时即便有他人对商标符号的使用，该使用也仅能被视为对商标符号的使用，并不为市场中的相关公众所知悉，更不可能在市场中发挥商标区分不同商品或服务提供者的产源识别功能，进而建立上述特定联系，自然亦不存在造成相关公众混淆误认的可能。在此情况下，注册商标专用权人的合法利益并未受有损害，亦无必要对其予以救济。

具体到本案，中央电视台在其具有竞赛性质的《星光大道》栏目的制作过程中使用了"星光大道"文字，但应注意的是，首先，中央电视台制作《星光大道》栏目是用于随后的自身播出，在案证据无法证明中央电视台除了在其制作的《星光大道》栏目中使用"星光大道"文字外，还对外向相关公众提供电视节目制作或组织竞赛服务，并在提供服务的过程中标注"星光大道"文字以区分服务来源，即中央电视台对"星光大道"文字的使用并未进入上述服务的商业流通领域；其次，中央电视台之所以制作《星光大道》栏目并在此过程中使用"星光大道"文字，是因为其合法拥有电视播放服务上的"星光大道"商标。中央电视台制作《星光大道》栏目是为了进行后续的电视播放，制作时使用"星光大道"文字是为了使电视观众能够更加清楚地知悉中央电视台所播放的电视节目名称，故中央电视台并无搭涉案商标便车、刻意造成相关公众混淆误认的故意。因此，中央电视台主观上并无侵犯涉案商标专用权的故意，客观上其对"星光大道"文字的使用仅是一种对于涉案商标符号的使用，并未进入电视节目制作和组织竞赛服务的商业流通领域之中，不会造成相关公众的混淆误认，不构成对涉案商标的侵犯。

综上所述，星光大道公司的起诉缺乏事实和法律依据，依照《中华人民共和国商标法》第 3 条第 1 款、第 51 条、第 52 条第（一）

项之规定，判决驳回星光大道公司的诉讼请求。

评　析

本案是比较早期的涉及电视节目名称与商标权冲突的案件。近年来随着电视节目市场价值的提高以及人们商标意识的提高，接连出现了几起类似案件，[①]由于涉及知名的电视节目，一度在社会上成为热点话题，其中所涉及的法律问题也在知识产权界引起广泛关注。

顾名思义，电视节目名称是电视台对其不同节目的命名，其首先是产品（节目）名称，可以区分同一电视台的不同节目。而商标则是区分产品来源的标志，消费者借以区分不同提供者的产品。电视节目名称与商标的关系可以从以下两方面进行探讨：

首先，电视节目名称是否可以成为商标，即成为表示该电视节目来源的标志。我国《商标法》（2019）第8条规定，任何能够将某个特定提供者的商品与他人的商品区别开的标志，均可以作为商标申请注册。电视节目名称如果并非通用名称或者仅仅直接表示节目内容等特点，具有商标所需要的显著特征，当然可以通过申请注册而成为商标。即使未成为注册商标，如果其经过使用获得了一定的知名度，在事实上能够成为相关公众据以识别来源的标志，也能够主张其构成"未注册驰名商标""在先使用并有一定影响的商标"或者"知名商品特有名称"，根据我国商标法以及反不正当竞争法的相关规定获得相应的保护。

---

① 例如涉及江苏电视台"非常了得"节目名称案，"非诚勿扰"节目名称案，湖北电视台"如果爱"节目名称案等。

问题的另一面就是，电视节目名称是否可能侵犯他人的在先商标权。这个问题可以分为以下几个层次进行讨论。第一，电视节目名称的使用是否在指示商品的来源，即所谓是否商标性使用；其次，电视节目名称的使用是在何种商品或者服务类别上的使用；再次，涉及电视节目名称侵犯商标权的判断标准。

一、电视节目名称的使用方式与商标性使用

"星光大道"案中，星光大道公司认为中央电视台使用"星光大道"文字的方式包括：在节目播放时片头、节目录制现场舞台背景屏幕、节目录制现场观众背景屏幕、节目播放时电视屏幕右下角等。法院认定的事实也基本如此。在"非诚勿扰"案中，法院认为江苏电视台"反复多次、大量地在其电视、官网、招商广告、现场宣传等商业活动中单独使用或突出使用了被诉非诚勿扰标识"[①]。在对使用方式进行了认定之后，"星光大道"案直接对中央电视台的使用方式是否构成对星光大道公司商标权的侵犯进行了论证，而"非诚勿扰"案则首先对江苏电视台的使用方式是否属于商标性使用进行了认定，然后才讨论是否构成侵权的问题。考虑到两案不同的判决时间（"星光大道"案为 2014 年，"非诚勿扰"案为 2016 年），明显可以看出"商标性使用"的话题在近两年得到了更多的重视，以至于有人认为"商标性使用是商标侵权成立的前提条件"是国内的主流观点。[②]笔者在此无意对商标性使用问题进行全面探讨，仅是结合与电视节目名称有关的案例，从如下几个方面进行考虑：

1. 这些案件中所体现出的使用方式都是作为电视节目名称通常的使用方式，所谓的"反复、突出使用"与"商标性使用"之间没

---

① 参见广东省高级人民法院（2016）粤民再 447 号民事判决。

② 可参见蒋利玮：《论商标使用的判断：以"非诚勿扰"案为视角》，载《法治社会》2016 年第 3 期。

有必然关系，即使反复、突出的使用也仍然是节目名称的正常使用方式。

2. 节目名称的使用与商标的使用是否能够截然分开，或者进一步说，商标的使用是否能与其他标识（比如产品名称或者包装装潢等）的使用截然分开，其中是否有本质区别。另外，商标的使用与其他标识的使用是否是互相排斥，非此即彼的。

3. 对商标性使用的判断应该是形式意义上的，还是实质意义上的。即是否只要从形式上看，将某标识使用在商品或者服务上，消费者有可能以之来识别来源，即可认定其是商标的使用，还是需要该标识从实质上发挥了指明商品来源的功能，才认为其是商标的使用。[①]

笔者认为，商标只是商业标识的一种，商标的使用与其他标识的使用并无本质区别，而且某一标识的具体使用方式既可以是电视节目名称等的使用，又可以是商标的使用，二者并不矛盾，也不必然互相排斥。我国商标法实行注册制原则，故所谓"识别来源的功能"宜从形式上理解，只要从使用方式上能够使相关公众将其理解为系在指明商品的来源即可。否则，容易导致对同样的使用行为，权利人的使用被视为商标使用，而被告的行为则被认为不是商标使用的逻辑困境。如果将相关标识使用在特定的产品或者服务上，相关公众有可能认为其与在先商标指向了相同或者有特定联系的主体，即

[①] 例如，有观点认为："标题天生就具备描述和概括功能，而其标示和指向特定作品乃至特定出处的功能只能随着作品的传播而逐渐获取。这样，起初并不侵犯他人商标权的节目名称，却由于节目越办越成功，而开始发挥商标的作用，进而也就可能与在先商标权发生冲突。"参见彭学龙、郭威：《论节目名称的标题性与商标性使用——评"非诚勿扰"案》，载《知识产权》2016 年第 1 期。从该段论述可知，该作者认为节目名称在未取得成功之前，未开始发挥商标的作用，故不会与在先商标发生冲突，即是从实质意义上来理解商标的使用。

可能侵犯他人的在先商标权。当然，如果使用者具有正当使用等抗辩理由的除外。

二、电视节目名称的使用与商品及服务类别

因为注册商标必须与具体的商品或者服务类别相联系，故被告是否在相应类别上使用了相关标识就成为此类案件中至为关键的问题。"星光大道"案中，星光大道公司在第41类"组织竞赛（教育及娱乐）、广播和电视节目制作、无线电和电视节目制作"等服务上注册了"星光大道"商标，而中央电视台在第38类电视播放、无线电广播等服务上亦注册了"星光大道"商标。法院在判决中认为，"尽管节目制作与电视播放之间存在一定关联，但就其本质而言，二者仍然属于在时间和空间上可以区分且各自独立的行为阶段"，并进一步认定，中央电视台在《星光大道》栏目播放时片头和屏幕右下角使用"星光大道"，是对其注册商标的使用，不侵犯星光大道公司的商标权。而在节目录制现场的舞台背景屏幕和观众背景屏幕上使用"星光大道"是在星光大道公司注册商标核定使用的类别上使用该标识。但是由于中央电视台制作《星光大道》栏目是为了随后的自身播出，中央电视台并未对外以"星光大道"标识向相关公众提供电视节目制作或组织竞赛服务，故其主观上并无侵犯星光大道公司商标权的故意，客观上其未进入电视节目制作和组织竞赛服务的商业流通领域，不会造成相关公众的混淆误认，故不构成对星光大道公司商标权的侵犯。可见，中央电视台在"电视播放"相关类别上亦有注册商标这一事实对本案结果有较大影响，促使法院更为细致地区分中央电视台的使用行为，以确定其是否在星光大道公司注册商标的核定服务类别上使用了相关标识。而且，即使在认定了属于在"电视节目制作、组织竞赛"等类别上的使用，也由于该使用仅是为了后续在其享有注册商标专用权的领域内使用，而最终认定其并不侵

犯星光大道公司的商标权。①

  在"非诚勿扰"案中，商品类别问题引起了更大的争议。原告的"非诚勿扰"商标核定服务项目是第45类，包括"交友服务、婚姻介绍所"等。一审法院认为从服务的目的、内容、方式、对象等方面综合考察，江苏电视台《非诚勿扰》电视节目虽然与婚恋交友有关，但终究是电视节目，相关公众一般认为二者不存在特定联系，不属于同类服务，不容易造成公众混淆，所以不构成侵权。②二审法院则认为，从《非诚勿扰》节目简介、主持人开场白等均能判定，该节目是提供征婚、相亲、交友的服务，与原告注册商标核定使用服务项目相同，认定侵权成立。③再审判决亦花费大量笔墨讨论两者服务类别是否相同或者类似的问题。再审判决认为，以相关公众的一般认知，能够清晰区分电视文娱节目的内容与现实中的婚介服务活动，二者在服务目的、内容、方式、对象等方面都不同，相关公众不会误认为二者具有某种特定联系，两者不构成相同或者类似服务。再审判决特别指出，电视节目不可避免会涉及现实生活题材，但这些现实生活题材只是

---

  ① 当然，此处值得讨论的问题还有很多，比如，第41类和第38类服务之间的关系，不同的主体分别注册同样或者相近似的商标是否有可能导致相关公众的混淆；再比如，使用自己的注册商标，是否必然不侵犯他人的注册商标权。《最高人民法院关于审理注册商标、企业名称与在先权利冲突的民事纠纷案件若干问题的规定》（法释〔2008〕3号）第一条第二款规定：星光大道公司以他人使用在核定商品上的注册商标与其在先的注册商标相同或者近似为由提起诉讼的，人民法院应当根据民事诉讼法第一百一十一条第（三）项的规定，告知星光大道公司向有关行政主管机关申请解决。根据该规定，在先的注册商标权人如果认为在后注册商标侵犯其权利，一般应向相关行政机关申请无效在后的商标，而不是直接起诉民事侵权。但该司法解释仅是从程序上对是否受理相关民事案件的规定，并未从实体上规定不侵权。

  ② 广东省深圳市南山区人民法院（2013）深南法知民初字第208号民事判决。

  ③ 广东省深圳市中级人民法院（2015）深中法知民终字第927号民事判决。

电视节目的组成要素，在判断此类电视节目是否与某一服务类别相同或者类似时，不能简单、孤立地将某种表现形式或某一题材内容从整体节目中割裂开来，片面、机械地作出认定，而应当综合考察节目的整体和主要特征，把握行为本质，作出全面、合理、正确的认定。[①]可见，正是由于对电视节目名称使用的类别有不同的认识，才导致了该案一审、二审和再审截然不同的结论。

三、电视节目名称侵犯商标权的判断标准

2019年4月23日第四次修正、2019年11月1日起施行的《商标法》第57条规定，未经许可在同一种商品上使用与注册商标相同的商标构成对他人注册商标专用权的侵犯。在同一种商品上使用近似商标，或者在类似商品上使用相同或者近似商标，容易导致混淆的，也属于侵犯商标专用权的行为。[②]该条款从法律上正式确认了"混淆可能性"是判断商标侵权与否的标准的地位，当然，"相同商品上使用相同商标"的情形，不需要证明混淆可能性即可认定侵权。关于如何认定混淆可能性，最高人民法院2020年修正的《最高人民法院关于审理商标授权确权行政案件若干问题的规定》第12条规定，应当综合考量相关因素，并考虑因素之间的相互影响，认定是否容易导致混淆，需要考虑的因素包括：商标标志的近似程度；商品的类似程度；请求保护商标的显著性和知名程度以及相关公众的注意程度等。商标申请人的主观意图以及实际混淆的证据可以作为判断混淆可能性的参考因素。虽然司法解释该条规定直接针对的是《商标法》第13条第2款中对未注册驰名商标的保护问题，但涉及的混淆可能性判断标准应该是共同的。可见，由于商标法的修改，法院在判断

[①] 参见广东省高级人民法院（2016）粤民再447号民事判决。
[②] 《商标法》第57条。

混淆可能性的论证逻辑和方法上也进行了改变，即把商标近似、商品类似等因素都作为判断混淆可能性的考虑因素，而不是在"商标近似"的概念下涵盖诸如请求保护商标的显著性、知名度、混淆可能性等因素。事实上，在"星光大道"案中，法院在认定了中央电视台制作《星光大道》栏目，也使用了与星光大道公司商标相近似的标识之后，仍然认为并不侵犯星光大道公司的商标权，也可以看出，商标近似、商品类似并非商标侵权的充分条件，而只是相关的考虑因素，虽然一般情况下这两个考虑因素足以得出相关公众容易混淆从而构成侵权的结论，但不排除尚有其他的考虑因素可能发生作用，可能改变问题的结论。

就电视节目相关的商标侵权案件来讲，混淆可能性的上述判断因素中，商标标志的近似程度一般是有利于原告的，但其余几项则需逐项分析。关于所涉及的商品或者服务类别问题，前文已经述及，不再赘述。关于"请求保护商标的显著性和知名度"一项，当然要视个案事实而定，从目前已经发生的案件来看，通常原告的商标知名度并不高。而相关公众的注意程度问题，由于电视节目具有特定的播出场所，跟特定的电视台有比较紧密的关系，相关公众即使以一般注意力也对与电视台的这种联系有比较清晰的认知，故这一因素一般情况下对原告也并不有利。更何况，电视节目名称作为对节目的命名，本身有着概括节目内容、主题等方面的功能，具有一定的表达性，有观点认为在此情形下应适用比较高的混淆可能性的门槛。①考虑到电视节目名称的特殊性，笔者认为这种观点值得采纳。

---

① 参见阮开欣：《作品中使用商业标识的商标侵权问题——从近期电视节目名称纠纷案谈起》，载《电子知识产权》2016 年第 3 期。文中提到美国联邦第二巡回上诉法院"Rogers v. Grimaldi"案所确立的"Rogers"标准，即在表达性的作品与标识有艺术性联系时，应适用该标识"明显地"（explicitly）误导来源或内容的商

另外，侵权判断中有可能涉及正当使用问题，即被告是否仅是在正当地使用注册商标中含有的本商品的通用名称或者直接表示商品质量、功能、用途或者其他特点的标志。在涉及湖北电视台"如果爱"节目名称侵权案中，武汉市中级人民法院就认定"如果爱"直接体现了电视节目内容的风格特点，属于叙述性合理使用，不构成侵权。①而在"非诚勿扰"案中，亦有观点认为"非诚勿扰"作为惯用的婚恋广告用语，用在"交友服务，婚姻介绍所"服务上，属于正当使用。②笔者认为，正当使用的前提是注册商标包含了本商品的通用名称或者直接表示商品特点的标志。对于电视节目而言，其不同于普通的商品，除了通用名称之外，哪些标志可以被视为"直接表示"了节目的特点，应当慎重考虑。电视节目不论是否构成作品，其节目名称都类似于作品的标题，需要能够体现节目的主题，浓缩节目内容。虽然在我国著作权法理论和实践中，通常并不认可作品标题可以获得著作权的保护，但不可否认，作品标题对作品主题和内容的概括和反映是高度个性化的。比如，鲁迅曾以《旧事重提》为总题发表系列怀旧散文，之后改名为《朝花夕拾》。③两个标题都是对作品主题的提炼，是否均可归结为"直接表示特点"的词汇？又比如，"如果爱"和"非诚

标侵权标准（见该文注释6及相应正文）。当然，文中也提到该标志适用于艺术性的表达，而不适用于商业性的作品，如广告（见该文注释10及相应正文）。电视节目名称是否应属于商业性的表达，而不适用该较高的混淆可能性标准，文中未明确提及。但该文总体认为，考虑到言论表达的自由，电视节目名称在商标侵权适用标准上存在一定的特殊性。

① 参见湖北省武汉市中级人民法院（2015）鄂武汉中知初字第254号民事判决。

② 参见蒋利玮：《论商标使用的判断：以"非诚勿扰"案为视角》。但该文没有明确论及江苏电视台将《非诚勿扰》作为节目名称是否为正当使用。

③ 参见李建中：《题好一半文 花香蝶自来》，载《科学咨询（教育科研）》2010年第8期。转引彭学龙、郭威：《论节目名称的标题性与商标性使用——评"非诚勿扰"案》。

勿扰"这两个差异很大的词汇，对于婚恋交友类真人秀节目来说，是否都可以认定为系对节目内容或者风格特点的描述性使用？笔者认为，对于普通的商品而言，对于其质量等特点如何进行描述，相对来说有比较公认也相对客观的标准，而对于表达类的作品以及电视节目来说，由于其具有较强的主观性，在认定属于描述性使用时，应尽量慎重。

最后，关于电视节目名称与商标的关系，电视节目名称如果符合商标法的相关规定，可以注册为商标。实践中，也确实有大量电视节目名称在各个类别上申请注册了商标。从本质上来讲，电视节目名称直接指向的是一个特定的节目，而商标的作用是识别商品的来源，这个商品通常不会是"某一个"，而应当是一类商品。很难想象，江苏电视台会以"非诚勿扰"作为商标而去制作、播放另外一个名称不是《非诚勿扰》的电视节目。目前将各类作品名称注册商标的情形逐渐增多，比如网络游戏名称、电影名称等，都会面临这个问题。[①]抛开电视台对电视节目名称商业化运营的需求不谈[②]，仅在电视节目相关的类别上，我们需要考虑这种申请注册商标的行为是否具有必要性？对于节目名称而言，电视台需要的保护是什么？是否必须通过商标来实现？商标固然是各类商业标识中法律保护最为完善的一个，但是否所有的标识都要通过商标来进行保护？

撰稿人：董晓敏

---

① 在商标审查实践中，有这样的例子证明将公众熟知的作品名称（如"红楼梦"）作为商标注册在书籍或相关类别时面临的两难处境：如果使用在《红楼梦》一书，其具有描述性而不应当获得注册；如果使用在非《红楼梦》的其他书籍上，其具有欺骗性同样不能获得注册。

② 实践中涉及此的案例并不多见。

9. 角色商品与商品化权

——梦工场诉商评委"功夫熊猫"商标异议复审行政纠纷案

案件索引：北京市第一中级人民法院（2014）一中行（知）初字第4257号行政判决；北京市高级人民法院（2015）高行（知）终字第1969号行政判决。

基本案情

第三人胡晓中，于2008年12月22日向中华人民共和国国家工商行政管理总局商标局（简称商标局）申请注册诉争商标，即第6806482号"KUNGFUPANDA"（中译名：功夫熊猫）商标，商标申请使用在第12类的"方向盘罩"等商品上。

原告梦工场动画影片公司（简称梦工场公司）于2006年6月6日，在先注册了引证商标一与引证商标二，其中引证商标一为第5400891号"KUNGFUPANDA"商标，核定使用在第9类"计算机外围设备"等商品上；引证商标二为第5400892号"KUNGFUPANDA"商标，核定使用在第28类"活动玩偶玩具"等商品上。

商标局允许诉争商标注册后，梦工场公司向中华人民共和国国家工商行政管理局商标评审委员（简称商标评审委员会）会提出异议复审申请。

2013 年 11 月 11 日，商标评审委员会做出裁定，裁定诉争商标予以核准注册。梦工场公司不服商标评审委员会的行政裁定，向北京市第一中级人民法院提起诉讼，并当庭明确其在 2001 年《商标法》第 31 条项下的在先权利，仅主张诉争商标损害其"在先商品化权"。

北京市第一中级人民法院经审理认为：法定权利是指法律明确设定，并对其取得要件、保护内容等均作出相应明确规定的权利，法律未明确设定的权利均不被认定为法定权利。鉴于现有的法律中并未将所谓"商品化权"设定为一种法定权利，故其并不属于 2001 年《商标法》第 31 条中所规定的在先权利中的法定权利。此外，"商品化权"亦非法律所保护的民事权益，其权益内容和权益边界均不明确，亦难以认定梦工场公司对"KUNGFUPANDA"名称在商标领域享有绝对、排他的权利空间。因此判决：维持商标评审委员会作出的被诉裁定。

梦工场公司不服一审判决，向北京市高级人民法院提起上诉，请求撤销一审判决并撤销被诉裁定，判令商标评审委员会重新作出裁定。

判决与理由

北京市高级人民法院经审理认为：2001 年《商标法》第 31 条规定，申请商标注册不得损害他人现有的在先权利。该条款所指的"在先权利"不仅包括现行法律已有明确规定的在先法定权利，也包括根据《中华人民共和国民法通则》和其他法律的规定应予保护的合法权益。

影片名称的"商品化权",确非我国现行法律所明确规定的民事权利或法定民事权益类型,但当电影名称或电影人物形象及其名称因具有一定知名度而不再单纯局限于电影作品本身,与特定商品或服务的商业主体或商业行为相结合,电影相关公众将其对于电影作品的认知与情感投射于电影名称或电影人物名称之上,并对与其结合的商品或服务产生移情作用,使权利人据此获得电影发行以外的商业价值与交易机会时,则该电影名称或电影人物形象及其名称可构成在先"商品化权"。如将上述知名电影名称或知名电影人物形象及其名称排斥在受法律保护的民事权益之外,会损害正常的市场竞争秩序,这显然与商标法的立法目的相违背。

同时,虽然"功夫熊猫 KUNGFUPANDA"可以受到商品化权保护,但其保护范围仍需明确。在判断他人申请注册商标是否侵犯商品化权时,需要综合考虑如下因素:一是知名度高低和影响力强弱。知名电影名称及知名电影人物形象名称的商品化权范围,与其知名度及影响力相关。二是混淆误认的可能性。商标的主要功能在于标识商品或服务的来源,尽可能消除商业标志混淆误认的可能性。

综上,北京市高级人民法院判决:撤销北京市第一中级人民法院判决,撤销商标评审委员会复审裁定,并责令商标评审委员会重新做出裁定。

评 析

商品化权目前尚没有统一的定义,在 1993 年 11 月世界知识产权组织国际局公布的一份报告中,将角色的商品化定义为:"为了满足特定顾客的需要,使顾客基于角色的亲和力而购进这类商品或者服务，加工或者次要利用该角色的人格特征。"①这一定义也成为了当前较为通用的商品化权的定义，这一概念的优点在于揭示了角色与商品之间的关系，以及角色在作品之外的二次开发特征，具有一定的科学性。

在中国商标法领域，商品化权则属于近些年新出现的争议问题。根据商标法规定任何能够区分商品的标志，均可以作为商标注册申请。②实践中就出现了大量将电影名称、角色名称、图书作品名称、小说作品人物、乐队名称等申请为商标的情形。这种商标申请能否核准注册，司法实践中一直存在着两难的困境：一方面，娱乐产业的发达，使得角色、名称等要素通常具有非常高的衍生市场价值，如果不保护可能会导致权利人的合法利益被非法侵占，并同时损害消费者的利益。另一方面，如果对角色或名称等要素进行保护，则保护的法律依据与权利的边界难以界定，容易导致利益失衡。

本案是近年来的出现的一则典型案例，关于商品化权的不同观点在行政程序、一审与二审程序中得到充分展示，并且结论最终支持了商品化权。本案对商品化权的分析以及商品化权边界的探讨，均具有较高的借鉴意义。

一、影视作品名称商品化利益保护的三种主张

（一）著作权

在商品化权出现之前，对于影视作品的名称，角色名称与角

---

① 郑友德、焦洪涛：《反不正当竞争的国际通则——WIPO〈反不正当竞争示范条款〉述要》，载《知识产权》1999 年第 2 期。其中"次要利用"，也有人翻译为"二次利用"。

② 如 2019 年修正的《商标法》第 8 条规定："任何能够将自然人、法人或者其他组织的商品与他人的商品区别开的标志，包括文字、图形、字母、数字、三维标志、颜色组合和声音等，以及上述要素的组合，均可以作为商标申请注册。"

色形象的保护，通常寻求著作权法保护。如"泰山"案①原告主张"TARZAN"一词应受著作权法保护。又如在电影"007"系列案件中，原告也表示在没有其他权利可以保护"007"的电影名称与角色名称时，应当认定"007"构成作品。最终法院认定，"TARZAN"作为单词，难以表达出信息内涵，也难以看出其所包含的意义，不属于我国著作权法保护的作品。"007"也是如此，作为简单的数字组合，本身不能构成著作权法意义上的作品。

著作权法意义上的作品，通常指文学、艺术和科学领域内，具有独创性并能以某种有形形式复制的智力创作成果。因而著作权法意义上的作品，表达一定思想与内容，并具有独创性与可复制性。而电影名称、角色等通常仅仅是一个词语或者数个词语的组合，用来概括电影的主要人物或主要情节，脱离了电影不能表达任何思想。同时从电影作品的名称与内容关系看，电影名称也很难获得垄断性的权利保护。相同名称的电影可能是完全不同的作品，而且电影作品自身就存在不断翻拍、演绎的特点。因此将电影名称以在先著作权的方式保护，既不符合著作权法作品认定的条件，也与电影作品自身的特点不符。

（二）民事权益

当在先著作权无法保护商品化利益后，权利人开始尝试通过在先民事权益的方式保护自身的合法权益。这种做法最早出现在电影"007案"②中，该案中法院认定，"JAMESBOND"（詹姆斯·邦德）作为丹乔公司"007"系列电影人物的角色名称已经具有较高知名度，"007""JAMESBOND"作为"007"系列电影人物的角色名称已为

---

① 北京市第一中级人民法院（2008）一中行初字第 1287 号行政判决，北京市高级人民法院（2009）高行终字第 515 号行政判决。

② 北京市高级人民法院（2011）高行终字第 374 号行政判决。

相关公众所了解，因该知名度所带来的商业价值及商业机会应当认定属于受法律保护的民事权益。而该知名度的取得是因丹乔公司投入大量劳动和资本所获得的，是丹乔公司的创造结晶。因此，丹乔公司对上述民事权益享有一定的权益。通过"007案"，司法机关开始认可了影视作品"名称"背后存在应予保护的、合法的商业利益。

将商品化利益认定为在先民事权益，最为典型的案件应属"驯龙高手"案[①]，该判决法院用大量篇幅集中阐述了知名电影名称属于在先民事权益的观点。如判决中法院表述，"知名的电影名称具有较高的独创性与指向性，能够与主体紧密相连，知名电影名称商品化产生的商业价值与交易机会，是权利人智慧投入与财产付出的结果。如果不予以保护会导致市场紊乱，也与商标法立法目的不符"。

因此，将电影名称、角色名称等认定为合法民事权益，是在商品化利益欠缺明确法律规则保护的情形下，适用法律原则进行保护的一种合理做法，也是在商品化权未得到承认的情况下，中国司法实践中较为通常的做法。采取该种做法通常要考虑，电影名称的显著性，电影名称潜在的商业化利益，可能产生的商业价值与交易机会等因素。

（三）商品化权

实践中关于是否存在商品化权，存在肯定与否定两种截然对立的观点。否定商品化权的观点大致分为两种：第一种是认为商品化权违反了利益平衡原则。以电影名称的商品化为例，否定商品化权的观点认为电影名称商品化权的权利边界不明，如果予以保护则会造成权利范围过大的后果。这种观点较早出现在"JAMESBOND"

---

① 北京市第一中级人民法院（2014）一中行（知）初字第 8942 号行政判决。

案中①，该案中法院认为，"尽管权利人对于电影名称'007'享有一定的合法的权利，但是不应当享有绝对的排他的权利内容"，以及"原告主张权利，但是没有明确权利的边界，尽管原告对'007''JAMESBOND'享有一定的合法权益，但是该合法权益并不意味着对'007'这一符号享有绝对的，排他的权利，也不意味着商标法应当为原告在全部商品上注册'007'商标预留空间"。

可以说以利益平衡原则否认商品化权的做法，充分体现了在商品化利益缺少明确法律规定保护的情形下，司法机关对承认商品化权的忧虑。担心商品化权会导致权利边界不明，产生过度保护的后果。

否定商品化权的第二种观点，则是从权利法定的角度否认商品化权的合法性。该种观点认为商标法中的在先权利，必须是立法中明确规定的合法权利。而商品化权不是我国法律确定的权利，不属于在先权利的范畴。司法实践中采用此观点比较典型案件是"凤凰古城"案②与"功夫熊猫"重审案③，两判决中均坚持了在先权利必须是法定权利的观点，在"功夫熊猫"重审案中法院明确表示"由于其'商品化权'并非法律明确规定的民事权利，故称为'商品化权益'为宜"。

支持商品化权的观点，则以本案最为典型。由于商品化权在中国现行的法律中没有明确规定，大部分的判决即便支持了商品化权益，也避免直接使用商品化权的字眼。但本案也就是北京市高级人民法院做出的（2015）高行（知）终字第1969号行政判决中，北京市高级人民法院首次明确了"商品化权"属于在先权利。判决中法院直接表述"功夫熊猫作为梦工场公司知名影片及其中人物形象的名称以为相关公众所了解，具有较高的知名度。而且知名度的取得

① 北京市第一中级人民法院（2011）一中知行初字第2699号行政判决。
② 北京市高级人民法院（2010）高行终字第775号行政判决。
③ 北京知识产权法院（2015）京知行初字第6360号行政判决。

是梦工场公司创造性劳动的结晶，其所带来的商业价值和商业机会也是梦工场公司投入大量劳动和资本所获得。因此功夫熊猫作为在先知名电影名称及其中的人物形象名称应当作为在先商品化权得到保护"。这一论述不仅肯定了商品化利益，也认可了商品化权，无疑非常具有突破性与超前性。

在此后关于影视作品"名称"的商品化保护案件中，著作权的主张逐渐消失，大量案件的争议焦点都集中在商品化利益是构成先民事权益还是构成商品化权的问题上。

二、本案中商品化利益法律保护的认识分歧

本案的典型意义在于有关商品化利益保护截然不同的观点之间的直接碰撞，从行政程序到一审再到二审，三个程序三个机构对商品化利益是否保护以及如何保护均存在很大分歧，并分别考虑了不同的因素，对商品化利益是否保护得出了不同的结论。可以借助这一个案件中的分歧观点，来分析各方考虑的不同因素。

（一）行政程序与一审中的认定

在商标行政程序中，商标评审委员会针对梦工场公司的异议申请做出行政裁定，裁定认为："商品化权"在我国并非法定权利或者法定权益类型，且梦工场公司并未指出其请求保护的"商品化权"的权利内容和权利边界，亦不能意味着其对"KUNGFUPANDA"名称在商标领域享有绝对的、排他的权利空间。"KUNGFUPANDA"作为梦工场公司美术作品的名称，不属于《中华人民共和国著作权法》关于美术作品的保护范畴，故梦工场公司有关被异议商标的注册损害其在先著作权的理由不成立。

从中我们可以看出，商标评审委员会在确定"KUNGFUPANDA"作为电影名称的商品化利益能否得到保护时，主要考虑了两方面因素：其一，商品化权是否属于合法的在先权利。商标评审委员会经

过分析，最终坚持权利法定的原则，认为商品化权不是法定的权利类型。其二，商标评审委员会考虑了电影名称是否构成著作权的问题，最终认定单纯的名称不属于作品。

北京市第一中级人民法院作为本案的一审法院，其观点与商标评审委员会较为近似，二者均认为在先权利必须是法定权利，商品化权不属于合法的在先权利。此外需要着重强调的是，一审判决对商品化权权利边界问题的考虑。北京市第一中级人民法院认为，如果梦工场对"KUNGFUPANDA"享有在先权利，会使权利内容和边界均不明确，导致权利范围过大。也就是说如果法院认定梦工场对"KUNGFUPANDA"这一名称享有在先商品化权，会实际导致其他主体无法将"KUNGFUPANDA"在其他商品类别上注册，出现保护范围过广的情况。北京市第一中级人民法院的这种分析，本质上是一种利益平衡的考量，既承认电影名称的商品化利益，但又担心商品化利益边界不清保护范围过大。

以上做法，均是传统否定商品化权的观点在具体案件中的重复应用，这也就显得本案肯定商品化权，具有非常高的突破性与典型性。

（二）北京市高级人民法院的认定

北京市高级人民法院在判决上的突破，在于肯定了商品化权。其中最重要的做法无疑是通过巧妙的法律解释，将商品化权纳入到在先权利保护的范畴中来。具体而言实际体现了以下三个方面：

第一，扩张解释。2001年《商标法》第31条规定，申请商标注册不得损害他人现有的在先权利。其中主要的争议点就在于法律没有明确规定为权利的利益，是否属于"在先权利"的保护范围。

二审判决为解决这一矛盾，将在先权利的外延进行扩张，解释为合法的权利与利益。在先权利不仅仅保护法律明确规定的权利，也保护合法的利益。然后将商品化利益作为合法利益的一种，纳入到商标法在先权利的保护范畴中。如二审判决写，在先权利"不仅包括现行法律已有明确规定的在先法定权利，也包括根据《中国人民共和国民法通则》和其他法律的规定应予保护的合法权益"。这种解释方法，解决了坚持权利法定带来的难题，也更符合商品化利益保护的实际需求。

第二，目的解释。能够对商品化利益提供法律保护，在规则与原则上都有一定的不确定性。商品化利益保护的规则在中国没有明确法律规定，而法律原则适用在个案中尤其慎重，而且原则相对概括可以进行多种解释，本身就具有不确定性。但是如果从商标法的立法目的考虑，从维护消费者利益与市场秩序的维度考虑，无疑更有助于做出合理的判断。

商标法旨在维护商标权人利益，维持良好的市场秩序，避免消费者因混淆误认而导致利益受损。就本案而言，梦工场公司投入了大量的财力与物力对电影进行推广宣传，使得电影名称具有了较高的知名度。如果不提供适当的保护，允许第三人擅自在关联的商品上注册，无疑对商标权人、市场秩序与消费者利益都会带来损害。因此，在是否提供保护的问题上，目的解释具有决定性的意义。通过立法目的的分析，可以清楚地认识到对商品化利益进行保护，是符合相关法律规定，而不予保护则是与立法精神相悖的。

第三，影视作品衍生市场的特性。新的法律问题，往往本质上不是法律引起的，而是社会发展变化导致的。商品化利益保护的难题，表面上看是立法滞后引发的新问题，但根本的原因则是娱乐产业的发展，尤其影视行业中衍生市场的价值扩大带来的商品化利益保护的问题。近些年来，娱乐产业不断扩张自己的领地，影视作品中逐渐培育出一个价值规模庞大的衍生市场。本案中讨论的商品化利益主要就源自衍生市场，商品化利益的实现方式，就是对影视作品的二次开发。其中角色形象、角色名称、作品名称成为了衍生市场中二次开发的重要资源。现实中大量侵犯商品化利益的行为，就是通过侵入衍生市场实现的。比如本案中将"KUNGFUPANDA"名称注册在方向盘罩等商品上，针对的就是影视作品在汽车领域的衍生市场。

本案中，北京市高级人民法院无疑清楚地认识到了"KUNGFUPANDA"在衍生市场领域的价值，并明确指出了电影名称与商品结合，公众容易将对电影作品的情感投射到商品上来，使梦工场公司据此获得电影发行以外的商业价值与交易机会。本案通过商品化权保护商品化利益，背后实际上是根据影视行业特点做出的合理判断，也符合娱乐行业的市场特性。

此外，北京市高级人民法院还回应了对商品化权权利边界的担心。毕竟商品化权不是一个法律明文规定的权利，以往否定商品化权的观点中，也都担心商品化权边界不明确的问题。但本案的判决中态度是明确的，承认商品化权并不意味着权利人对特定的名称享有垄断性的权利。判决中详细论述了商品化权保护要考虑的两大因素：其一作品的知名度，其二混淆可能性。只有在作品知名度较高，侵犯商品化利益的行为可能导致消费者混淆，损害消费者利益的时候，才会构成侵犯商品化权。尽管这一回应，仍然没有具体明确商品化的权利边界问题，但也足以回应以权利边界不确定而否认商品化权的观点了。

总体而言，本案中"KUNGFUPANDA"作为影视作品名称，最终通过了"法官造法"的方式得以保护，并且裁判者非常具有创造性的将"商品化权"写进了判决书。就中国司法体制而言，这显然属于重大的法律突破。因为在中国当前的法律体系中权利法定，法官的角色仍然局限于解释法律与适用法律，并没有创造法律的权力。

而商品化权在中国法律确实没有明确规定，目前仍处于学术研究领域对其他国家法律的一种概念解释观察与包含。而本案直接在判决中论述了"商品化权"，并认可影视作品的名称应当通过"商品化权"予以保护，无疑具有非常大的超前性。而这种超前性，当然也可能被反面（消极）解读为"违法性"，这也导致了了本案做出后，引起了各界的广泛关注，最终最高人民法院为了规范商品化权的司法认定问题，专门在司法解释中规定了单独的条款。①

三、商品化权的现状

本案判决后，引起了诸多的讨论与争议，其中主要的观点就在于是商品化利益应当如何保护，是否应当承认商品化权。随着大量案件的不断出现，以及各地法院的认识分歧，最高人民法院在 2017 年新颁布的司法解释中进行了单独规定，北京市高级人民法院也在指导性文件中做出了明确的指导意见。今后相当长的一段时间里，商品化权益的保护，都要按照司法解释的精神进行。

最高人民法院在 2020 年 12 月颁布的《关于审理商标授权确权行政案件若干问题的规定》第 22 条规定："当事人主张诉争商标损害角色形象著作权的，人民法院按照本规定第十九条进行审查。对于著作权保护期限内的作品，如果作品名称、作品中的角色名称等具有较高知名度，将其作为商标使用在相关商品上容易导致相关公众误认为其经过权利人的许可或者与权利人存在特定联系，当事人以此主张构成在先权益的，人民法院予以支持。"

这一规定显然在极力回避"商品化"的字样，将商品化利益分为了角色形象与名称两类，角色形象属于著作权法的范畴，而名称

---

① 2020 年 12 月颁布的《关于审理商标授权确权行政案件若干问题的规定》第 22 条，规定了商品化权的具体保护条件。

类的利益根据知名度与混淆可能性，只能以在先权益保护，而非商品化权。

同时，北京市高级人民法院在《关于当前知识产权审判中需要注意的若干法律问题》①中，对商品化的问题规定：

> 关于形象的商业化利益保护问题。近年来，关于形象的商业化利益，或者俗称"商品化权"的保护呼声在商标授权确权行政诉讼中越来越高。但是，关于形象的商业化利益的保护对象、保护范围，无论在实践中还是在学术上均有较大争论，因此将该利益作为商标法第三十二条规定的"在先权利"予以保护应当慎重。首先，应当坚持权利法定原则，即对形象的商业化利益的保护，不是对法定权利的保护，我国并无法律规定形象的商业化利用"权利"，因此只有对形象的商业化利益进行分析确定其属于可受法律保护的利益时，才能纳入商标法第三十二条在先权利的保护范围。其次，对形象的商业化利益的保护范围应当慎重研究、严格划定，除非必要，对该利益的保护不应超出未注册驰名商标的保护。各院需要对形象的商业化利益进行保护的，必须事先层报高院民三庭审查。

其中显而易见的是，否定商品化权的态度依然非常明确，商品化利益的保护也更加严格。第一，在先权利必须是法定权利，商品化权不是我国法定的权利类型。第二，商品化利益应当予以保护，但是应当适度限制保护，并事先报北京市高级人民法院知识产权庭审查。

---

① 2016年5月北京市高级人民法院为归纳整理知识产权审判中出现的问题，统一裁判尺度发布了《关于当前知识产权审判中需要注意的若干法律问题》，该文件中第二部分专门对商品化权问题进行了规定。

可以理解为，在中国角色形象与角色的名称的保护实际采取了折中的做法，一方面承认商品化的利益存在，应当予以法律保护。另一方面，又坚持权利法定的原则，在立法中没有明确商品化权时，尚不能使用商品化权的概念，并在实际保护时予以谨慎的限制。

综上所述，本案作为商品化权的典型案例，在判决中直接认定了商品化权，并将电影名称纳入到商品化权的保护范围。这种做法尽管更直接，更具有合理性，但是由于受到中国现行立法体系的制约，尤其立法与理论上对"法官造法"的反感，商品化权在之后的案件与司法解释中并没有得到承认。商品化权益的法律保护，最终采取了折中的方式，承认角色商品化利益，但拒绝承认商品化权。目前，商品化利益仍然只能通过民事权益，受到有限制的保护。

撰稿人：孟斌

娱乐产业的人格权案例

10. 隐私权：已过世的人享有隐私权的保护吗？

——杨绛诉中贸圣佳公司拍卖钱钟书手稿案

案例索引：北京市第二中级人民法院（2013）二中民初字第10113号民事判决；北京市高级人民法院（2014）高民终字第1152号民事判决。

基本案情

作家钱钟书与李国强相识于 1979 年。李国强曾担任《广角镜》月刊总编辑。两人相识后，钱钟书、其配偶杨季康（笔名杨绛）及其女钱瑗与李国强通信频繁，三人曾先后致李国强私人书信百余封。该信件本由李国强保存。

2013 年初，李国强以港币 50 万元的价格转让了包括钱钟书及其家人的多份书信及手稿。在上述手稿及信件的转让过程中，李国强未提出关于保密或保藏方面的任何提示或说明。上述手稿及信件最终由中贸圣佳拍卖公司获得。

2013 年 5 月间，中贸圣佳拍卖公司在网站首页刊登了 2013 春季拍卖会拍卖公告。公告显示其将于 6 月 21 日下午 13：00 在北京万豪酒店拍卖"也是集——钱钟书书信手稿"，预展时间为 6 月 18 日至 6 月 20 日，拍品主要包括钱钟书、杨绛、钱瑗书信及手稿等共计 110 件作品。同一时期，中贸圣佳公司网站中还登载了新华网、人民网、《光明日报》、中国日报网、中国作家网、《东方早报》、《京华时报》、搜狐网等多篇媒体报道，其中介绍了"也是集——钱钟书书信手稿"公开拍卖活动、相关专家参与的鉴定活动等，以及拍品中部分书信手稿的细节内容，并介绍称钱钟书手稿如此大规模公之于世尚属首次。

杨季康在获悉涉案书信将被公开拍卖后，于 2013 年 5 月 27 日委托律师分别向李国强及中贸圣佳公司寄发了律师函，要求其立即停止相关行为。此后杨季康向北京第二中级人民法院（原审法院）提出诉前申请，请求责令中贸圣佳公司及李国强立即停止侵害著作权、隐私权的行为。

判决与理由

就杨季康所主张的隐私权而言，北京市第二中级人民法院认为：涉案钱钟书、杨季康、钱瑗的相关书信均为写给李国强的私人书信，内容包含学术讨论、生活事务、观点见解等，均为与公共利益无关的个人信息、私人活动，属于隐私范畴，应受我国法律保护。钱钟书、杨季康、钱瑗各自有权保护自己的隐私权不受侵犯。

关于杨季康是否有权代表已逝的钱钟书及钱瑗提起侵权之诉的问题，北京二中院认为：死者同样有隐私，对死者隐私的披露必然给死者近亲属的精神带来刺激和伤痛，死者的近亲属具有与死者的隐私相关的人格利益，而该利益应当受到法律的保护。因此，杨季康作为钱钟书、钱瑗的近亲属和继承人有权就涉案隐私权问题提起本案诉讼。综上，北京市第二中级人民法院判决：中贸圣佳公司自判决生效之日起停止涉案侵害书信手稿著作权以及隐私权的行为，并承担赔偿责任。

中贸圣佳公司不服原审判决，向北京高院提起上诉，请求撤销原审判决，依法改判驳回杨季康的全部诉讼请求。

北京高院在审理此案时，就本案的几个焦点问题一一作了阐述：一、杨季康是否有权代表已逝的丈夫钱钟书及女儿钱瑗提起诉讼；二、中贸圣佳拍卖公司的行为是否构成隐私权侵权等。

首先，关于杨季康是否有权代表其已逝的丈夫钱钟书及女儿钱瑗提起诉讼的问题，北京高院认为：《中华人民共和国侵权责任法》第18条第1款规定，被侵权人死亡的，其近亲属有权请求侵权人承担侵权责任。同时，《最高人民法院关于确定民事侵权精神损害赔偿责任若干问题的解释》第3条规定，自然人死亡后，其近亲属因下列侵权行为遭受精神痛苦，向人民法院起诉请求赔偿精神损害的，人民法院应当依法予以受理：（二）非法披露、利用死者隐私，或者以违反社会公共利益、社会公德的其他方式侵害死者隐私。因此，北京高院认定原审法院认为杨季康有权提起本案诉讼是正确的。中贸圣佳公司认为杨季康没有权利依法行使钱瑗的涉案权益的主张，本院不予支持。

第二，关于中贸圣佳公司的行为是否侵犯了杨季康等人对涉案信件享有的隐私权的问题，北京高院认为：原审法院有关中贸圣佳公司曾召开研讨会、中贸圣佳公司未履行审查义务且主观上存在过错的认定并无不当。在案证据虽不能证明中贸圣佳公司向媒体展示、提供过涉案书信（原审法院就此所作认定有误），但中贸圣佳公司认可其曾复制过含有涉案书信的光盘，并提供给鉴定专家，故中贸圣佳公司实施了复制、发行涉案书信的行为。而且，中贸圣佳公司并未与专家就不得对外公开、提供或通过信息网络传播涉案书信等事项进行约定，也未对专家就此作出明示，导致涉案书信在提供给专家后实际处于一种可能被公之于众的状态。同时，中贸圣佳公司在本院诉讼中表示不排除包括专家在内的案外人向媒体公开、提供涉案书信。因此，中贸圣佳公司的上述行为与涉案书信未经权利人同意而发表，进而导致杨季康等隐私权遭受侵害之后果间存在因果关系。此外，中贸圣佳公司在其网站上大量转载媒体文章的行为还构成通过信息网络传播涉案书信。因此，北京高院认为，原审法院有关中贸圣佳公司侵犯杨季康等人对涉案书信享有的复制权、发行权、信息网络传播权、获得报酬权以及杨季康等人隐私权的认定结论正确。

综上，虽然中贸圣佳公司已经停止了涉案书信的拍卖，但其并未举证证明涉案侵权行为已经全部停止，故原审法院判令中贸圣佳公司停止涉案侵权行为并非缺乏事实依据。故北京高院认定原审判决认定事实基本清楚，适用法律正确，判决结果正确，依法应予维持。

评　析

本案中，原告杨季康主张的权利之一为隐私权。[①]那么何谓"隐私权"？逝者（钱钟书及钱瑗）的隐私权是否受法律保护？何种行为会被视为对隐私权的侵害？侵权人又应承担什么样的赔偿责任呢？

---

① 原告的另一主张为著作权侵权，具体表现为当事人对涉案书信所享有的公开发表权、复制权、发行权、信息网络传播权、获得报酬权等。法院在判决时也同时支持了上述主张。

一、隐私权概述

隐私权是一种基本的人身权利，是指个人人格上的利益不受侵害，与公众利益无关的私事不得妄于公开发布，属于个人的私人领地不被非法侵入的权利。现代社会中，隐私权的法律概念最早出现在 1890 年哈佛大学法学院的法律期刊中。其作者萨缪尔·沃伦（Samuel Warren）及后来成为美国最高法院大法官的路易斯·布兰代斯（Louis Brandeis）合著了一篇题为《论隐私权》的文章。[1]文章的主要观点为：任何人都有不被打扰的权利，都有决定以何种方式出现在公众面前的权利，除非他们已经主动将自身置于公众视野之内，或他们的隐私涉及公众利益。

在随后的一百多年里，通过案例法的发展及各州的立法，隐私权在美国获得了相当程度的发展。[2]美国《侵权行为法（第二次）重述》明确规定了隐私权的保护范围,包括不合理地公开他人之私生活、不合理地侵入他人之私人领域、窃用他人之姓名或肖像用于商业用途，错误曝光等；并明确规定了侵犯隐私权的赔偿责任，包括对隐私利益的损害赔偿、精神痛苦赔偿以及其他由法律所认可的损害的特别赔偿。[3]

在欧洲，1950 年制定的《欧洲保障人权和根本自由公约》（后更名为《欧洲人权公约》）中有两条关于隐私权保护的规定。[4]其一是公约第 8 条"私生活及家庭生活受到尊重的权利"之规定，其中

---

① Warren and Brandeis,"The Right to Privacy,"Vol.4, *Harv. L. R.* 193, 1890.

② 宋海燕：《娱乐法》，商务印书馆 2014 年版，第 148 页。

③ Restatement(Second) of Torts.

④ 《欧洲保障人权和根本自由公约》(The European Convention for the Protection of Human Rights and Fundamental Freedoms), 后更名为《欧洲人权公约》(The European Convention on Human Rights)，其中文版可参考：http://www.echr.coe.int/Documents/Convention_ZHO.pdf.

赋予对个人的私生活、家庭生活、家庭居所以及个人通信之隐私权的保护；另一条为公约第 10 条"言论自由"的规定，其中要求欧盟各国保护成员所享有的"言论自由的权利"。除此之外，英国①、法国②、德国③、意大利④等欧洲各国也通过国内立法及案例法对个人隐私权予以不同程度的保护。

在中国，2010 年实施的《中华人民共和国侵权责任法》第 2 条也首次将"隐私权"作为一项独立的民事权益加以保护。该条规定，本法所称的民事权益包括"生命权、健康权、姓名权、名誉权、荣誉权、肖像权、隐私权、婚姻自主权、监护权、所有权、用益物权、担保物权、著作权、专利权、商标专用权、发现权、股权、继承权等人身、财产权益"。这条规定使得涉及隐私权的侵权诉讼纠纷有法可依。

二、侵犯隐私权的几种侵权行为

纵览各国对隐私权的保护规定，以下几种行为可视为侵犯隐私权的行为：1. 擅自公开个人隐私（publication of private facts）；2. 擅自侵入私人领域（intrusion）；3. 错误曝光不实的个人信息（false light），严重时可能会导致"诽谤"（defamation）；4. 未经授权擅自商业性使用个人的名称、肖像、声音或其他具有个人特征的要素，即侵犯"个人形象权"（appropriation）。⑤

在涉及"擅自公开个人隐私"的侵权纠纷中，原告需证明以下几个法律要件。第一，被公开的信息属于个人隐私；第二，被告有

---

① *Douglas v. Hello! Ltd.*, [2003] EWHC 786 (Ch).

② 法国民法典第 9 条。

③ 德国民法典第 823 条第 1 款。

④ 意大利民法典第 6 条、第 9 条、第 10 条。

⑤ See William L. Prosser, "Privacy," 48 *Cal. L. R.* 383, 389.

明确的公开披露行为；第三，被告的公开披露行为构成了对原告的冒犯及侵扰；第四，被公开的个人隐私并不涉及公众利益。

就第一点"被公开的信息属于个人隐私"而言，被公开的信息应是涉及个人隐私的真实的私人事实或信息。换而言之，原告对未经授权被公开的信息有合理的隐私性的期待值。在域外的不少案例中，法院对该要素的判断重点皆为当事人对其被擅自公开的行为、言语、信息所持有隐私的期待值是否合理。譬如，1984 年美国纽约地区法院在"卡尔诉哥伦比亚广播公司"一案中，就指出被告哥伦比亚广播公司拍摄的地点为熙熙攘攘的纽约市街头，属于公众场所，故原告对其在公众场合的行为举止所持有的隐私性期待值是不合理的，因此驳回了原告隐私权的主张。[①]

又如，1999 年美国加州地区法院在审理"威肯森诉国家广播公司"一案中，[②]被告国家广播公司的记者在与原告吃午饭时，偷偷用袖珍摄像头记录了整个午餐会议的谈话内容。美国加州法院在判定被告是否侵犯了原告的隐私权时认为：双方用餐的地点是在马力布海滩餐厅的公共露台上，用餐的环境并不算隐蔽；旁边既有来回走动的侍应生，又有隔桌就餐的客人。因此，原告对于在这样的环境下展开的谈话就不应该有"高度隐私"的期待值。法院指出：如果原告希望其谈话是高度保密的，那么他们可以选择在隐蔽性更高的办公室或是私人会所进行，而不是选择在一个熙熙攘攘的公共餐厅的露台上。因此，即使被告用隐藏式镜头偷偷录制了整个谈话内容，

[①] *De Gregorio v. CBS, Inc.*, 473 N.Y.S 2d 922, 925 (1984). 案件详情可参考宋海燕著《娱乐法》第四章，商务印书馆 2014 年版，第 148 页。

[②] *Wilkins v. NBC*, 71 Cal. App. 4th 1066 (1999). 值得一提的是，原告在进餐时并不知道被告是来自国家广播公司的记者，而以为是潜在的投资者。因此本案中还涉及其他诉由，如诈骗、隐瞒事实等，但均未被法院认可。

被告的行为也没有侵犯原告的隐私权。

本案中，涉案的钱钟书、杨绛、钱瑗所书的书信手稿共计 110 件，其中包括钱钟书毛笔信札 60 封、钱钟书钢笔信札 5 封、钱钟书名片书信 1 封、钱钟书亲笔书信封 7 封、钱钟书杨绛书贺信 2 封、杨绛信札 12 封、杨绛书友人地址笺 1 封、钱瑗致李国强夫人信札 6 封等信件及手稿。涉案信件及手稿的内容不少涉及到钱钟书对于当代文学、当时的历史环境以及当代学人的真实看法，譬如对同时期文学家茅盾、鲁迅、沈从文等人的评价。然而信函中出现的类似褒贬式文字从未在钱钟书或杨绛的作品中公开出现过。信中的不少内容被其称为"文坛精英层次的私房话"。其中，一封信的末尾特别注明"阅毕请毁之"字样。因此，上述事实都可证明涉案的信件及手稿属于个人隐私所保护的真实的私人事实及信息。

就第二点"被告是否有明确的公开披露行为"而言，被告披露信息的手段与方法都是法院需要考虑的要素。一般而言，无论被告是通过传统媒体如报纸、杂志或电视进行披露，或是通过新型的社交媒体——如社交网站、微博等渠道进行披露；无论被告是在大街上以张贴告示、发散传单的方法，或是在公众场合大声宣布的形式，只要披露的受众达到一定范围，即可视为公开的披露。

本案中，中贸圣佳公司将涉案的书信复制在光盘上，并提供给鉴定专家。在此过程中，中贸圣佳公司并未与专家就不得对外公开、提供或通过涉案书信等事项进行约定，也未对专家就此作出明示，导致涉案书信在提供给专家后实际处于一种可能被公之于众的状态，因此中贸圣佳的行为已构成对隐私事实的公开披露。

关于第三点"被告的披露行为是否构成对原告的冒犯与骚扰"，法院一般会以"正常普通人在相同情况下的反应"作为判断标准，而不以"原告本人的敏感程度"进行判断。本案中，涉及的内容为钱钟书、杨绛及钱瑗三人所写的私信。私信，顾名思义，是只供收信人阅读的信件。正因为私信所具备的私密性，写信人在书写时才能畅所欲言，真实表达自己的情感与看法。尤其本案中的三人皆为作家，如果他们希望其书写的内容有更广泛的读者基础（除了收信人之外），他们自然有其他渠道公开其想法与观点。而事实上，涉案信件中所提及的诸多想法与观点从未出现在当事人的公开作品中。由此可知，李国强私自售卖涉案书信、中贸圣佳公司公开拍卖披露涉案信件的行为确实造成了对原告的冒犯与骚扰。

就最后一点"被公开的隐私是否涉及公众利益"而言，法院通常需要平衡兼顾新闻媒体的报道权及公众的知晓权。事实上，"公众人物及公众利益的例外原则"是隐私权侵权纠纷中最常见的抗辩理由之一。法律在保护个人隐私权的同时，同样要兼顾公众知晓权、言论自由权及新闻媒体的如实报道权。因此，如果被公开的个人隐私同时也涉及公众利益或公众人物，譬如官员的个人财产或某上市公司的主管及其家属买卖公司股票的情况（可能涉及"内幕交易"），那么任何第三方在基于公众利益的基础上，都有权利公开上述涉及个人隐私的事实而不构成侵权行为。本案中，北京高院及原审法院皆认为涉案信件不涉及公众利益，故"公众利益"之例外原则不予适用。

那么，如何诠释"公众人物"或"公众利益"呢？公众人物与公众利益的例外原则在具体案例中又如何适用呢？

首先，各国法院对于"公众人物"的理解基本大同小异。公众人物大致可分为两种，一种是指那些在相关领域享有一定名声及影响力并被大众视为公众人物的名人，比如电影明星、体育明星、政府官员等；另一种则是自己原本并不出名，但由于某件事件引发公众注意从而成为公众人物的人，比如某刑事案件中的犯罪嫌疑人、受害人或目击证人等。①

　　一般观点认为，公众人物并不享有隐私权；或者即使享有隐私权，其享有的隐私权范围也应小于普通人，理由如下。第一，多数公众人物是自愿将自身置于公众视野之下，宣传自己的私生活、个人喜好、日程安排及朋友圈，从而换取知名度、影响力及各种利益。因此当大众及媒体对其个人生活发生兴趣时，这些公众人物也没有什么可以抱怨的。毕竟，在公众人物公开爆料以吸引大众眼球时，就应该有失去一定隐私的觉悟和思想准备。第二，某些公众人物的私事在曝光之后已经成为公众的谈资及公开事件，丧失了其私密性，故不应再将其视为个人隐私。第三，新闻媒体有如实报道公众人物及涉及公众利益事件的报道自由，而大众也有知晓权。因此，基于以上理由，各国的法院在平衡个人隐私权及新闻媒体的言论自由权时，往往将公众人物作为一个特殊的群体来对待。法院对公众人物及普通百姓的区别对待正说明了其试图在保护隐私权与保护言论自由权这二者之间寻求平衡。

　　第二，就"公众利益"而言，各国法院对其认知与理解却并不完全一致。在美国，可能涉及公众利益的事件范围十分广泛，基本上涵盖所有报纸杂志所报道的新闻内容，譬如政治动向、国际关系走势、军事动态、股票涨落、银行政策、法律法规的出台与变化、凶杀劫机、火灾水灾地震等，以上种种都属于公众关心的涉及公众利益的事件。尤其值得一提的是，在美国涉及公众利益的事件并不仅限于正在发生的新闻事件，同样包括已经发生的但具有历史意义的事件。换而言之，美国宪法第一修正案所赋予的"言论自由"因

---

　　① *Gertz v. Robert Welch, Inc.*, 418 U.S. 323, 94 S. Ct. 2997, 41 L. Ed. 2d 789 (1974).

其宪法所具有独特的超然的地位，因此美国法院在隐私权及其他人格权的侵权纠纷中所认可的"公众利益"也往往具有最广泛的范畴。

然而，其他国家在平衡隐私权与言论自由时所参考的"公众利益"的标准与美国却未必一致。譬如，2012年欧洲人权法院审理的摩纳哥公主卡洛琳诉德国政府一案中，欧洲人权法院就特别将"涉及公众利益的事件"与"满足公众兴趣的事件"做了区分。①

在本案中，原告为摩纳哥的长公主卡洛琳（Caroline von Hannover），其在父亲兰尼埃三世（Prince Rainier III）生病时与丈夫的度假照片被一家德国杂志社出版刊登。卡洛琳公主遂诉至德国法院，要求法院认定该德国杂志社未经许可擅自拍摄、发表其照片的行为侵犯了其隐私权。然而德国汉堡地方法院、汉堡高等法院、德国联邦法院乃至德国宪法法院均认定：卡洛琳为公众人物（par excellence），公众人物所享有的隐私权是受到限制的，故裁定德国杂志社的行为不构成隐私权侵权。

随后，卡洛琳公主又上诉至欧洲人权法院。欧洲法院在讨论如何平衡当事人的隐私权及媒体的新闻报道权与公众的知晓权时，列出了一系列的要素作为判断标准，包括：1. 报道的内容是否对公众利益有所贡献。在这里，欧洲人权法院特别指出明星的财政状况或政府首脑的婚姻窘况只能算是八卦类的内容，其满足的是报纸的销量与公众的好奇心，但并不属于"对公众利益有所贡献的信息"。2. 当事人的知名度及被公开内容的主题。就这点而言，欧洲法院再次确认公众人物所享有的隐私权一般低于普通人享有的隐私权。3. 当事人之前与媒体打交道的历史记录。具体而言，若当事人曾主动接受

---

① *Von Hannover v. Germany*, European Court of Human Rights, Feb. 7, 2012, at 114.

媒体采访（或参与真人秀）或主动将其未成年子女暴露在公众视野中，那么当事人在题述案件中要求对其本人或未成年子女隐私权保护的成功可能性会相对降低。4.信息被公开的内容、方式及后果；5.涉案照片被拍摄的具体情形等。

在具体分析了上述各要素之后，欧洲人权法院指出：涉案照片及新闻稿发布的背景为摩纳哥公国的继承人之一兰尼埃三世病危。报道描述了其子女亲属在王子病危时的行为，譬如他们是否守护在王子身边或是在悠闲地度假。欧洲法院认为，摩纳哥公国王子兰尼埃三世病危的消息属于涉及公众利益的事件，而其子女家属在其病危时的所作所为也属于公众关心的内容之一，因此认定德国杂志对卡洛琳公主的报道符合公众利益例外原则，故支持了德国法院对此案的判决，认为德国法院在审理此案时，适当地平衡了当事人的隐私权及媒体的新闻报道权以及公众的知晓权，故认定德国政府并无违反《欧洲人权公约》第八款的规定。

由此可见，在包括隐私权在内的人格权侵权诉讼纠纷中，法院在考量被告的抗辩理由——公众利益的例外原则时，也是依照各自国家的文化、生活习俗对其予以理解及适用的。

三、逝者的隐私权是否受法律保护

本案中被告提出的另一个质疑为杨绛是否有权代表已逝的钱钟书及钱瑗提起侵权之诉。对此，北京市高级人民法院根据《中华人民共和国侵权责任法》《最高人民法院关于确定民事侵权精神损害赔偿责任若干问题的解释》《中华人民共和国继承法》《中华人民共和国著作权法》的相关规定，确认杨季康有权代表其近亲属提起侵权之诉。

其中，《中华人民共和国侵权责任法》第18条第1款规定，被侵权人死亡的，其近亲属有权请求侵权人承担侵权责任。《最高人民法院关于确定民事侵权精神损害赔偿责任若干问题的解释》第 3 条规定：自然人死亡后，其近亲属因下列侵权行为遭受精神痛苦，向人民法院起诉请求赔偿精神损害的，人民法院应当依法予以受理：（一）以侮辱、诽谤、贬损、丑化或者违反社会公共利益、社会公德的其他方式，侵害死者姓名、肖像、名誉、荣誉；（二）非法披露、利用死者隐私，或者以违反社会公共利益、社会公德的其他方式侵害死者隐私……因此，法院认为：根据上述规定，杨季康作为钱瑗的母亲、钱钟书的配偶，是其近亲属，在他们去世后，有权就涉案侵权行为请求侵权人承担侵权责任。

撰稿人：宋海燕

11. 名誉权：公众人物与普通人享有同样 程度的名誉权保护吗？

——方舟子诉崔永元侵犯名誉权纠纷案

案件索引：北京市第一中级人民法院（2015）一中民终字第07495号民事判决；北京市海淀区人民法院（2014）海民初字第07504号民事判决。

基本案情

方是民（笔名方舟子）是自由职业者，崔永元原系中央电视台节目主持人，后为中国传媒大学高级编辑。2013年9月，双方因对转基因食品安全性的不同看法展开辩论。随着论战升级，两人先后在其各自微博上发表针对对方的若干言论。

其中，崔永元指称方是民"一边300万美元在美国买豪宅一边在网上哭诉安保基金不够用了""又开始向传媒大学告我了"；称其"坑蒙拐骗都干过"，是"网络流氓暴力集团的头目""流氓肘子"等。

而方是民则称崔永元"无学术资质""把营利商业公司谎称是非营利组织""攻击他人的家属"；称崔永元纪录片中的采访对象"是个职业托儿"、其获得美国影视大奖是"一笔德艺双馨的好交易"；同时称崔为"疯狗""主持人僵尸"等。

2014年1月21日，方是民起诉崔永元侵犯名誉权，崔永元随后提起反诉，北京市海淀区人民法院受理了反诉，并与本诉合并审理。审理过程中，双方均称对方发布的微博构成侮辱、诽谤，而自己发布的微博内容属实、评论适当。

法院在一审时认为，崔、方二人的争议虽由"转基因"这一公共议题引发，但这并不意味着由公共议题引发的恶意人身攻击也可以受到"言论自由"的保护。由于方、崔均是具有一定社会影响的公众人物，其各自发表的微博中又有部分内容属于涉及公共利益的话题，法院在审理时应当综合考虑各种因素，包括：相关微博发布的背景和具体内容，事实陈述与意见表达的区分，当事人主观上是否有侵权恶意，公众人物人格权保护的适当克减和发言时较高的注意义务标准，言论给当事人造成损害的程度等，以便合理确定微博领域的行为人正当行使言论自由与侵犯他人名誉权之间的界限。

具体而言，法院将双方涉案的攻击性言论分为两种：一为涉及转基因食品安全性的直接争论。譬如涉案当事人双方关于转基因问题的相关指责，有合理依据但并无明显恶意的言论，以及引用转发的他人微博言论等；二为明显构成名誉权侵权的言论，譬如明显依据不足的言论，以及恶意贬低对方人格的言论等。

就第一种言论而言，法院认为：崔与方两人在转基因食品安全的问题上存在意见分歧，并各自提出对对方观点的质疑，属于学术自由以及对涉及公共利益的议题的讨论范畴。双方在微博中互相指责的言论虽然用语令人不快，但这部分言论仍属于法律上要求当事人保持适当宽容度的言论，故不构成侵权。

同时，法院指出：方、崔两人均为公众人物，对他人的负面评价应负有一定容忍义务。虽然崔永元使用"骂战"等用语，方是民亦使用"骂街"等用语，两人对对方的社会评价都带来一定不利影响，但情节轻微，尚未达到侮辱、诽谤的严重程度。且双方作为公众人物应当适度容忍，故不应认定为侵权。另，鉴于崔永元基金的公益属性，崔永元应当接受公众监督，针对他人对其基金运作的合理质疑、批评也负有更多的容忍义务，故涉及崔永元公益基金的言论也未达到侮辱、诽谤的严重程度，故不构成侵权。

就第二种言论而言，具体表现为崔永元称方是民"坑蒙拐骗都干过"，是"网络流氓暴力集团的头目""流氓肘子""拽着它溜达"等。而方是民则称崔永元纪录片中的采访对象"是个职业托儿"，其获得美国影视大奖是"一笔德艺双馨的好交易"，称崔永元为"疯狗""主持人僵尸"等言论，法院认为：此时双方的微博论战已从对社会议题的正常讨论转变为恶意的人身攻击。方、崔两人均有借机诽谤、侮辱对方的主观恶意。很多言论也明显超出了言论的合理限度和公众人物容忍义务的范围，贬低、侮辱了对方的人格尊严，故此类言论构成侵权。

综上，一审法院认为崔永元与方是民两人皆构成名誉权侵权。两位当事人均不服一审法院的民事判决，遂向北京市第一中级人民法院提起上诉。

判决与理由

二审法院在审理此案时认为：本案的争议焦点主要包括以下三个方面：一、双方所发布的微博内容是否构成侵权；二、原审判决对于侵权微博的具体认定是否适当；三、原审判决确定的责任承担方式以及赔偿数额是否适当。

关于争议焦点一，二审法院认为：本案纠纷虽是由转基因食品安全问题的争论所引发，但是借公共议题的名义贬损他人人格尊严没有任何正当性。首先，崔永元在其微博中使用"公开无耻，天生下流""流氓肘子""人渣"等带有明显人格侮辱性的言论辱骂方是民，或是夸大、歪曲事实称方是民"坑蒙拐骗都干过""网络流氓暴力集团的头目""黑基金都黑到家了"均已经脱离了基于公共利益进行质疑、驳斥不同观点的范畴，故构成名誉权侵权。同样，方是民攻击崔永元的语句，如"诽谤成瘾""造谣成性""疯狗"也已明显超出调侃揶揄的程度，构成对崔永元的恶意侮辱。又如，方是民恶意歪曲事实、断章取义，使用"一笔德艺双馨的好交易""忽然对崔永元的正常收入很感兴趣"的表述，实际是在误导公众得出崔永元存在利益交换、谋取私利的判断，其言论本身也已偏离了质疑批评性言论的轨道，构成名誉权侵权。

综上，方是民与崔永元上诉认为其所发布的微博不构成侵权的理由缺乏事实和法律依据，本院均不予支持。

关于争议焦点二，双方在上诉中均提出一审判决在认定侵权微博时适用标准不统一的问题，对此，本院认为，微博言论由于受到字数限制，加之网络用语随意率性的特点，其言论所要传达的真实含义往往无法通过片面理解个别字句加以明确，言论之间的差异亦不宜简单通过字句类比作出判断。因此，在判断微博言论的表达是否构成侵权时，言论所表述的真实意义不能专由某个词语加以确定，而应纵观微博全文，综合考虑上下文语境、言论关涉的话题领域、发言人主观目的及身份等多方面因素。

具体到本案，崔永元在微博中使用"肘子就是个骗子，灭了骗子才能科普"的言论已经超出公共议题的探讨和质疑范畴，是其纯粹主观的对方是民的评价和定性，是对方是民人格尊严的恶意贬低。同样，方是民在其微博中攻击崔永元"造谣成性、诽谤成瘾""张嘴就造谣、说谎的家教"等言论虽然同样涉及"造谣""说谎"的词语，但明显具有主观恶意。综上，二审法院认为，纵观本案纠纷的背景及双方涉案微博的具体内容，一审判决基于其所确立的判断标准和法律适用原则，对双方的侵权微博作出具体认定，掌握的裁判尺度是适当的，方是民、崔永元的此项上诉理由二审法院不予支持。

关于争议焦点三"侵权责任及赔偿数额"的问题，根据《中华人民共和国民法通则》第120条规定，公民姓名权、肖像权、名誉权、荣誉权受到侵害的，有权要求停止侵害，恢复名誉，消除影响，赔礼道歉，并可以要求赔偿损失。

一审法院根据双方的过错程度、侵权情节以及侵权行为后果等因素酌情确定的责任承担方式符合法律规定；同时考虑到双方受到的精神损害与负担的诉讼合理支出，判决双方赔偿的数额是适当的，二审法院予以维持。综上，驳回上诉，维持原判。

评　析

本案涉及名誉权的保护问题，尤其是如何区别对待公众人物与普通人的名誉权保护，以及由公众事件所引发的言论保护问题。

一、何谓"名誉权"？

根据《中华人民共和国民法典》第1024条规定：民事主体享有名誉权，任何组织或个人不得以侮辱、诽谤等方式损害他人的名誉权，名誉是对民事主体的品德、声望、才能、信用等的社会评价。

侵犯名誉权的行为，俗称"诽谤"，可以是书面的或者是口头形式。要构成诽谤侵权，原告需证明以下几个法律要件：1. 被告做出了关于原告的不真实的，且有诋毁性质的言论。2. 上述不实且有诋毁性的言论已向公众发布。3.被告做出的言论是关于原告的。就这点而言，法院一般认为即使被告没有明确指出原告的身份，但旁观者若能从报道的上下文对号入座，意识到上述言论是涉及原告的，那么也可成立。在北京朝阳区法院审理的潘金莲诉电影《我不是潘金莲》的制片公司及主创的名誉权纠纷案中，朝阳区法院在一审中驳回此案的理由之一就是"潘金莲"作为古代小说《水浒传》《金瓶梅》中的人物角色，虽然有时作为"不正经女人"的代名词，但并不指向特定的某个人，更不涉及本案中同名同姓的原告广东省增城市民潘金莲，故以"原告与本案无直接利害关系，不符合起诉条件"为由驳回此案。①4.被告在做出不实言论时，有过失行为。具体而言，如果发布者未核实消息来源，任意发布关于原告的不实诋毁性信息，那么被告的行为就存在过失，起码是"未能尽职"的过失行为。

那么，何种言论会被视为具有"诋毁性"呢？美国相关的案例法或可提供部分观察。美国法院认为，若言论涉及以下内容就可视为"具有诋毁性"：1.言论提到原告涉及严重的刑事犯罪或道德败坏案件；2.言论可能导致原告被公众嘲笑或讥讽；3.言论中有贬低原告道德、品质、人格的内容；4.言论中有严重影响原告财政状况的内容；5.言论中有诋毁原告精神状态及健康状态的内容，以至于他人会因此拒绝与原告来往。

当然，被告在涉及诽谤的侵权诉讼中，也享有充分的抗辩权。一般而言，最常见的抗辩理由有以下几种：1.所发布的言论是真实的，不存在虚假内容；2.已得到原告的同意与豁免；3.所发布的言论涉及公众利益或公众人物，被告因此享有一定程度的言论自由。

---

① 见"《潘金莲》被告案 原告起诉被法院驳回"，搜狐娱乐 2017 年 4 月 20 日，全文见：http://yule.sohu.com/20170420/n489602393.shtml。

如果被告提出第一种抗辩理由，并且能够证明其发布的关于原告的内容是真实的，至少绝大部分内容是真实的，那么显然原告的诽谤诉讼就无法成立。2016年北京市朝阳区人民法院审理的"陶某诉全民星探"侵犯名誉权一案中，法院就以被告所爆料的关于原告陶某婚内出轨的事件属实为由，驳回了原告的诉求。法院指出，"虽然被告披露的微信聊天记录中未显示日期，排列顺序亦与提交的公证书中的聊天记录顺序不同，评论亦有些尖锐，但被告披露的信息是真实的，评论亦有事实依据。且原告本人在事后亦向公众承认其在婚后出轨"，①故驳回原告主张被告爆料侵犯其名誉权的诉求。

关于第二种抗辩理由，即被告能证明原告已经通过书面或口头形式同意被告发表的言论，那么原告的诽谤诉求也不成立。

关于第三点"言论自由"，是指当发布的言论或新闻报道涉及公众人物或公众利益时，原告作为公众人物在提起名誉权侵权之诉时，须承担额外的举证责任或更多的容忍义务。下面就详细解释法院在涉及诽谤之诉时，为何会对原告的身份——为公众人物抑或是普通人——区别对待。

二、名誉权纠纷中对"公众人物"及"普通人物"的区别对待

北京海淀区法院及北京一中院在本案中都特别指出，本案的当事人属于公众人物，而公众人物对他人的负面评价应负有一定的容忍义务。这种将名誉权侵权纠纷中的原告身份——公众人物或是普通人加以区分的做法与各国在涉及原告为公众人物的名誉权纠纷的标准是一致的。

譬如，美国在涉及名誉权的侵权纠纷中，若原告属于"公众人

---

① 北京市朝阳区人民法院（2015）朝民初字第38151号。

物"，那么原告除了需证明诽谤诉讼的一般性法律要件之外，还需额外证明被告具有"主观恶意"（actual malice），即明知其发布的言论是虚假的仍坚持发布，或故意对言论的真实性不做任何调查或验证。[1]但是，若诽谤之诉的原告只是普通人，那么原告不需证明被告具有主观恶意，而只需证明被告具有过失，即可提起诽谤之诉。

那么，为何要对诽谤之诉的原告是否为公众人物以特别区分呢？美国最高法院在1974年审理"格兹诉威尔士公司"一案时对此有专门的阐述。[2] 美国最高法院在解释为何应区别对待诽谤之诉的原告身份时指出，若诽谤之诉的原告属于公众人物，他们与普通人相比至少有两点不同：第一，作为公众人物，原告在遭到诽谤时可自救的手段远超过普通人。具体而言，若公众人物遭到不实言论的攻击，他们一般都具有足够的资源和渠道来反驳上述不实诽谤性的言论。相比之下，普通人作为被不实言论攻击的对象，其自救的手段则十分有限。第二，当公众人物自愿将自身置于公众视野之下，以换取知名度、影响力及各种利益时，就必须接受这种公众注意力所带来的后果，包括某些不够准确甚至不甚友好的言论。[3]

由此可见，当诽谤之诉的原告是公众人物时，各国法院对其要求往往有别于身为普通人的原告。在美国，当诽谤之诉的原告为公众人物时，原告需担负被告具有"主观恶意"的举证责任。在中国（例如本案），法院虽未明确提出原告的额外举证责任，但却要求作为公众人物的原告承担更多的"容忍义务"，这个道理与域外案例中区别对待诽谤之诉的原告是否为公众人物如出一辙。

公众人物与普通个人在提起诽谤之诉时的双重举证标准，充分

---

① *New York Times v. Sullivan*, 376 U.S. 254 (1964).

② *Gertz v. Robert Welch, Inc.*, 418 U.S. 323; 94 S. Ct. 2997; 41 L. Ed. 2d 789.

③ 同上。

说明各国法院深刻意识到保护兼平衡公众人物、普通百姓与新闻媒体三方之间权益的重要性。一方面，法律保护个人所享有的名誉权；但另一方面，法律同时鼓励并支持新闻媒体的自由报道权及公众的知晓权，因此特别授予新闻媒体在新闻报道时享有一定的豁免权，使其不至于因为一点点的失实报道而遭受诉讼之灾。在这里，法院也认识到公众人物有别于普通百姓。由于公众人物自愿或不自觉地将自己放置在公众的视野中，且他们所遭遇的事情也多涉及公众利益，因此公众人物所享受的人格权保护范围（如隐私权及名誉权）与普通人仍有所区别。

三、诽谤性言论是否涉及公众利益

另一点值得注意的是，北京海淀区人民法院在一审时，特别将涉案的不实诽谤性言论作了区分。其中一种言论属于"涉及转基因食品安全性的直接争论"，譬如涉案当事人关于转基因问题的相关指责、有合理依据但并无明显恶意的言论以及引用转发的他人微博言论等。就该种言论是否构成侵权的问题，法院指出，崔与方两人在转基因食品安全的问题上存在意见分歧，并各自提出针对对方观点的质疑，这属于学术自由以及对涉及公共利益的议题的讨论范畴。双方在微博中互相指责的言论虽然用语令人不快，但这部分言论仍属于法律上要求当事人保持适当宽容度的言论，故不构成侵权。

法院在考量涉及"公众利益"的言论时所表现出的宽容也体现了诽谤之诉中的另一重要原则——即涉及公众利益的言论抗辩原则。在涉及公众利益事件的讨论中，由于疏忽或是消息来源的不准确，难免会出现报道或讨论失实的情形。如果仅因为一点点失实的报道而追究发言人的诽谤侵权责任，难免会造成公众与媒体的恐慌与集体失语。因此，在保证当事人的名誉权不受侵犯的前提下，同时要兼顾新闻媒体的报道权以及公众自由讨论涉及公众议题事件的权利。

具体而言，当涉案言论涉及与公众利益相关的事件时，尽管当事人的言论可能有所夸张，甚至有所偏差，各国法院也往往会给予一定的宽容空间。在被告无主观的侵权恶意的前提下，不追究发言人的侵权责任，从而保证公众的言论自由权。

撰稿人：宋海燕

12. 新闻媒体报道权与名誉权的平衡

—— 世奢会诉《新京报》、南方报业名誉权纠纷案

案例索引：北京市朝阳区人民法院（2013）朝民初字第 21929 号民事判决；北京市第三中级人民法院（2014）三中民终字第 6013 号民事判决。

基本案情

新京报社于 2012 年 6 月 15 日出版的《新京报》第 A14、A15 版刊登了题为《"世奢会"被指皮包公司》的文章（以下简称"争议文章"）。争议文章开篇写道："今年初，由世界奢侈品协会（以下简称'世奢会'）发布的一份排行榜令这个名头响亮的组织引起意想不到的关注。"随后，争议文章对在中国注册的世奢会网站、世奢会的域外注册信息、组织性质、组织规模以及在其他国家是否有代表机构等涉及世奢会的内容进行了质疑。争议文章占据了 2012 年 6 月 15 日《新京报》A14 版的一半版面及 A15 版的全部版面，其中 A15 版同时出现文章配图 4 张及相关的配图文字。

世奢会（北京）公司称，世界奢侈品协会（世奢会）属于美国非企业经济组织，是目前全球最大的奢侈品研究与贸易促进的国际组织。其主要业务包括：规范国际奢侈品市场（包括世界各国奢侈

品牌企业、服务业和奢侈品消费者），专业从事奢侈品牌的管理、市场调查、品牌推广、贸易促进、国际交流与合作等。世奢会（北京）公司是世奢会在中国成立的独立法人公司，与世奢会之间属于授权关系，其经营范围包括：企业管理咨询、组织文化艺术交流等。

　　世奢会（北京）公司认为，《新京报》所发表的争议文章中至少存在 10 处报道失实的地方，侵犯了其名誉权，故向北京市朝阳区人民法院提起名誉权侵权之诉。争议文章中侵犯其名誉权的内容及情节主要涉及世奢会举办展会时所提供的红酒来源、高档车辆来源，举办发布会时提供的数据来源以及参加发布会的嘉宾来源等。譬如，关于世奢会举办展会时所提供的红酒来源，争议文章称，"唐路（化名）的同事曾提及，展会有部分展品为赝品。唐路说有可能，他和同事曾用普通红酒伪造高档红酒，在某发布会的前一晚，唐路和几个同事，一起把购买的普通红酒原有标签泡水后揭下来，贴上另一种标签，冒充高档红酒现场拍卖"。[①] 关于展会中所出现的高档车辆来源，争议文章称，"唐路说，这次展会因很多展品没有到场，而且被展方——唐山东方国际会展中心有限公司发现借车出展，展方发函要求按合同双倍赔偿，后不了了之"。[②] 关于世奢会在发布会所提供的数据来源，争议文章称，"这些数据是怎么来的？唐路回忆了 2011 年世奢会制作蓝皮书的情景。在发布会前一晚，唐路和同事熬夜上网，搜索数据，并汇总到毛欧阳坤处，毛欧阳坤写就报告，成为 6 月 9 日论坛上的演讲内容"。关于发布会上所出现的嘉宾背景，争议文章称，"唐路说，9 日上午 9 点的发布会，原定的多国大使馆商务参赞演讲，只有两个与毛欧阳坤有些私交的人出席。其他人则由世奢会请的人'扮

---

① 刘一丁，《"世奢会"被指皮包公司》，载《新京报》2012 年 6 月 15 日。
② 同上。

演'。唐路记得，毛欧阳坤从财富中心找了一个咖啡店的日籍女老板，来做日本奢侈品报告"。①

北京市朝阳区人民法院在审理此案时，归纳本案争议焦点如下：一是争议文章中报道的世奢会是否指向世奢会（北京）公司；二是争议文章内容是否构成报道失实、评论不当，构成对世奢会（北京）公司的侮辱或信用毁损；三是新京报社是否存在主观过错。

关于第一个争议焦点。争议文章是否指向本案之原告世奢会（北京）公司，法院指出，在认定媒体的言论是否构成对某一主体的名誉侵权时，应当结合作品的上下文内容及语境等进行整体判断。

本案中，虽然争议文章的开篇及后文均以"世奢会"这一简称来进行表述，但争议文章的内容丰富，不仅考证了世奢会的注册信息、世奢会中国代表处与世奢会之间的关系，还分析了世奢会组织的发布会、参加的各地会展等活动。由此可见，争议文章并非围绕世奢会这一家机构进行报道，而是由此展开，报道了与世奢会相关的其他内容，包括世奢会（北京）公司、世奢会（北京）公司的管理层（副总经理毛欧阳坤）等。因此，结合争议文章的整体内容及文章配图，新京报社所发表的争议文章足以让社会公众认定世奢会（北京）公司即为报道针对的对象之一。故新京报社关于世奢会（北京）公司并非本案适格主体的抗辩理由法院不予采信。

关于第二个争议焦点。争议文章的内容是否构成名誉权侵权的问题，法院认为：从争议文章的整体内容来看，虽然大部分内容经过撰文记者本人的核实，但仍有部分内容的消息来源无法证实。譬如庭审中，世奢会（北京）公司的证人王某某自称就是争议文章中被采访对象"唐路"，但新京报社仍然未直接对此作出回应和反驳，

① 刘一丁，《"世奢会"被指皮包公司》，载《新京报》2012 年 6 月 15 日。

让法院实难采信相关曝料人员言论的真实性。此外，新京报社虽然提交了相关采访对象的录音资料，但录音对象的身份情况并未向法庭提供，被采访人也未出庭作证，故法院难以采信其言论的真实性。法院认为新京报作为传统媒体，对媒体从业人员撰写、发表报道或文章，负有较高的真实性审核义务，而涉案文章存在多处未经核实的言论，违背了其作为传统媒体的审核义务。据此，法院认为涉案文章已经构成对世奢会（北京）公司名誉权的侵害。

关于第三个争议"新京报社是否存在主观过错"的问题。新京报社在刊登争议文章时，引用了一些未经核实的网友曝料信息，采访了不能提供消息来源的"世奢会前员工"，其内容足以导致社会公众对世奢会（北京）公司的社会评价降低。新京报社作为传统媒体，应当预见到这篇报道的内容会导致世奢会（北京）公司经济能力和公众信赖降低的不良后果，但未尽到其应尽的注意义务，故主观上存在过错，应当承担侵权责任。

综上，一审法院认为新京报社的行为已经构成对世奢会（北京）公司名誉权的侵害，故应当承担侵权责任。

新京报社不服，向北京第三中级人民法院提起上诉。二审中，新京报社补充提交了争议文章中化名为"唐路"的被采访对象田某某的采访录音（以下简称采访录音）及速写文本等，田某某的工作名片、身份证复印件、书面证言以及公证视频。新京报社指出，一审中世奢会（北京）公司所提供的自称为"唐路"的男性证人王某某做的证词证言乃是假证，因化名为"唐路"的员工田某某实为一名女性。新京报社同时抗辩称，世奢会已经成为一个公众事件，新京报社作为一家传统媒体，有责任和义务对世奢会进行报道，以公共利益为目的满足公众知情权，故其报道世奢会的行为不构成名誉权侵权。

判决与理由

二审法院在审理此案时，针对本案的焦点——争议文章是否构成对世奢会（北京）公司名誉权的侵害问题，得出被告不构成名誉权侵权的结论，理由如下：

一、化名"唐路"的人是田某某，刘刚对田某某的采访是真实的

二审中，新京报社就化名"唐路"的人的身份提交了新证据，包括采访录音、田某某的身份信息、工作名片、书面证言、公证视频等。新证据显示：一审中世奢会（北京）公司的证人王某某提供的是伪证。事实上，化名"唐路"的被采访对象是世奢会中国代表处的前员工田某某（女性），而非王某某（男性）。

采访录音中，被采访对象主动表达的意识较强且表述流利连贯，对记者询问一直较为配合，未表现出勉强或拒绝态度。通过记者的询问，被采访对象详细讲述了其在世奢会中国代表处工作期间参与唐山展会、奢侈品官方发布会等事件的经历，表达了自己的感受，并转述了部分同事的意见。据此，法院有理由相信，采访过程是真实的。且新京报社提交了被采访对象田某某合法有效的身份信息。尽管田某某本人未出庭作证，但田某某本人在公证视频中确认了其接受刘刚采访的事实。综上所述，新京报社称化名"唐路"的人是田某某，而撰写记者对田某某的采访是真实的。

二、被采访对象田某某（化名为"唐路"）所曝料的内容不应被推定为虚假信息

在以被采访对象的口述作为消息来源时，口述内容的不确定性、

被采访对象的主观倾向性、消息来源的非官方性、非权威性等因素都有可能影响报道的客观性。按照客观报道的要求，报道人应当做到以下几点：1.应结合口述内容正面还是负面、相关事件是被采访对象亲身经历还是转述、被采访对象所在岗位与相关事件的关联性、被采访对象是否与公司存在利益冲突，以及是否已离职、离职原因、是否要求化名等因素综合判断口述事件的可采性。2.口述内容涉及被报道对象的负面信息，且口述者与被报道对象可能存在利益冲突时，应避免以口述内容为单一消息源。3.上述第二点涉及的负面信息在没有其他消息源佐证或通过实地调查仍无法确信属实时，应避免直接引用。

本案中，化名"唐路"的被采访对象田某某所述内容大部分经过刘刚本人的核实，但亦有部分内容属于未经核实的单一曝料信息。田某某本人在接受采访时曾要求化名并称其在世奢会中国代表处工作的时间较短，没有签订劳动合同，还被拖欠工资并且与毛欧阳坤发生过矛盾，在此情况下，作者刘刚使用田某某曝料的负面信息作为单一消息源时，从新闻报道的规范要求来看，更应尽到审慎的注意义务。

在名誉权诉讼中，对于新闻报道中所引用的单一曝料的负面信息是否属于虚假信息，应当结合名誉权侵权责任的构成要件，正确适用举证责任分配规则进行判断。新闻报道侵害名誉权责任的法定构成要件包括：受害人确有名誉被损害的事实、行为人行为违法、违法行为与损害后果之间有因果关系、行为人主观上有过错。新闻媒体只有违背了真实性审核义务，故意歪曲事实进行不实报道，或者因过失未尽合理审查义务导致不实报道的，才构成侵权。反之，新闻媒体没有歪曲事实、不实报道的主观故意或过失，且有合理可信赖的消息来源为依据，则不应承担侵权责任。新闻报道侵害名誉权责任属一般过错侵权责任，适用谁主张、谁举证的举证责任分配规则，在行为意义的举证责任方面，报道失实是提出名誉权侵权主张的一方所需举证证明的，有合理可信赖的消息来源是提出不侵权抗辩的新闻媒体所需举证证明的。

就本案而言，化名"唐路"的被采访对象田某某在接受采访时主动性强且表达连贯流畅，其讲述内容十分详细，所述的大部分内容已经由记者核实确认。上述信息再辅以田某某提供的工作名片，足以使人相信田某某曾为世奢会中国代表处员工，其了解世奢会中国代表处的运作情况并实际参与了文章报道的相关活动。尽管田某某所曝料的部分内容属于单一曝料的负面信息，但作为相关活动的实际承办方，世奢会（北京）公司亦未就曝料内容提供相反证据，以证明其确系虚假信息。在此情况下，从举证责任分配的角度，法院难以认定争议的四处内容确系虚假信息。

三、争议文章主要内容及评论具备事实依据，不构成诋毁、侮辱

争议文章对中国注册的世奢会网站、世奢会的域外注册信息、组织性质、组织规模以及在其他国家是否有代表机构等涉及世奢会"真实面目"的内容进行了实地调查并提出质疑，其质疑并非空穴来风。尽管争议文章引用了网友曝料，但作者亦进行了实地调查。综上，争议文章的结论具备合理依据，不构成诋毁，文章中"山寨组织"和"皮包公司"的用语虽尖锐，但不构成侮辱。

四、争议文章具备正当的写作目的

新闻媒体有正当进行舆论监督和新闻批评的权利。对自愿进入公众视野，借助媒体宣传在公众中获取知名度以影响社会意见的形成、社会成员的言行并以此获利的社会主体，一般社会公众对其来历、背景、幕后情况享有知情权，新闻媒体进行揭露式报道符合公众利

益需要，由此形成了新闻媒体的批评监督责任。

本案中，世奢会（北京）公司称世奢会是一个全球性的非营利性奢侈品行业管理组织，并以其名义联络外国使节、政府组织并开展奢侈品排名、企业授权、奢侈品展会等活动，同时主动邀请媒体进行宣传报道，以影响与奢侈品相关的社会意见及公众言行，从而进入公众视野。因此，新闻媒体有权利亦有责任对其进行批评监督。争议文章通过记者调查，并引用多方意见参与对世奢会现象的关注和讨论，是行使媒体舆论监督权的行为。尽管争议文章整体基调是批评的，部分用语尖锐，但这正是批评性文章的特点，不应因此否定作者写作目的的正当性。

由此，争议文章对世奢会现象的调查和质疑具备事实依据，作者写作目的和结论具有正当性，文章不构成对世奢会（北京）公司名誉权的侵害。综上，因二审期间出现新证据，导致一审判决结果不当，二审法院依法改判，撤销原判，驳回世奢会（北京）之诉讼请求。

评　析

本案的核心问题是如何在保护个人或企业名誉权的同时，确保新闻媒体享有报道监督权，公众享有知情权。

在新闻报道中，由于记者的疏忽或是消息来源的不准确，难免会出现新闻报道失实的情形。如果仅因为一点点失实的报道而追究新闻媒体的诽谤侵权责任，难免会造成媒体人的恐慌与集体失语。因此，在保证当事人的名誉权不受侵犯的前提下，同时要兼顾新闻媒体所享有的言论自由权与新闻豁免权。

各国的案例法发展至今，已经形成了一套相对完善的平衡新闻媒体报道权与个人名誉权两者之间的规则，即新闻媒体的豁免权（journalism privilege）。然而在具体的做法上，各国还是略有不同。

一、中国：名誉权与新闻媒体报道权之间的平衡

在世奢会诉《新京报》一案中，①北京三中院认为，新闻媒体只有违背了真实性审核义务，故意歪曲事实进行不实报道，或者因过失未尽合理审查义务导致不实报道的，才构成名誉权侵权。反之，如果新闻媒体没有歪曲事实、不实报道的主观故意或过失，且有合理可信赖的消息来源为依据，则不应承担侵权责任。

在举证责任方面，北京三中院则认为：新闻报道侵害名誉权责任属一般过错侵权责任，适用谁主张、谁举证的举证责任分配规则。在行为意义的举证责任方面，报道失实是提出名誉权侵权主张的一方（原告）所需举证证明的，有合理可信赖的消息来源是提出不侵权抗辩的新闻媒体（被告）所需举证证明的。

事实上，近年来国内涉及名誉权与新闻媒体报道权的案件不在少数。国内法院在审理类似案件时，或多或少也都考虑到了原告的特殊性（譬如是否属于"公众人物"）以及涉案事由的特殊性（譬如是否涉及"公众利益"），并由此作出判断。下面是三个近年来涉及名誉权及新闻媒体报道权的相关案例。

1. 范志毅诉文汇新民联合报业集团案②

本案中，涉及侵犯名誉权的言论为"范志毅涉嫌赌球"。上海静安区人民法院在审理时，以原告作为"公众人物"的特殊性及被告作为新闻媒体所享有的"新闻媒体报道监督权"为由，判定被告不侵权。法院指出，本案的争议报道是在"世界杯"的特定背景下，

---

① 北京第三中级人民法院（2014）三中民终字第 6013 号。
② 上海市静安区人民法院（2002）静民一（民）初字第 1776 号。

被告遵循新闻规律，从新闻媒体的社会责任与义务出发，为了满足社会大众对公众人物的知情权而采写的监督性报道。即使原告认为争议的报道点名道姓称其涉嫌赌球有损其名誉，但作为公众人物的原告，对媒体在正当行使舆论监督的过程中可能造成的轻微损害，应当予以容忍与理解。

2.张靓颖诉文汇新民联合报业集团名誉权纠纷案 ①

本案中，涉及侵犯名誉权的言论为"张靓颖耍大牌，在酒店耍客服"。上海静安区法院在审理本案时，再次强调原告作为"公众人物"的特殊性，指出原告作为演艺人士，对于歌迷的热情和媒体的追逐，以及由此可能带来的轻微损害亦应给予适度的理解和宽容，以满足公众需求，并共同促进新闻行业的自律和进步。上海静安区法院认为，虽然被告发表的涉案报道有不妥之处，对原告造成了某种程度的伤害，但被告的行为尚不足以构成侵犯名誉权，故侵权不成立。

3.孔庆东诉南京广播电视集团等名誉权纠纷案 ②

本案中，涉及侵犯名誉权的言论为"教授还是野兽"，"孔庆东的名气完全是靠骂人骂出来的"。北京一中院在审理此案时认为，被告评论依据的报道和案件所涉情况是真实的，评论的语句是有针对性的、有诚意的，并无相关证据证明吴晓平存在借机损害孔庆东名誉、进行人格侮辱的恶意。北京一中院同时再次强调新闻的舆论监督权，指出"对于新闻评论而言，如果依据的事实是真实的，主观上不具有侮辱他人人格的恶意，即使在个别范畴内出现言辞激烈甚至稍有过激的语句，仍应予以理解与宽容，视为在正常的评论范畴之内"。

---

① 上海市静安区人民法院（2006）静民一（民）初字第 2845 号。
② 北京市第一中级人民法院（2015）一中民终字第 02203 号。

二、美国：“公众人物”的抗辩原则

美国在平衡个人名誉权与新闻媒体报道权时，会对诽谤之诉的“原告身份”加以区分——即当原告为公众人物时，原告除了需要证明诽谤之诉的一般法律要件，还需额外证明被告（新闻媒体）在报到时具有“主观恶意”（actual malice），即明知其报道内容是虚假的仍坚持做此报道，或肆意枉顾报道的真实性，以诋毁原告的名誉。

1964年美国最高法院在审理“《纽约时报》诉苏利文”一案中，首次提出了作为公众人物的原告在提起诽谤之诉时的举证要求：即若诽谤之诉中的原告属于公众人物（如政府官员），那么原告除了需要证明诽谤之诉的一般法律要件——被告做出了关于原告的不真实的且有诋毁性质的言论之外，还必须额外证明被告存在“主观恶意”的诽谤企图①。

在本案中，被告《纽约时报》刊登了一条政治宣传广告。广告中的部分文字描述了美国南部黑人反种族歧视的非暴力运动，以及地方警察对该运动的镇压。原告苏利文是当地的政府官员，主管警察、消防等治安部门。他认为《纽约时报》刊登的关于当地警察镇压学生运动的描述并不属实。由于苏利文本人当时正主管当地警察局，故主张被告作出的针对警察的不实且诋毁性的言论构成了对他个人的诽谤，故而提起诉讼。该案从亚拉巴马州一直上诉到美国联邦最高法院。

美国最高法院在审理此案时指出：宪法所赋予的保护言论自由及新闻出版自由的宗旨——尤其是新闻媒体与公众批评政府官员的自由——远高于对于个人名誉权的保护。因此，作为政府官员的原告在提起诽谤之诉时，除了要证明诽谤诉讼的一般要素——即“被

---

① *New York Times v. Sullivan*, 376 U.S. 254 (1964).

告做出了关于原告的不真实的且有诋毁性质的言论"之外，同时还必须证明被告在作出诋毁性言论时具有"主观恶意"——明知其言论不真实，仍然故意作出诋毁性言论，或肆意枉顾报道的真实性，以诋毁原告的名誉。

美国最高法院在查看相关证据之后认为：虽然被告刊登的政治广告中存在几处不准确的信息，但原告未能证明被告在刊登广告时具有主观恶意，且无明显证据显示被告广告中所谈及的警察局涉及原告本人，故认定原告诉求不成立。

美国法院对诽谤之诉的原告是否为公众人物的"双重标准"充分显示了美国法院深刻意识到保护兼平衡公众人物、普通百姓与新闻媒体三方之间权益的重要性。一方面，美国宪法鼓励并支持新闻媒体的自由报道权及公众的知晓权，因此授予新闻媒体在新闻报道时享有一定的豁免权，使其不至于因为一点点的失实报道而遭受诉讼之灾；但另一方面，美国法院也认识到公众人物有别于普通百姓。由于公众人物自愿或不自觉地将自己放置在公众的视野中，且他们所遭遇的事情也多涉及公众利益，因此公众人物所享受的人格权保护也不同于普通百姓所享受的保护范围。

三、英国："公众利益事件报道"的豁免原则

在英国，法院对诽谤之诉的原告身份并不加以区分，反而对"被报道的事件"性质加以区分——即当被报道的事件涉及公众利益，而新闻媒体又采取了合理的措施核实调查，并有理由相信其报道属实的前提下，新闻媒体就可以"新闻媒体豁免权"进行抗辩。

2001年英国上议院审理的"雷诺诉泰晤士报集团"案① 是英国案例法中十分重要的名誉权侵权案。本案中，原告雷诺曾任爱尔兰

---

① *Reynold v. Times News paper Ltd* [2001], 2 A.C. 127 (H.L.2001).

共和国首相，在北爱尔兰的和平谈判中起了重要的作用，后因 1994
年 11 月都柏林的政治危机事件被迫辞职。被告《星期日泰晤士报》
遂围绕此次政治危机事件及雷诺的辞职发表了一篇题为"再见，投
机者"（Goodbye gombeen man）的文章。文章在描述雷诺在都柏林
政治危机中所扮演的角色时，使用了"欺骗""蓄意、不诚实地误导
联盟"以及"掩盖信息"等指控性措辞。

其中一个很有意思的小插曲是，《星期日泰晤士报》在发表涉
案文章之前，曾提出就涉案报道采访原告的要求。原告拒绝了采访
请求并回复称：他在国会的发言即为对泰晤士报中指控的所有回应。
然而涉案报道最终见报时，却只字未提原告前日在国会的发言。原
告随后提起诽谤之诉。

英国上议院在审理此案时，再次强调了《欧洲人权公约》第 10
条所赋予的新闻媒体报道权。具体而言，只要新闻媒体在报道时有
合理的理由相信其报道的真实性，并采取了一定的措施调查核实，
那么新闻媒体的报道权就受到法律的保护。

在阐述如何平衡个人的名誉权及新闻媒体的报道权时，英国上
议院列出了一系列应考虑的因素，包括：1. 报道对原告指控的严重性。
报道指控的严重性越高，当事人的名誉受损度就越大；2. 报道内容
的性质，譬如报道的事件是否涉及公众利益；3. 信息的来源，譬如
是否为第一手信息或是购买取得；4. 媒体是否已采取措施核实所获
得信息的真实性；5. 信息的状态；6. 事件的紧急性；7. 媒体在报道
之前是否联系过当事人（原告）并给当事人评论的机会；8. 报道是
否包括了原告对于题述事件的版本；9. 文章的语气——文章可以质
疑或建议调查，但在事实清楚之前不应以质控的语气进行描述等；
以及 10. 文章发表的背景情形等。

英国上议院在将上述因素适用于本案时指出，虽然被告报道的

雷诺辞职一事属于"涉及公众利益的新闻报道",但被告在刊登涉案文章时,完全没有引用原告在国会时的发言——即对涉案报道指控的回应。对此,英国上议院认为,"毫无疑问,记者有权得出自己的结论,并诚实无畏地表达其结论;记者也有权拒绝相信其听到的解释。但是,在如此一篇指名道姓攻击他人的文章中,却只字不提当事人自己的回应,这显然是无法说通的"。因此,英国上议院以被告泰晤士报集团未能在涉案报道中包括原告本人对报道质控的回应为由,认为被告的涉案报道过于片面,具有误导性,因此无法享受新闻媒体的豁免权。

英国 2013 年新修改的《诽谤法案》对诽谤之诉的原则又进行了调整。①英国 2013 年诽谤法案第 4 条指出,被告的抗辩理由之一可以为"涉及公众事件的新闻报道"。具体而言,只要涉及的报道事关公众利益,而报道者又有合理理由(reasonably believe)认为对该事件的报道符合公众利益,那么作为被告的新闻媒体则可以"涉及公众利益的事件报道"提起抗辩。

撰稿人:宋海燕

---

① 2013 年英国《诽谤法案》全文,见网站:http://www.legislation.gov.uk/ ukpga/2013/26/section/4/enacted。

13. 个人形象权

——六小龄童章金莱诉蓝港公司侵犯肖像权纠纷案

案例索引：北京市第一中级人民法院（2013）一中民终字第 05303 号民事判决。

基本案情

章金莱系 20 世纪 80 年代央视电视剧《西游记》中"孙悟空"形象的扮演者。在一定时期、一定地域范围以及一定的观众群体中，六小龄童作为章金莱的艺名及其扮演的"孙悟空"形象家喻户晓。经二审开庭双方当事人确认，附图一所展示的形象可以作为章金莱饰演的"孙悟空"形象的代表。

附图一

蓝港在线（北京）科技有限公司（简称蓝港公司）系网络游戏"西游记"的研发单位，该游戏的官方网页及游戏中配有"孙悟空"的形象。经过开庭双方当事人确认，附图二所展示的形象可以作为蓝港公司使用的"孙悟空"形象的代表。

附图二

章金莱向北京市西城区人民法院提起诉讼称，其在电视连续剧《西游记》所塑造的"孙悟空"形象家喻户晓。蓝港公司于2008年12月为其公司推出的网络游戏"西游记"代言人一事与其联系，遭到拒绝。2009年7月，其发现在蓝港公司推出的网络游戏"西游记"的网站及游戏中，使用了其塑造的"孙悟空"形象，该行为侵犯其肖像权；同时，由于其开发的"西游记"游戏内容低俗，导致公众误以为是章金莱为其网络游戏进行代言，致使其社会评价降低，对名誉权造成了侵害。故诉请法院判令：1. 停止使用章金莱塑造的"孙悟空"形象；2. 书面公开赔礼道歉；3. 赔偿损失100万元；4. 赔偿支出的公证费2000元。

章金莱在一审审理时另向法院提交了如下证明材料：1. 电脑报2010年3月29日和6月8日的报道、北京晚报2010年4月9日的报道、北京青年报2010年7月8日的报道、新浪网2010年7月20日蓝港公司的致歉报道、多玩游戏网对"西游记"台服的报道。试图证明蓝港公司研发的"西游记"游戏内容低俗，社会形象不佳，在游戏中使用章金莱塑造的"孙悟空"的形象，降低了社会对上诉人的评价并造成名誉损害。2. 新浪网 2010 年 10 月 13 日《蓝港详解〈西游记〉代言始末称六小龄童是眼红》、DONEW 网 2010 年 10 月 12 日《蓝港在线称六小龄童诉讼是代言不成眼红所致》。试图证明蓝港公司工作人员对章金莱的名誉进行贬损。

判决与理由

一审法院认为：公民的合法权益受法律保护。本案争议焦点在于蓝港公司所研发的网络游戏"西游记"中使用的"孙悟空"形象，是否侵犯章金莱的肖像权和名誉权？能否对肖像权作扩大解释以保护形象利益？

首先，肖像权是指自然人通过各种形式在客观上再现自己形象而享有的专有权，它仅限于反映真实人物的形象特征。本案中，"孙悟空"的形象来源于小说《西游记》，是一个拟人化的石猴形象，虽然章金莱在电视剧版《西游记》中塑造的"孙悟空"形象基于其本身的一些外在特征，但与其本人形象具有本质区别和差异。社会公众会将电视剧版《西游记》中的"孙悟空"形象与章金莱建立对应关系，并不是基于二者外在形象的一致性，而是在于其精湛的表演将"孙悟空"形象塑造得栩栩如生、深入人心，使人们记住了扮演者。因此，章金莱塑造的"孙悟空"形象非其本人肖像，蓝港公司在网络游戏中使用"孙悟空"形象的行为不构成对章金莱本人肖像权的侵犯。

其次，名誉权是指自然人或法人对自己在社会生活中获得良好的评价及人格尊严而享有的权利。侵害名誉权的认定，应当根据受害人确有名誉被损害的事实、行为人行为违法、违法行为与损害结果之间有因果关系，行为人主观上的过错程度来考虑。本案中，章金莱自身的肖像与所塑造的"孙悟空"形象并不同一，现章金莱未能充分举证证明，相关媒体对网络游戏"西游记"内容和营销的不良评价导致，对其本人社会评价的降低，故章金莱主张被告侵犯其名誉权，不予支持。

再次，在现行法律框架下，肖像权有其固有内涵，无法随意突破作扩大解释。现章金莱以肖像权主张相应权益保护，不予支持。

综上所述，依据《中华人民共和国民法通则》第100条、第101条之规定，一审法院判决驳回原告章金莱的诉讼请求。

北京市第一中级人民法院在二审时考虑了以下因素：

一、肖像权保护范围的界定

我国《民法通则》第100条和《侵权责任法》第2条都明确规定了肖像权是应当保护的法定权利。《民法通则》第120条第1款规定："公民的姓名权、肖像权、名誉权受到侵害的，有权要求停止侵害，恢复名誉，消除影响，赔礼道歉，并可以要求赔偿损失"，该条作为肖像权保护的请求权基础开始施行于1987年1月1日。

法律之所以保护肖像权，是因为肖像中所体现的精神和财产的利益与人格密不可分。而当某一形象能够充分反映出个人的体貌特征，公众能够通过该形象直接与该个人建立一一对应的关系时，该形象所体现的尊严以及价值，就是该自然人肖像权所蕴含的人格利益。

本案中，章金莱所饰演的"孙悟空"形象（如附图一所示），虽然是基于古典文学作品所创作并进行了艺术化处理，但是该形象与章金莱个人的五官特征、轮廓、面部表情密不可分。章金莱饰演的"孙悟空"完全与其个人具有——对应的关系，即该形象与章金莱之间具有可识别性。在相对稳定的时期内，在一定的观众范围里，一看到附图一所代表的"孙悟空"，就能认出其饰演者章金莱，并且答案是唯一的。因此，当某一角色形象与自然人之间具有——对应的关系时，对该形象的保护应该属于肖像权保护的射程。退一步讲，如果因为长期的司法实践，业已形成了具有相对固定内涵的肖像权概念，但现实生活中产生的矛盾，会使立法当初没有充分讨论的问题突显出来。这时，司法者必须通过解释法律、适用法律来解决纠纷。

我国《侵权责任法》第 20 条是关于侵害人身权益造成财产损失赔偿方面的规定，根据该条的立法说明能够明确推导出立法的意图，就是承认人格权中所蕴含的财产利益，并应该对人格权中的财产利益给予充分的保护。也就是说，法律认可来自个人投资和努力演绎出的形象所具有的商业上的价值，当被他人擅自使用时，不仅仅侵犯肖像权上承载的人格尊严，也侵犯了权利人自己使用或者许可他人使用的财产上之利益。这样如果不予保护不仅会降低回报，挫伤权利人积极投入和努力创造的动力，最终还会影响广大公众从中受益。所以，当某一角色形象，能够反映出饰演者的体貌特征并与饰演者具有可识别性的条件下，将该形象作为自然人的肖像予以保护，是防止对人格权实施商品化侵权的前提。将与肖像有密切联系的形象解释为涵盖在肖像权之中，避免法律文本与社会现实的脱节，可以克服不断发生变化的实践与成文法固有的滞后性之间的割裂。另外，面临以商品化的方式侵害人格标识的纠纷日益增多之现状，在比较法中，对具有标识性的人格利益可以采公开权、形象权之内容予以保护。这种对具有人格标识性的形象予以保护的世界发展趋势，说明与人格利益密切相关的形象具有可保护利益已成为共识。所以，对肖像权的解释，恰恰应当进行适当的扩张解释，积极面对现实并顺应时代的发展，而不是一审判决所认为的"无法随意突破作扩大解释"。

二、侵犯肖像权行为的认定

蓝港公司在其开发的游戏中使用的"孙悟空"形象（附图二）与章金莱饰演的"孙悟空"形象相比，两者在眼睛、鼻子、脸型均存在一定的差异，确如蓝港公司所述，其使用的"孙悟空"的面目更有棱角，神态更冷峻、凶悍。由于章金莱饰演的"孙悟空"形象深入人心，通过章金莱饰演的"孙悟空"能够识别出章金莱。这些差异导致了在同样的观众范围内，立即能够分辨出蓝港公司所使用的"孙悟空"不是章金莱饰演的"孙悟空"，更不能通过该形象与章金莱建立直接的联系。判断蓝港公司所使用的形象是否侵犯章金莱的肖像权，应以确认该形象能否反映章金莱的相貌特征并与章金莱建立联系为前提，这一点与确认章金莱所饰演的"孙悟空"形象因可以直接反映出章金莱的相貌特征并与其建立联系而应当受肖像权保护的判断基准是一致的。

三、侵犯名誉权的认定

章金莱未举证证明对方存在侮辱之事实，对可能存在的诽谤行为，由于提交的证明材料中涉及的两篇文章不能证明是蓝港公司所为，故上诉人指控蓝港公司侵犯其名誉权不能成立。

综上，虽然在章金莱的肖像权保护范围界定方面，二审与一审有理解上的不同。但是，蓝港公司使用的"孙悟空"形象并不能直接反映章金莱的相貌特征，故不构成侵犯章金莱的肖像权；同时，蓝港公司也不存在侵犯章金莱名誉权的事实。所以，一审判决结果正确，依照《中华人民共和国民法通则》第 120 条第 1 款、《中华人民共和国侵权责任法》第 6 条第 1 款、《中华人民共和国民事诉讼法》第 170 条第 1 款第（一）项，维持一审判决。

评　析

本案为一起特殊的肖像权纠纷，涉及自然人饰演的虚拟角色形象，而非其本人的肖像，能否获得肖像权保护问题。肖像是自然人形象的再现，肖像权作为一项重要的人身权，与自然人的人身有不可分割的联系。本案二审判决并不讳言，将角色形象纳入肖像权保护范围是对肖像权的扩张解释，而一、二审判决的最大不同也在于是否应进行这样的扩张解释。在这样的背景下，笔者拟从角色形象的保护入手，并结合讨论肖像权问题的需要，以是否有真人饰演为标准将角色形象分为纯粹的虚拟角色形象和真人饰演的角色形象，探讨二者的不同保护途径。

一、纯粹的虚拟角色形象

本文所称纯粹虚拟的角色形象，是指以漫画、卡通动画等方式表现出来的虚拟形象。以"孙悟空"形象为例，上海美术电影制片厂于 20 世纪 60 年代制作的《大闹天宫》动画电影中的孙悟空形象，以及 2015 年横店影视、天空之城等共同出品的《大圣归来》动画电影中的孙悟空形象，均属于本文所称的"纯粹的虚拟角色形象"。这个类别中包含了众多耳熟能详的虚拟角色形象，从迪士尼公司经典的"米老鼠""唐老鸭"，到 2016 年大热的《疯狂动物城》中的兔子朱迪、狐狸尼克等。对于此类有特定视觉表现形式的角色形象而言，通常其能够满足著作权法关于独创性的要求，可以作为美术作品受到著作权法的保护。①同时由于著作权法禁止未经许可对作品的复制、发行等行为，这种宽泛的表述一般足以涵盖实践中对此类形象的通常使用方式，故对于这种纯粹的虚拟角色形象，可以认为著作权法提供了比较完善的保护。比如《最高人民法院关于审理商标授权确权行政案件若干问题的规定》第 22 条第 1 款规定，当事人可以就角色形象主张在先著作权，以阻止他人在后将该形象作为商标进行注册的行为。

二、真人饰演的角色形象

此类的角色形象同样有很多，各种影视剧作为社会公众文化生活的重要组成部分，其中知名度较高的作品中的角色形象，或者知名度较高的演员饰演的形象，也会为大众所熟知，从而有可能成为他人未经许可使用的对象。由于加入了演员表演的因素，此类角色形象与前述的纯粹的虚拟角色形象在保护方式等方面存在一定的区别。

根据演员本人的真实形象是否清晰可辨，对真人饰演的角色形象可以进一步划分为两类。第一类指虽然借助了化妆、服装造型等特定手法，演员个人形象仍然清晰可辨别的形象。比如好莱坞系列电影《007》中 007 邦德的形象，前后有不同的演员参与表演，观众能够区分究竟是哪个演员饰演的 007。第二类则指由于化妆等效果基本无法识别演员的个人形象特征的角色形象，比如电影《阿凡达》中的阿凡达形象。同一部影视剧中有可能同时存在两种类型的角色形象，比如电视剧《西游记》中的主要角色，即唐僧师徒四人中，唐僧的形象属于第一类，能够清晰识别演员个人形象，而猪八

---

① 对于文学作品中以文字描述方式表现的人物形象，能否得到著作权法的保护，有更复杂的判断标准，由于与本文讨论的肖像权主题没有特别大的关联，不在本文的讨论范围。

戒的形象基本属于第二类，由于夸张的头部和身体造型，与演员的真实形象有较大的区别。而引起本案争议的章金莱饰演的孙悟空形象，可以说介于二者之间。由于其所饰演的角色是一个猴子的形象，必然与演员本人有比较大的区别，但正如二审判决书中所说，"该形象与章金莱个人的五官特征、轮廓、面部表情密不可分"，在一定的时期、一定的观众范围内，一看到该"孙悟空"形象，就能够与章金莱建立起对应关系。故对此类真人饰演的角色形象的保护，更有其特殊之处。

对于演员本人形象清晰可辨别的角色形象，笔者认为，演员应有权对其主张肖像权保护。我国《民法典》规定，自然人享有肖像权，有权依法制作、使用、公开或许可他人使用自己的肖像。①2020 年 5 月 28 日通过，2021 年 1 月 1 日起施行的《民法典》第 110 条同样规定，自然人享有生命权、身体权、健康权、姓名权、肖像权、名誉权、荣誉权、隐私权、婚姻自主权等权利。上述法律本身并未对肖像的概念作出明确的规定，但在理论和实务上都认同，肖像概念的核心在于可识别性，即借助一定表现形式呈现可使他人识别出本人②。最高人民法院民一庭编写的《利用网络侵害人身权益司法解释理解与适用》一书中也对肖像进行如下定义：肖像，是指以某一个人为主体的画像或照片等。通过绘画、摄影、雕刻、录像、电影等艺术手段，在物质载体上再现某一个自然人的相貌特征，就形成肖像③。

近几年的法律实践中也出现了不少涉及肖像权保护剧照、演员

---

① 《民法典》第 1018 条。

② 参见张红：《肖像权保护中的利益平衡》，载《中国法学》2014 年第 1 期。

③ 《最高人民法院利用网络侵害人身权益司法解释理解与适用》，人民法院出版社 2014 年版，第 52 页。

卡通形象的相关案例。譬如在 2002 年北京东城区法院审理的"蓝天野"一案中，北京天伦王朝饭店因使用了蓝天野在电影《茶馆》中饰演的"秦二爷"的剧照而被法院认定侵犯了蓝天野的肖像权。[①]北京市东城区人民法院在审理此案时认为，虽然人物剧照表现的是剧目角色，但并不能据此认为肖像权就属于该剧目角色，从而客观上归属于著作权人。若由不同的人饰演相同的角色，该角色就会承载不同表演者的外在神态形象。因此只有角色的饰演者，即演员才能对体现本人人格特征的剧目形象享有肖像权。[②]而在 2011 年北京一中院审理的"卡通赵本山"案中则体现了对于演员卡通形象的保护。[③]本案中，海南天涯公司和谷歌公司自 2009 年 5 月起，为宣传其共同开发的互动问答产品"天涯问答"，在未经许可的情况下，在天涯社区多个页面中发布带有赵本山卡通形象的 FLASH 广告。一审法院经审理认为，作为著名笑星、公众人物，赵本山的个人肖像具有明显

---

① 参见北京市东城区人民法院（2002）东民初字第 6226 号民事判决。

② 值得注意的是，该案中天伦王朝饭店的使用行为获得了电影《茶馆》的著作权人北京电影制片厂的同意，故电影制片厂同样作为被告之一，并被判决承担连带责任。法院在判决中论述了如下的理由：剧照作为肖像作品的一种，其本身存在着肖像权与肖像作品著作权的双重权利，这二者不是简单的吸收关系。肖像作品著作权的行使不能湮灭肖像权，著作权人对演员肖像权的行使不能脱离影视作品的范围而做其他商业使用。该案比较典型地体现了演员的肖像权与影视剧著作权之间可能的冲突及解决途径。影片著作权人对整部作品享有著作权，是否能视为对每一帧画面都享有著作权，以及更进一步的，能否扩展到演员在剧中的形象享有著作权？该问题亦值得思考。比如蓝天野案，假如被告的使用获得了蓝天野的授权，北京电影制片厂能否主张其侵犯著作权？笔者认为，如果仅仅使用了演员在剧中的形象，不涉及对其他作品元素的使用，不宜认定为对作品著作权的侵犯。该案中法院认定北京电影制片厂亦需承担连带责任似乎也支持该观点，即其著作权不能扩展至脱离影视作品范围对演员形象的使用，相应地，其对于他人的使用也无权主张侵犯著作权。

③ 参见北京市第一中级人民法院（2010）一中民终字第 20196 号民事判决。

的可识别性，观众依据旁白等，可将该涉案卡通形象明确指向为赵本山。法院并指出：卡通漫画作为绘画艺术的一种形式，只要能反映出具有可识别性的自然人形象，就可以作为肖像权保护对象。故而认定天涯公司及谷歌公司的行为构成侵权。北京市第一中级人民法院二审维持了一审判决，二审法院认为：对于饰演非特型角色的演员剧照或者小品剧照，该艺术形象与演员的本身形象具有密不可分性，群众也公认两者为一体，并符合公民肖像独特的基本特征，应当受到法律的保护。①

　　对于演员形象不可识别的角色形象，首先可以肯定的是由于不能与演员的个人形象相对应，不能构成"肖像"，故演员不能对其主张肖像权。此类角色形象更类似于纯粹的虚拟角色形象，经过独特的构思和设计而形成，虽然有真人饰演，但其独特造型更多体现的是对造型的整体设计和表现，而非演员个人的特征。比如，前文中提及的电影《阿凡达》中的阿凡达形象，或者电视剧《西游记》中猪八戒的形象。故可将此种角色形象与前述纯粹的虚拟角色形象同等对待，视为著作权法意义上的作品，从而禁止他人未经许可的使

① 该二审判决特别提及了饰演的是"非特型角色"，暗含了如果是"特型角色"的话，可能有不一样的结论。对于以特定历史人物为对象而塑造的角色形象，比如毛泽东、邓小平等，由于其追求的是通过化妆等达到与真实历史人物的"神似"甚至"形似"，体现的并非演员个人的外在形象，故确与虚构人物形象的情况存在差异。在内蒙古自治区呼和浩特市回民区人民法院（1994）回民初字第 527 号案中，法院就认为，由于演员所扮演的贝克托的形象是特定历史人物的艺术形象，并不是演员个人形象在客观上的再现，故被告的使用不构成对肖像权的侵犯。转引自张红：《"以营利为目的"与肖像权侵权责任认定——以案例为基础的实证研究》，载《比较法研究》2012 年第 3 期。但如果公众对于真实历史人物的形象并无明确认识，演员饰演角色也并不以追求与原型人物相像为目的，并不能仅以其饰演的是真实人物而否定演员肖像权的存在。比如，张铁林饰演的乾隆皇帝形象，其本人的外貌特征可以被清晰识别，未经许可的使用仍然侵犯其肖像权。

用行为。

通过上述分析可知，对于角色形象而言，主要是通过演员的肖像权和角色形象的著作权两种途径进行保护。演员可以对其自身形象清晰可辨别的角色形象主张肖像权保护，纯粹的虚拟角色形象和虽有真人饰演、但演员形象不可识别的角色形象，如果满足著作权法对于作品的要求，可以获得著作权法的保护。

本案中，由于章金莱饰演的孙悟空形象介于"演员形象清晰可识别"和"不可识别"之间，该形象既主要基于影视剧出品方对该角色形象的构思和设计，又与章金莱本人的相貌特征密切相关，可以说属于比较特殊的角色形象。在认定该形象与章金莱之间具有可识别性，即具备了将其视为肖像的前提的情况下，是否将其纳入肖像权的保护范围，即是否对肖像进行扩大解释，还需进一步考察肖像权保护和著作权保护的异同，从而选择更能体现保护客体的性质、更能达到保护效果并且更好地平衡各方利益的保护方式和途径。

三、肖像权与著作权保护之比较

自然人对其肖像享有未经许可禁止他人使用的权利，而著作权法禁止未经许可复制、发行他人享有著作权的作品。对于未经许可使用角色形象的行为而言，肖像权人以及著作权人均可要求被告停止侵权行为并赔偿损失，即均可达到保护的效果。但两种保护方式的区别也是明显的：

首先，享有权利的主体不同。肖像权作为重要的人身权利，具有人身专属性，只有体现了其肖像特征的演员个人能够主张。而影视剧作为包含了众多权利的集体劳动结晶，著作权通常由制作者享有。我国《著作权法》（2020）第17条规定，视听作品中的电影作品、电视剧作品的著作权由制作者享有，但编剧、导演、摄影、作词、作曲等作者享有署名权，并有权按照与制作者签订的合同获得报酬。

电影作品和以类似摄制电影的方法创作的作品中的剧本、音乐等可以单独使用的作品的作者有权单独行使其著作权。

在本案中，这一区别的影响显而易见，如果将章金莱饰演的"孙悟空"形象视为肖像，章金莱有权主张肖像权。否则的话，只有电视剧《西游记》的著作权人，即制片者才有权对该形象主张著作权。

第二，权利的保护期不同。人身权一般伴随自然人的生命开始而开始，结束而结束。《最高人民法院关于确定民事侵权精神损害赔偿责任若干问题的解释》（法释〔2020〕17号）第3条规定：死者的姓名、肖像、名誉、荣誉、隐私、遗体、遗骨等受到侵害，其近亲属向人民法院起诉请求赔偿精神损害的，人民法院应当依法予以受理。①由此可见，自然人去世之后，特定情况下其近亲属能对特定的侵害其人身利益的行为主张法律救济，但此时法律给予保护的角度已经转变为近亲属因侵权行为遭受的精神痛苦，而非本人的人格利益，而且保护范围也相对有限。对于一般的未经许可使用肖像或者可以体现肖像特征的角色形象，很难被该条所规定的"侮辱、诽谤"等涵盖。故基本上我们可以认为，以肖像权对演员饰演的角色形象进行保护，应限于在世的自然人。

著作权法对于权利的保护期有明确规定，对自然人作者，一般为作者终生加死后50年。但如前所述，角色形象的著作权一般属于包含该形象的影视剧的著作权人，即制片者。对该类作品的保护期，我国《著作权法》第23条第3款规定：视听作品，其发表权及复制、发行等经济权利的保护期为50年，截止于作品首次发表后第50年的12月31日，但作品自创作完成后50年内未发表的，不再保护。

---

① 《最高人民法院关于确定民事侵权精神损害赔偿责任若干问题的解释》（法释〔2020〕17号）第3条。

本案中，由于章金莱本人在世，电视剧《西游记》亦在著作权保护期之内，故此一区别不产生实际影响。

第三，侵权判断标准不同。对于未经许可使用肖像，当然要求被告所使用的是原告的"肖像"，即其所表现的内容能够与原告的肖像具有一一对应的关系，能够使相关公众将其识别为肖像权人。如前述"卡通赵本山"案法院所认定的那样，即使所使用的形象与原告的真实形象并非完全一致，但只要观众能够将其明确指向肖像权人，即可构成对肖像权的侵害。

而在著作权的保护中，一般遵循"接触＋实质性相似"的侵权判断原则，亦并不要求被告完全复制原告的作品，只要二者构成实质性相似即可认定侵权。

本案中，被告蓝港公司网络游戏中使用的"孙悟空"形象，与章金莱饰演的电视剧《西游记》中孙悟空的形象存在一定的差异。二审法院因之认定由于这些差异的存在，使得相关的观众能够分辨出该"孙悟空"不是章金莱饰演的"孙悟空"，不会将该形象与章金莱建立起直接的联系，故不侵犯章金莱的肖像权。而如果将电视剧《西游记》中的孙悟空形象视为作品，蓝港公司网络游戏中的孙悟空形象是否与其构成实质性相似，则需要在查明更多事实的基础上才能做出判断，比如电视剧中的孙悟空形象与其他孙悟空形象相比其区别点为何，哪些特征体现了该形象设计的独创性，而蓝港公司是否使用了这些独创性的设计，由于孙悟空形象来源于小说《西游记》，二者的相似之处是否来自于小说本身的描述等。上述因素均有可能影响到实质性相似的判断。

从上述区别来看，对既区别于通常人物形象、具有独特设计但同时又与演员相貌特征紧密结合的角色形象，适用肖像权保护还是作为著作权法的保护对象，最大的区别或者说最直接的影响在于主张权利的主体，即是由演员个人来主张肖像权或是由制片人来主张著作权。

如学者所论，从肖像权与著作权两种权利本身来看，肖像权作为人格权，是人之为人的基本权利之一，而著作权是基于作品的创作而产生的"后来权利"，从法益位阶来看，肖像权位阶高于著作权。另外从法的价值位阶来看，著作权的保护具有促进文化发展的功能，以实现文化繁荣，激励创作为主要价值选择。肖像权则以维护个人基本尊严为最高宗旨，实现人之自由价值。个人自由价值的实现应当优先考虑。①虽然该作者系以之论述肖像权与著作权发生冲突时应以尊重肖像权为优先，但在讨论对于如本案所体现的角色形象，应如何选择保护路径时，上述因素亦有重要影响。

考虑到肖像权作为人格权在法益和法律价值目标上的优先位阶，如果能够满足肖像权的保护条件，应尽量适用肖像权进行保护。如本案二审判决所论述的，对于本案所涉及的特殊的角色形象，由于该形象能够反映出个人的体貌特征，公众通过该形象直接能够与该个人建立一一对应的关系，该形象所体现的尊严以及价值，就是该自然人肖像权所蕴含的人格利益。故在本案中通过对肖像权进行扩张解释，使之包含此种特殊形象，就具有其合理性基础。②而且，从利益平衡的角度看，由于此种形象与演员个人相貌特征结合紧密，影视剧著作权人在制作影视剧时对此事实应该有充分认知而且应该是其有意追求的结果，此时将权利赋予演员个人而非著作权人，对

---

① 参见张红：《"以营利为目的"与肖像权侵权责任认定——以案例为基础的实证研究》。

② 有学者认为肖像应是自然人形象的真实再现，而不是其他形象的再现，因此，演员表现的角色形象不应属于肖像权保护的范畴。但该作者也认可，角色形象与肖像权之间具有极强的相似性，可以通过类推适用肖像权的保护方式对角色形象予以保护。参见郭明瑞、张玉东：《肖像权三题》，载《浙江工商大学学报》2014 年第 1 期。

著作权人的利益并没有重大不利影响，而且也不会导致对其创作欲望的压制或者减弱。[①]

最后，我国法律上没有统一的"商品化权"或者"形象权"的概念，在有特别规定的国家，前述各种角色形象的保护均可以视为商品化权或者形象权的保护范畴。是否有必要在立法上明确规定统一的"商品化权"，在理论上的争论可以继续，充分利用现有的法律框架对相关的权利或者权益提供保护则是实践中不可回避的任务[②]。

撰稿人：董晓敏

[①]　况且，如果制片者认为此权利归属对其具有重大意义，其可以事先通过合同方式对权利归属进行约定。而且，此种情形下的肖像权保护侧重经济利益而非严格的人格利益保护，通过合同约定亦不违反法律规定和精神。

[②]　当然，可资利用的途径除了本文所讨论的肖像权、著作权外，还可能涉及《反不正当竞争法》第2条的适用。该条第1款规定：经营者在市场交易中，应当遵守自愿、平等、公平、诚实信用的原则，遵守公认的商业道德。该条通常被视为反不正当竞争法的一般条款，可以依据该条对《反不正当竞争法》第二章未具体列举，也没有其他法律规范可以援引的行为进行调整。参见孔祥俊：《商标与不正当竞争法——原理和判例》，法律出版社2009年版，第678页。

娱乐产业的合同纠纷案例

14. 署名权

——《杀戒》导演章家瑞诉江苏真慧公司导演署名纠纷案

案件索引：江苏省高级人民法院（2014）苏知民终字第185号民事判决；江苏省南京市中级人民法院（2013）宁知民初字第164号民事判决。

基本案情

2012年2月9日，江苏真慧影业有限公司（以下简称真慧公司）与章家瑞（又名：章曙祥）签订《真慧影业电影〈杀戒〉项目总导演聘请合约》（以下简称《聘请合约》）。合约中约定：真慧公司聘请章家瑞担任其计划摄制的电影《杀戒》的总导演，章家瑞向所有投资方负责；作为总导演，章家瑞对该片的艺术创作具有最终的决定权，有权确定电影整体拍摄方案，并指导该影片导演竹卿（真慧公司法定代表人）的拍摄工作和监督后期制作工作。如有主创人员的片头字幕时，真慧公司同意章家瑞的名字及职衔独立出现在该片片头字幕处。

在电影拍摄完成后，总导演章家瑞与导演竹卿分别剪辑了一个电影版本。但双方就谁享有最终剪辑权这一问题产生分歧。章家瑞认为，《聘请合约》第八条约定其为总导演，"对该片的艺术创作具有最终决定权",故真慧公司坚持采用竹卿剪辑版本的做法构成违约。竹卿则认为,本行业公认投资方才拥有影片的最终剪辑权,合同中约定章家瑞要向投资方负责,即必须服从投资方真慧公司的意愿。章家瑞依据《聘请合约》主张最终决定权的做法是置投资者利益于不顾。

真慧公司最终选择了竹卿剪辑的版本,章家瑞遂主动声明不再参与影片后期制作。2012 年 12 月 27 日,电影《杀戒》获国家广电总局公映许可证。在获准公映的《杀戒》影片中,章家瑞的署名情况为"前期总导演章家瑞",并与该片艺术总监的名字同时出现在同一画面上。而竹卿的署名情况为"竹卿导演作品",并以醒目的方式独立出现在画面的中间。另外,真慧公司未向章家瑞支付剩余 20 万元酬金。为此,章家瑞诉至法院,要求真慧公司承担违约责任。

判决与理由

本案的一审法院,江苏省南京市中级人民法院经审理认为:《聘请合约》中既有"章家瑞同意向所有投资方负责"的约定,又有约定章家瑞拥有涉案影片艺术创作的最终决定权的条款,两处约定内容存在冲突,因此,《聘请合约》中关于谁拥有剪辑版本最终决定权的约定并不明确。在合同的履行方面,由于双方当事人就终止合同履行问题未达成一致,且真慧公司作为合同优势方在发生争议时未积极保持协商,实际上是真慧公司单方终止了《聘请合约》的履行。鉴于章家瑞已经适当履行了合同,其实际未参与影片后期制作的责任不应由章家瑞承担。综上,一审法院认为,真慧公司将章家瑞署名为"前期总导演"且拒不支付剩余酬金的行为违反了《聘请合约》

的约定，应承担相应的违约责任。

一审判决后，真慧公司不服，向江苏省高级人民法院提起上诉。在违约认定方面，二审法院与一审法院的意见基本一致，都认为章家瑞在合同履行过程中并未违约，故真慧公司未按合同约定用独立字幕为章家瑞署名，且拒绝给付剩余20万元酬金的行为构成违约；但在合同约定的最终剪辑权的归属问题上，二审法院的观点有所不同。法院认为，涉案合同关于最终剪辑权归属的约定是明确的。根据合同第八条"乙方作为该片总导演，对该片的艺术创作具有其最终的决定权"的约定，总导演对艺术创作的最终决定权应当包括最终剪辑权。真慧公司认为总导演的艺术创作必须服从投资方的要求，进而直接解释为投资方享有最终剪辑权，明显不符合合同约定，属于不适当地扩张了投资方的权利。

综上，江苏省高级人民法院认为，尽管一审判决认定"涉案合同关于谁拥有涉案影片剪辑版本最终决定权的约定并不明确"不妥，但总体上认定事实清楚，适用法律和实体处理结果正确，故作出判决：驳回上诉，维持原判。

评　析

一、影片最终剪辑权的归属

所谓剪辑（Film editing），是指将影片制作中所拍摄的大量素材，经过选择、取舍、分解与组接，最终制作成一个连贯流畅、含义明确、主题鲜明并有艺术感染力的作品的过程。在现代电影产业中，剪辑是影片制作过程中一项必不可少的工作，对于电影作品至关重要。很多业内人士甚至认为，剪辑才是电影创作的正式开始。而最终剪辑权，就是制片方或导演所拥有的剪辑电影的院线版本的权利。它直接决定着一部电影在电影院里呈现给观众们的最终样貌。

最终剪辑权之所以易于产生纠纷，系源于导演和制片方不同的诉求。就导演而言，自身的每一部作品都代表自己的艺术水准，只有拿到最终剪辑权，才能够保证自己的艺术思想能够得到充分的展现；而就制片方而言，为了更好的票房收入，他们往往希望通过拿到最终剪辑权，对导演剪辑的版本进行改动，把电影剪辑得更适合主流观众观赏。归根结底，最终剪辑权赋予导演还是给制片方，涉及的是将电影交给艺术，或者说还是交给票房的问题。

导演和制片方在诉求上的矛盾，决定了导演聘用合同中应当对最终剪辑权的归属作出明确约定，否则便容易在日后产生纠纷。本案即是如此。本案中，导演和制片方的合作关系之所以破裂并产生纠纷，归纳起来主要有以下两大原因：

第一，本案中的《聘用合同》约定不明。首先，从涉案合同约定章家瑞的职责来看，章家瑞有"指导监督后期制作（剪辑，音乐，声音及最终影片合成）工作"的职责，该约定关于影片剪辑工作的描述是"指导监督"。这一描述比较笼统和含糊，对章家瑞是否拥有涉案影片剪辑版本的最终决定权没有明确予以约定；其次，涉案合同第八条的约定也不甚明确。该条款虽首先约定了章家瑞拥有涉案影片艺术创作的最终决定权，但该条款还对"最终决定权"设置了一个附加条件，即"要以刘恒剧本为定稿蓝本，除了在结尾、女主人公等方面可做修改外，其他剧情结构不能再做大的改动"。在本案审理过程中，由于章家瑞和真慧公司就剪辑版本是否完全改变了刘恒剧本的结构各执一词，而《聘用合同》关于对剧本作何种改动就属于"剧情结构"的改动，改动到何种程度即属于"大的改动"这两个问题又没有明确、具体的界定，故无法明确判断章家瑞的剪辑版本是否属于合同约定，进而引发双方对于章家瑞是否享有"最终决定权"的争议。

此外，逐字逐句分析涉案合同文本，甚至可能就最终剪辑权的归属得出截然相反的结论。一方面，《聘用合同》第八条约定章家瑞拥有涉案影片艺术创作的最终决定权，影片剪辑当然也包括在内，故章家瑞应当拥有最终剪辑权；可另一方面，《聘用合同》开篇就约定：真慧公司聘请章家瑞担任影片《杀戒》的总导演，章家瑞同意向所有投资方负责。仅从这一约定来看，章家瑞作为被聘请人，应按照投资方真慧公司的要求来完成工作，涉及影片重大事项的最终决定权应该属于真慧公司。那么，影片的最终剪辑权似乎又应当归属于真慧公司。可见，合同条款的冲突导致双方对最终剪辑权归属的约定不明，为纠纷的发生埋下了隐患。

第二，我国电影产业发展的阶段性变化，也是导致本案发生的一大因素。近年来，导演和投资方在署名权和最终剪辑权上的纠纷并不少见。像陈坤、桂纶镁主演的《肩上蝶》，黄渤、江一燕主演的《假装情侣》，都或多或少闹出过因为最终剪辑权而产生的导演署名问题。究其原因，系因为长期以来我国电影行业还没有明确地就导演中心制或制片人中心制达成行业惯例。以谁为中心，谁就有更大的谈判力量和筹码，那么，在签署电影制作的合同时，谁就更有可能取得最终剪辑权。最终剪辑权一旦明晰，也就不容易再因此产生署名权的纠纷了。

在我国历史上曾长期实行导演中心制，即导演在影视创作中占据主导地位，而代表投资方的制片人居于次要地位。但近年来，随着影视行业市场化和产业化的快速发展，影视行业的资本投入和利润回报亦不断增大，制片人通过对整个影视制作全过程的审查和管理，以期获得最大的商业利益，而与此同时，导演在影视创作中的核心地位也正越来越被投资方所削弱。鉴于我国影视行业目前正处于导演中心制向制片人中心制过渡的时期，完善的制片人中心制亦尚未完全确立，这一阶段性特点也会导致导演与制片方的冲突时有发生，亟需司法实践给予回应。

基于上述背景，二审法院在本案中确立了关于最终剪辑权争议的基本解决规则，即：无论影视制作行业是采取导演中心制还是制片人中心制，有关影视剧创作的最终决定权特别是最终剪辑权的归属问题，都应当首先依合同约定加以确定，即合同明确约定导演享有最终剪辑权或者投资方享有最终剪辑权的，均应当从其约定，仅有在合同约定不明时，才考虑以行业惯例加以确定。

二审法院严格遵循合同文本的约定，认为《聘用合同》第八条已经明确约定："乙方作为该片总导演，对该片的艺术创作具有其最终的决定权。"而影视剧的艺术创作包括前期筹备、中期拍摄及后期制作过程，故除非合同明确约定将最终剪辑权排除在外，总导演对艺术创作的最终决定权应当包括最终剪辑权。在合同条款未明确将"总导演同意向所有投资方负责"定义为投资方享有最终剪辑权的前提下，对该条款的常规理解应当是，总导演依据合同完成导演工作任务并保证其应当达到的艺术水准就是对投资方负责。基于以上理由，二审法院认为，真慧公司认为总导演的艺术创作必须服从投资方的要求，进而直接解释为投资方享有最终剪辑权，明显不符合合同约定，属于不适当地扩张了投资方的权利。

在此基础上，法院进一步认为，影视剧的制作首先是艺术创作活动，有其基本的艺术创作规律，而投资方在聘请导演时，肯定事先对导演的艺术水准有着基本认同。当投资方与导演在艺术创作上产生重大分歧时，双方首先应当协商解决，如协商解决不成，则投资方仍应当秉持契约精神，尊重合同约定。影视创作合同的履行，明显不同于标的为工业品的普通商事合同。在创作过程中，因艺术创作或者市场需求所进行的必要创作调整并不鲜见，然而无论是导演还是投资方提出的调整，都应本着善意协商进行，且以不损害艺术创作水准为原则。如果协商不成，则强调契约精神，遵守合同约定，仍具有相当程度的必要性，如此才能有效减少纠纷，减少不必要的损害，从而真正促进影视艺术创作的繁荣，促进影视产业的发展。本案确定的裁判尺度，对于进一步明晰投资方与导演各自的权利义务边界，规范影视行业的市场秩序，具有积极作用。

二、本案涉及的署名权问题

（一）署名权的人身属性

作者与作品的关系常被比喻为父亲与儿子的关系，作者在作品中的署名就像是对这种父子关系的公开宣示。作者通过署名权，可以排他性地直接建立自己与作品间的准确关联，使得自己的思想、情感和意志可以通过作品向公众传达；同时也可以因创作行为和作品获得社会的良好评价和尊重。因此，普遍认为，署名权集中体现了作者的人格尊严，对创作者而言，侵犯其署名权即是侵犯其人格尊严。

从艺术创作的角度出发，创作本身是一个体现作者强烈个人意志的过程，因此在多数情况下，创作者们在内心均赋予创作及署名行为以崇高的含义，当他们不满意于自己的艺术表达或精心完成的作品遭受篡改时，退出创作进而引发纠纷的激进行为也是时常发生的。因此，不难理解，包括署名权在内的著作人身权制度的立法本意之一即是为了保护作者的人格权益及创作意志不受侵犯。

基于署名权的人身权属性，回顾本案的几大关键争议，可以理解冲突的本质和法院裁判的立论基础。

首先，涉案的《聘请合约》第七条确认了总导演章家瑞享有在电影拷贝片头字幕中的署名权,第八条确认了章家瑞作为电影总导演享有对电影艺术创作的最终决定权。可见,缔约双方对章家瑞作为电影主要创作者所应享有的人格权益是明确认可且协商一致的,这一点也成为了两级法院后来认定真慧公司违约行为成立的基础。

其次,章家瑞与真慧公司就最终剪辑版本选择问题所爆发的争议,实质上是关于艺术创作理念的争议。章家瑞认为真慧公司选择竹卿剪辑版本,是对自己自由创作意志以及合同赋予的艺术创作最终决定权的侵害,因而选择发出《声明》,划清与竹卿剪辑版本的"界限"。二审法院认为,艺术创作中产生分歧是常见的现象,在对剪辑版本最终选择权存在争议的情况下,合同双方必须保持善意协商,且以不损害艺术创作水准为原则;如果协商不成,则必须强调契约精神,遵守合同约定。

(二)署名权的内容:"是否署名"以及"如何署名"

《著作权法》第10条第1款第(二)项规定,"署名权,即表明作者身份,在作品上署名的权利"。司法实践中多认为,署名权的内容包括"是否署名"以及"如何署名"两个部分。

本案关于"是否署名"的争议不大。《聘请合约》第七条明确约定了章家瑞就其名字及职衔享有独立排名在电影片头字幕的权利,因而在法院认为章家瑞已经适当履行了合同义务的情况下,真慧公司未在片头字幕的独立画面将章家瑞署名为"总导演"的行为明显构成违约。

本案的争议发生在"如何署名"这一问题上。实际上,根据一审法院查明的事实,真慧公司并非完全没有为章家瑞署名。在获准公映的《杀戒》影片中,章家瑞的署名情况为"前期总导演",并与该片艺术总监的名字同时出现在同一画面上。真慧公司认为,由于章家瑞并未实际参与影片后期的剪辑工作,将其署名为前期总导演,在顺序上符合客观事实，也是对章家瑞导演的尊重。

真慧公司的上述主张也并不是全无道理：首先，《著作权法》并未明确规定署名顺序及署名身份的利益受到署名权的保护；其次，目前司法实践中关于署名顺序的判断标准也不甚明朗。在赵德平与中央电视台、河北文化音像出版社著作权纠纷案[①]中，北京市海淀区人民法院就认为，当多个作者参与剧本的创作，且作者与制片方就署名方式未能协商一致时，制片方作为集风险责任于一身的一方，在能够合理地反映出作者与作品之间联系的范围内，对具体署名方式应有一定的自由度。最高人民法院《关于审理著作权民事纠纷案件适用法律若干问题的解释》（2020）对上述赵德平案中的裁判思路进行了细化，其第 11 条规定了作品署名顺序发生纠纷时的处理原则，即有约定的按约定，没有约定的可以按照创作作品付出的劳动、作品排列、作者姓氏笔画等确定署名顺序。

最后，关于署名顺序争议的解决尚且存在司法解释的规定，关于署名身份争议的解决规则在法律和司法解释层面则是近乎白纸一张。为了弥补这样的空白，有学者认为，可以将"表明作者身份"理解为含有"表明作者顺序"的内容，从而为司法救济铺平道路。[②]在司法实践方面，《芈月传》编剧署名纠纷案[③]就涉及了署名身份的争议，《芈月传》在发行、传播中，在电视剧片头、DVD 包装盒、宣传册等处载明"本剧根据蒋胜男同名小说改编""原创编剧：蒋胜男""总编剧：王小平"。温州市中级人民法院认为，二人以上参与共同创作时，制片方可以根据每位编剧的客观的分工与作用，在编剧署名时为其冠以特定的称谓（如"总编剧""原创编剧"）。

---

① 参见北京市海淀区人民法院（2004）海民初字第 10965 号民事判决。
② 崔国斌：《著作权法：原理与案例》，北京大学出版社 2014 年版，第 356 页。
③ 参见浙江省温州市中级人民法院（2017）浙 03 民终 351 号民事判决。

综合以上,可知在关于"如何署名"问题的争议上,赵德平案和《芈月传》案中的法院都更倾向于赋予制片方自由裁量的空间,依据参与创作者的客观贡献确定其署名顺序和身份,这也是本案中真慧公司提出相关主张的依据所在。

但是,本案中的法院之所以未采纳真慧公司的主张,主要原因在于:《聘请合约》约定总导演的具体工作职责包括磨合剧本、选定主创团队、指导并负责拍摄、指导监督后期制作等部分,而二审法院经过详细对比,认为章家瑞已经适当地履行了上述全部摄制任务,也不存在任何违反合同约定的情形,真慧公司的主张并不能得到案件事实的支持。

首先,章家瑞已根据合同约定的16稿剧本全面执导完成了影片的拍摄工作,包括美术布景、道具、灯光、演员说戏等,应当认定其执导完成的拍摄工作已经达到了合约的具体要求。

其次,章家瑞也已经提交了体现其总导演艺术风格的影片剪辑版本,从查明的事实看,双方在完成全部影片镜头的拍摄后,即由剪辑师张一凡剪辑完成了两个版本,章家瑞与投资方等一起参与了审片并共同提出修改建议,其后章家瑞又根据真慧公司的要求完成并提交体现其总导演监督指导后期制作意图,且已合成音乐小样的剪辑版本,只是因为真慧公司决定不采纳该剪辑版本,且双方发生分歧后未能妥善处理争议,才导致章家瑞最终未参与公映版本的后期制作。意即,应当认定章家瑞亦已完成合同约定的总导演"指导监督后期制作"的具体工作。

最后,二审法院经过组织双方当事人对剪辑版本进行详细比对,认为章家瑞剪辑的版本比竹卿版本更符合16稿剧本的要求、其对16稿剧本的调整也尚未超出合理的范围,即章家瑞的后期编辑行为完全符合合同约定。

因此，由于双方在合同第七条约定了章家瑞就其名字及职衔享有独立排名在电影片头字幕的权利，真慧公司未在单独画面中将章家瑞署名为总导演的行为构成违约。

（三）署名应与实际创作中的作用相关，并非机械地执行合同约定

尽管在本案中，涉案合同对署名的具体方式作出了明确约定。但必须强调的是，司法实践中，法院对署名权的保护需要考察创作者在实际创作中的具体贡献和合同履行状况，而不是机械地执行合同约定。换言之，署名权的实现应当与参与整部作品创作的程度相匹配，在合同没有特别约定的情况下，只为作品提供极少量内容的创作者并不享有署名权。

这一判决思路曾在《北平无战事》署名权纠纷案①中得到较充分体现。该案中，被告天风海煦公司与原告胡强、刘桉分别签订了《编剧合约》，聘请其担任刘和平的编剧助手，参与30集电视连续剧《北平无战事》的剧本创作，二人分别负责其中的15集。但胡强、刘桉合作完成第一集、第二集剧本后，便因故停止了剧本创作。最终，电视剧《北平无战事》在播出时的编剧署名仅为刘和平。原告胡强、刘桉遂请求法院确认其对电视剧的编剧署名权、对剧本的署名权。

该案中，双方对合同署名条款的理解并不相同，胡强、刘桉认为只要是其参与了涉案电视剧的剧本创作并使用了其创作的部分内容，其就应当依约享有涉案电视剧播出时的编剧署名权；而天风海煦公司则认为，胡强、刘桉只有完全按照合同约定完成了刘和平认可的各自15集剧本的创作任务，且被涉案电视剧予以实际使用，胡

---

① 胡强、刘桉与刘和平、北京天风海煦影视文化传媒有限公司著作权权属、侵权纠纷案，北京市朝阳区人民法院（2015）朝民（知）初字第4495号。

强、刘桉才享有相关电视剧的编剧署名权。法院最终认定，在涉案合同并未就此明确予以约定的情况下，后者的理解和解释更加合理和具有逻辑性，也更加符合行业的惯例。应当说，在没有特殊约定的情况下，对于电视剧的编剧署名权的实现应当与其参与整部电视剧剧本创作程度、参与深度以及合同约定的创作对价相匹配。如果仅仅是参与了创作或者说付出了劳动即享有署名权的话，则必然会推导出一整部电视剧剧本哪怕只是使用了参与创作者一句话、一段话，也要为其署名编剧的结论，这显然是站不住脚的。

在本案中，法院的判词中也暗合着这一思路。两审法院并没有因为"真慧公司未按合同约定将章家瑞署名为总导演"的简单事实，就草率地判决真慧公司需要承担相应法律责任。相反，法院首先探讨了影片最终剪辑权的归属问题，这是因为围绕最终剪辑权的争议，才是双方在署名利益上理解差异的真正根源——章家瑞认为自己已经完成艺术创作工作，获得正确的署名符合其作为创作者所应享有的人身利益；真慧公司却认为署名条款只是制作公司与导演之间关于合同利益的简单分配，在章家瑞未履行合同义务的情况下，将其署名为前期总导演的行为不构成违约。并且，从二审法院的详细比对中不难看出，章家瑞在选定主创、磨合剧本、拍摄及剪辑等工作中贡献突出，如此重要的创作贡献才是其获得署名利益的关键所在。

通过章家瑞导演的署名权纠纷，本案也向我们揭示了国内影视创作究竟"由谁来掌舵"的困顿和争吵。在艺术与商业的岔路口，本案判决充分体现了法律作为最后防线的作用及意义：创作分歧系属常事，遇事协商须循善意，合同约定是最后参照，契约精神必须遵守。

撰稿人：周俊武

15. 经纪合同

——新画面公司诉《山楂树之恋》主演窦骁演艺经纪合同纠纷

案件索引：北京市第二中级人民法院（2012）二中民初字第16451号民事判决；北京市高级人民法院（2013）高民终字第1164号民事判决。

基本案情

2010年3月23日,北京新画面影业有限公司（简称新画面公司）与窦骁签订了合约。该合同约定：新画面公司从2010年3月23日至2018年3月22日，作为窦骁的演艺工作代理方。凡窦骁有意参加的所有演艺活动（影视、唱片、广告、代言、发布会、公众活动等），由新画面公司提供指导、建议和意见，进行相关咨询，并由新画面公司代表窦骁出面洽谈及签约。窦骁对所有演艺活动有选择的权利，新画面公司给予意见但尊重窦骁的决定。对于窦骁参加的所有演艺活动，新画面公司收取酬金的一定比例。合约期间，窦骁不得与第三方签订任何演艺合约或协议。合约期满后，新画面公司享有优先续约权；若窦骁欲与他人签约，必须事先征得新画面公司同意。在该合约新画面公司代表签字处蒲某某进行了签字确认，并加盖了新画面公司的公章。

窦骁是非中华人民共和国公民，其持有的外国人居留许可证时间是 2008 年 10 月 8 日至 2009 年 8 月 30 日，居留事由是学习。窦骁是北京电影学院的在读学生。

2012 年 9 月 21 日，新画面公司取得了《营业性演出许可证》，经营范围是：经营演出及经纪业务。

电影《山楂树之恋》于 2010 年 4 月 16 日开机，于 2010 年 9 月 16 日上映，窦骁出演男主角。电影《金陵十三钗》于 2011 年 1 月 10 日开机，于 2011 年 12 月 15 日上映，窦骁出演配角。窦骁参演上述两部电影都是新画面公司依据上述合约给窦骁安排的工作，是新画面公司在履行该合约。

2012 年 3 月 21 日，中誉会计师事务所有限责任公司出具了《审核报告》。该报告记载：自 2010 年 10 月 22 日至 2011 年 11 月 15 日，窦骁参加了 13 场活动，签约金额总计约为 800 万元。该报告所附的甲方为某某公司的合约书中载明了乙方为新画面公司／窦骁，全权代表人为蒲某，涉及电影《倾城之泪》，日期为 2011 年 8 月 20 日；另有甲方为某某公司的合同书一份，乙方窦骁、周某，合同有效期 2011 年 11 月 10 日至 2012 年 12 月 31 日，签约日为 2010 年 11 月 10 日；另有甲方为某某公司，乙方为窦骁的合同一份，由蒲某代表窦骁签约，日期 2011 年 2 月 18 日。新画面公司主张，窦骁已按照涉案合同的约定将该审核报告所获收益分配给了新画面公司的蒲某。窦骁主张，其确实参加了上述 13 场活动，但这些均不是新画面公司给其介绍的，更不是对涉案合同的履行行为，虽然已将相关酬金向蒲某进行了支付，但并非支付给了新画面公司。

新画面公司主张，窦骁未经其许可，自 2010 年 10 月至 2012 年 8 月擅自参加了 59 场演艺活动。窦骁承认其确实参加了这 59 场活动，但主张其中大部分都不是演艺活动，且均未获酬。新画面公司明确其中 Zegna（杰尼亚）品牌及佳洁士品牌代言、微电影《下半场》及电影《城市游戏》的出演、出席上海 D&G 等活动按照行业惯例，不可能是免费参加的，窦骁收取了相关报酬。在二审审理过程中，窦骁表示关于 Zegna（杰尼亚）品牌及佳洁士品牌代言带有商业性质，是在蒲某的安排下进行的，而且窦骁只获得了 70% 的代言费，同时窦骁本人并无参加相关活动的合同文本。

2012 年 9 月 26 日，窦骁给新画面公司发送律师函，以新画面公司无营业性演出资格、自参演电影《金陵十三钗》后新画面公司未与窦骁联系、从未实施过演艺经纪行为的理由，认为合同无效，并要求新画面公司不得以窦骁签约公司的名义影响窦骁的演艺活动。

在二审审理过程中，新画面公司表示涉案合同应当继续履行，即使若解除，亦应当由窦骁赔偿相应的经济损失。

窦骁向法院起诉，认为涉案合约是无效的，具体理由有如下三点：1. 新画面公司无营业性演出经营的主体资格；2. 窦骁在签约时是外国留学生，不具有履约资格；3. 该合约违反教育法及学校的相关规定。此外，即使该合约有效，新画面公司因为未履行合同义务，也构成了根本违约，合同应该解除。该合约是委托合同，窦骁也有权随时解除。而且，涉案合同约定的债务属于非金钱债务，无法强制履行。故要求法院确认合同无效或解除。

新画面公司认为，涉案合同是有效的。新画面公司已经履行了合同义务，并未违约。涉案合同不能解除。另外，新画面公司还提起反诉认为窦骁擅自与第三方签约参加演艺活动并收取酬金，严重违反了合同。故请求法院确认合同有效，判令窦骁继续履行合同，并赔偿因其违约行为给新画面公司造成的经济损失 494 万元。如法院判令解除合同，则请求法院判令窦骁赔偿因其违约给新画面公司造成的经济损失 494 万元以及因窦骁毁约给新画面公司造成的经济损失 2000 万元。

判决与理由

一审法院经审理认为双方签订的合同属于演出经纪合同。新画面公司在签订合同时虽不具备演出经纪机构的资质,但现行法律、行政法规既没有明确规定该种行为属于无效行为,也不会必然损害国家利益和社会公共利益,故涉案合同不能认定为无效合同。窦骁在实际参加演出活动前可以向有关机关报批,如果符合相关规定则会得到批准,所以窦骁的外国人身份和居留事项也不能作为认定合同无效的依据。教育法的相关规定是管理性强制性规定,不能据此认定合同无效。新画面公司为窦骁提供了《山楂树之恋》和《金陵十三钗》的演出工作,履行了合同。其他 13 项工作因新画面公司缺乏证据,不能认定是新画面公司履行合同的行为。据此,认定窦骁主张新画面公司未履行合同的主张缺乏依据,不予采信。关于合同解除的问题,一审法院认为本案合同为演出经纪合同,是综合性合同,不能孤立地适用委托合同中的单方解除。但因本案合同具有特定人身属性的非金钱债务性质,故可以适用合同法第 110 条规定予以解除。对于解除后的责任问题,一审法院认为新画面公司未举证证明窦骁擅自参加 59 场活动并获取报酬,故不支持新画面公司据此主张的经济损失 494 万元。对于新画面公司主张如解除合同,则要求赔偿的 494 万元及 2000 万元也无证据支持,且合同中并无违约责任的约定,因此也不予支持。据此,一审法院判决确认双方合同有效,于判决生效之日起解除双方签订的合同,驳回窦骁的其他诉讼请求,驳回新画面公司的其他反诉请求。

一审判决后，新画面公司不服，提起上诉。二审法院经审理认为，双方签订的合同是有效的。根据在案证据，可以认定涉案 13 项活动是新画面公司履行合同的行为。窦骁擅自参加了 59 场活动，根据该 59 场活动所显示的内容以及商业惯例及市场基本规则，窦骁关于参加这些活动并未获得报酬的主张显然与基本的商业管理及行业常识相违背。在窦骁持有相关 59 场活动的合同而不提交的情况下，应当做出不利于窦骁的认定。因此，窦骁应当向新画面公司按照合约约定支付相应报酬。综合考虑涉案 59 场活动的性质、规模、窦骁的知名度、影响力、窦骁以往接受此类商业活动的酬金情况等因素，酌定窦骁向新画面公司支付其擅自参加演艺活动所造成的损失 100 万元。关于合同解除的问题，二审法院认为涉案合同属于演出经纪合同，不能在任何情况下都赋予当事人单方合同解除权。虽然涉案合约属于具有人身依赖关系性质的合同，但由于窦骁按照合同约定不仅具有自主选择权，而且其参加非新画面公司安排的演艺活动仅需承担支付相应酬金的违约责任，并不存在直接损害其人身权的情况，新画面公司在本案中也并无违约及过错，因此认为一审法院依据合同法第 110 条判决解除合同属于适用法律错误。但在考虑到涉案合约的履行需要双方当事人在相互信任的基础上才能实现合同目的，而窦骁已经明确表示不再履行合同，新画面公司对于合同解除也有意向，故可以解除双方合同。由于合同解除是因窦骁根本违约所致，故窦骁应当赔偿新画面公司相应经济损失。在具体赔偿数额的确定上，综合考虑新画面公司前期对窦骁演艺发展的培养投入、宣传力度、艺人自身的影响力、知名度、发展前景以及可能给经纪公司带来的收益等因素，酌定 200 万元。故，二审法院在维持一审判决确认涉案合同有效、解除涉案合同的判项基础上，又判决窦骁赔偿因其擅

自参加演艺活动给新画面公司造成的经济损失 100 万元，以及因其
毁约给新画面公司造成的经济损失 200 万元。

评　析

根据本案双方的争议焦点以及一二审法院判决，可以看出，本
案值得讨论的主要问题如下：

一、涉案合同的性质

《民法典》合同编在分则部分规定了 19 种有名合同。尽管该有
名合同并不是对合同种类的穷尽性规定，而仅仅是对生活中常见的
合同类型的枚举，但在每种合同类型下都规定了一些该种合同特别
适用的一些规则，例如加工承揽合同中定作人的单方解除权、委托
合同中的委托人和受托人的单方解除权等，因此在案件审理中明确
涉案合同的类型和性质，在法律适用上具有比较重要的意义。本案
中，窦骁主张解除合同的一个重要理由就是认为涉案合同符合委托合
同的性质，根据《民法典》933 条的规定，委托人有权随时单方解除
合同。窦骁的该理由是否成立就取决于对涉案合同性质的认定。如
果涉案合同属于委托合同，那么窦骁的该主张理由就可以成立，其
就有权依据上述规定解除涉案合同。但从涉案合同的内容来看，新
画面公司作为窦骁的演艺工作代理方，对窦骁有意参加的所有演艺
活动进行指导、建议，进行相关咨询，还由新画面公司代表窦骁出
面洽谈及签约，可见该合同并不是民法典规定的某一种合同，而是
具有居间、代理、行纪的综合性质。另外，《营业性演出管理条例》
（2020）第 6 条规定，设立演出经纪机构，应当有 3 名以上专职演出
经纪人员和与其业务相适应的资金。第 12 条第 3 款的规定，演出经

纪机构可以从事营业性演出的居间、代理、行纪活动。《营业性演出管理条例实施细则》第 5 条规定，演出经纪机构是指具备《营业性演出管理条例》第 6 条规定条件，从事下列活动的经营单位：（一）演出组织、制作、营销等经营活动；（二）演出居间、代理、行纪等经纪活动；（三）演员签约、推广、代理等经纪活动。从上述规定可以看出，演出经纪机构所从事的演出经纪活动综合了居间、代理、行纪多种行为，其对外签订的该类合同不能简单地定性为居间合同、代理合同、行纪合同等单一性质的合同，可以认定为其签订的合同是综合了居间、代理、行纪等多种性质在内的综合性的演出经纪合同。

该合同性质的确定对于本案合同解除理由的选择具有重要的意义，也对《民法典》中现有的有名合同是一个补充，无论对于司法实践还是制定法的发展均具有重要的意义。

二、涉案合同效力的认定

合同效力，即合同是有效还是无效。在合同案件的审理中，无论当事人是否提出合同效力方面的抗辩意见，法院都应当主动审查合同的效力问题，因为只有有效的合同才存在后续的违约判断以及违约后果的救济问题，而如果是无效的合同，则有无效合同的法律后果。本案中，双方当事人即提出了合同效力的问题，窦骁认为涉案合同是无效合同，请求法院确认合同无效，而新画面公司则认为涉案合同是有效合同，请求法院确认合同有效。故本案合同效力也成为了当事人争议的一个焦点问题。

关于合同效力判断的主要规定，《民法典》合同编未统一列举合同无效情形，而是在第 508 条规定，本编对合同效力没有规定的，适用本法第一编第六章的规定。按照总则编第六章"民事法律行为"的规定，合同无效有五种情形，分别为：（一）无民事行为能力人实施的民事法律行为无效；（二）通谋虚伪行为无效；（三）违反法律行政法规效力性强制性规定的行为无效；（四）违背公序良俗的民事法律行为无效；（五）恶意串通损害他人利益的行为无效。实践中，争议最多的是第153条第1款违反法律、行政法规的强制性规定的情形，即是否违反所有的强制性规定都足以导致合同无效，如果不是，违反哪些强制性规定足以导致合同无效。针对该问题，《民商审判会议纪要》第30条明确，应考量强制性规定所保护的法益类型、违法行为的法律后果等因素的基础上认定其性质，并在裁判文书中充分说明理由。从该规定可以看出，并不是违反所有的强制性规定都导致合同无效，而是仅仅违反效力性强制性规定才导致合同无效。所谓效力性强制性规定，应当是指法律及行政法规明确规定违反该类规定将导致合同无效的规范，或者虽未明确规定违反之后将导致合同无效，但若使合同继续有效将损害国家利益和社会公共利益的规范。

从上述规定以及对其的理解出发，即可以判断窦骁主张涉案合同无效的几个理由是否成立。

首先，关于新画面公司缺乏相关资质能否导致涉案合同无效的问题。新画面公司在签订涉案合同时确实不具备演出经纪机构的资质。但新画面公司不具备演出经纪机构的资质而签订涉案合同的行为，既没有明确规定属于无效行为，也不会必然损害国家利益和社会公共利益，不能据此认定为无效合同。因此，窦骁以此为由认为涉案合同系无效合同的主张不能成立。

其次，关于窦骁的外国人身份及其居留事由能否导致涉案合同无效的问题。《中华人民共和国出境入境管理法》第43条规定，外国人有下列行为之一的，属于非法就业：（一）未按照规定取得工作许可和工作类居留证件在中国境内工作的；（二）超出工作许可限定范围在中国境内工作的；（三）外国留学生违反勤工助学管理规定，超出规定的岗位范围或者时限在中国境内工作的。该法第45条规定，聘用外国人工作或者招收外国留学生的单位，应当按照规定向所在地公安机关报告有关信息。在本案中，窦骁在签约时是外国留学生，涉案合同未经有关规定报批。但即使按照涉案合同约定的内容履行，窦骁在实际参加演出活动前亦可向有关机关报批，如果符合有关规定则会得到批准，故不能据此认定合同无效。

最后，关于教育法及学校有关规定能否导致涉案合同无效的问题。《中华人民共和国教育法》（2020）第44条第（二）项规定，受教育者应当遵守学生行为规范。《北京电影学院学生课外活动管理规定》规定，学生参加社会活动须向所属教学单位、学院教务处和学生处等部门提出申请并获得批准。窦骁与新画面公司签订涉案合同并未履行报批手续。但教育法中的上述规定即使被认为是强制性规定也仅为管理性强制性规定而非效力性强制性规定，不能据此认定涉案合同无效。

综上，涉案合同是有效的，窦骁关于确认合同无效的诉讼请求无法得到支持。

三、涉案演艺经纪合同解除的理由和依据

根据双方当事人争议的焦点，本案合同是否应当解除的理由选择有三点：1.新画面公司是否存在违约，是否据此足以解除合同；2.涉案合同是否属于委托合同，窦骁因此享有单方随时解除合同的权利；3.涉案合同约定的债务是否属于无法强制履行的非金钱债务，从而可以适用《民法典》第580条解除合同。

《民法典》第563条规定，有下列情形之一的，当事人可以解除合同：（一）因不可抗力致使不能实现合同目的；（二）在履行期限届满之前，当事人一方明确表示或者以自己的行为表明不履行主要债务；（三）当事人一方迟延履行主要债务，经催告后在合理期限内

仍未履行；（四）当事人一方迟延履行债务或者有其他违约行为致使不能实现合同目的；（五）法律规定的其他情形。该条是合同法规定的解除合同的法定理由，从几种解除合同的理由来看，除第（一）项属于不可抗力外，其他的理由基本上都是一方违约导致合同解除。本案中，新画面公司是否存在违约呢？尽管关于在涉案 13 项演艺活动是否新画面公司为窦骁安排的合同项下的工作的认定上，一二审法院有不同的认定，但两审法院的结论都是一致的，即新画面公司不存在违约的问题。因此，窦骁以新画面公司根本违约为由要求解除合同的理由不能成立。

上已论述，涉案合同的性质是一个综合了居间、代理、行纪多种行为在内的综合性的演出经纪合同，而不是一个单一的委托合同，显然不能依据委托合同中委托人的随时单方解除合同的权利解除本案合同。另外，如二审判决所指出的"为了体现合同自愿、公平以及诚实信用等基本原则，在该类合同权利义务关系终止的确定上应当主要遵循双方约定、按照合同法的规定进行界定，不能在任何情况下都赋予当事人单方合同解除权。因为在演艺行业中，相关从业人员（即艺人）的价值与其自身知名度、影响力紧密相关，而作为该行业从业人员的经纪公司，在艺人的初期培养、宣传以及知名度的积累上必然付出商业代价，同时艺人是否能够达到市场的影响力，存在不确定性，由此经纪公司在艺人的培养过程中存在一定风险。在艺人具有市场知名度后，经纪公司对其付出投入的收益将取决于旗下艺人在接受商业活动中的利润分配，故若允许艺人行使单方解除权，将使经纪公司在此类合同的履行中处于不对等的合同地位，而且也违背诚实信用的基本原则，同时会鼓励成名艺人为了追求高额收入而恶意解除合同，不利于演艺行业的整体运营秩序的建立，因此在演艺合同中单方解除权应当予以合理限制"。因此，在此类综合性的合同中，即使具有委托、代理的部分属性，也不能机械类推适用这些合同中单方解除权的规定，在法律适用方法上应当引起足够的重视。所以，本案中不存在窦骁主张的适用单方解除权的情形。

一审判决认定涉案合同债务是不适于强制履行的具有人身性质的债务，因此适用《民法典》规定解除了涉案合同。而二审法院虽然也认为涉案合同债务的履行需要双方当事人相互信任，才能实现合同的根本目的，但却未认可一审判决的法律适用，而是仍然回到《民法典》法定解除的规定上，根据该条第（二）项规定的预期违约制度，认定窦骁构成根本违约，在新画面公司也有解除合同意向的情况下，解除了涉案合同，并据此判令窦骁承担违约责任。这就涉及对《民法典》第563条和第580条的关系、合同解除与违约责任的关系的认识问题。《民法典》第563条是法定解除的规定，即在特定的情况下，当事人一方享有合同解除权，从而有权行使该解除权解除合同。第580条规定在合同法违约责任部分，是关于非金钱债务的违约责任问题，不涉及合同权利义务的终止的认定，不是合同解除的规定，仅涉及相关违约责任的承担问题。因此，从法律规定上讲，《民法典》第580条不是合同解除的根据，而仅是相关违约责任承担的根据。从合同解除与违约责任的关系上看，解除合同是合同权利义务关系终止的一种形式，而导致合同解除的原因有违约、不可抗力，等等。因此解除合同是违约责任的一种承担方式，但不是违约责任的全部。因此，违约责任不等于解除合同，在判定合同是否应当解除的时候不能仅仅根据违约责任条款，而应当回归到《民法典》第562条约定解除的规定以及《民法典》第563条法定解除的规定上来。《民法典》第580条是规定哪些非金钱债务不适于继续履行，但不能据此得出合同就应当解除的结论。因此根据第580条规定解除涉案合同确实存在法律适用上的问题，不能将该条作为合同解除的请求权基础，而是应当回归到《民法典》第563条法定解除的规定上来。不可否认，涉案合同的履行建立在双方当事人互相信任的基础上，在此基础上窦骁坚持解除合同，双方的信任基础已经不存在，涉案合同已经无法实际履行，在此情况下，如果新画面公司也有解除合同的意向，就应当解除合同，但解除合同的原因不是新画面公司违约，而是在合同期限届满之前窦骁明确表示不再履行合同，因此新画面公司享有解除合同的权利，在新画面公司也有解除的意向的情况下，即可以解除合同，但窦骁应当承担相应的违约责任。本案二审判决维持一审判决关于解除合同的处理结果，但相关理由做出了如上改变，更符合合同法有关合同解除的规定和法理。

四、如何考虑演艺经纪合同解除后的经济赔偿

合同如果因一方违约导致解除，那么违约方应当赔偿守约方相应的经济损失。在双方合同对此有约定的情况下，可以按照合同约定确定经济损失的数额。在合同无约定的情况下，应当按照违约方因违约给守约方造成的损失进行赔偿，但不得超过签订合同时应当预见到的损失，当然关于具体的损失数额有待守约方举证证明。这是合同解除后关于损害赔偿责任的一般规定。在演艺经纪合同中，除遵守上述规定外，还应当特别考虑到这种合同的特性，即演艺经纪公司为了培养艺人往往前期会投入很多财力物力，而演艺经纪公司通常会靠艺人在一定期限，甚至是一个较长期限内的演艺经纪活动的利润分成来收回投资。而艺人在成长、成名则有一个过程，在前期往往不知名，也没有太多的演艺收入，往往是在经过一个期限之后具有了知名度才能赚取更多的演艺收入。在此情况下，演艺经纪公司在签约前期一般很难收回投资，往往会经历一个较长的时间。因此，在因为艺人违约而解除合同后，演艺经纪公司往往会遭受较大的经济损失，这种损失既包括已经投入资金的损失，也包括应当

得到的收益的损失。这基本上是一个行业规律。故在这种案件中，即便演艺经纪公司未提出确凿的证据证明其经济损失的具体数额，法院也应当根据上述演艺经纪合同的特性，结合行业特点、演艺经纪公司的前期投入、艺人自身的影响力、艺人的知名度和发展前景、可能给演艺经纪公司带来的收益等因素，酌情确定艺人应当赔偿给演艺经纪公司的经济损失，而不能简单地以演艺经纪公司不能举证证明其损失数额为由不支持演艺经纪公司赔偿经济损失的诉讼请求。

撰稿人：李自柱
原北京市高级人民法院法官

16. 委托创作合同纠纷：强制履行不作为 义务的司法判断

——东阳市乐视花儿影视文化有限公司诉蒋胜男侵犯著作权纠纷案

案件索引：北京市朝阳区人民法院（2015）朝民（知）初字第51466号民事判决；北京知识产权法院（2016）京73民终18号民事判决。

基本案情

2012年8月28日，花儿影视公司作为甲方与乙方蒋胜男签订《创作合同》（一），约定花儿影视公司聘任蒋胜男担任电视剧《芈月传》编剧的相关事宜。合同还约定"蒋胜男保证不再使用该作品主要题材、故事情节、人物或与该作品相近似或类似的内容元素为第三人创作"。

2013年7月15日，星格拉公司作为甲方与乙方蒋胜男签订《创作合同》（二），主要内容与《创作合同》（一）一致。同时，双方还签署了《补充协议》及蒋胜男单方签署的《授权书》。《补充协议》约定，蒋胜男"承诺在电视剧《芈月传》播出的同期，才会将此原著创意出版小说并发行，在此之前不会出版此原著相关内容以及在网络发布"；蒋胜男同意星格拉公司有权将《创作合同》（二）、《补充协议》、

《授权书》中的权利义务一并转让给第三方；蒋胜男许可星格拉公司将原著创意及电视剧《芈月传》改编为游戏、漫画、动画片。改编的许可使用费已经交付。

2013年8月，星格拉公司与花儿影视公司签署转让协议，将《创作合同》（二）、《授权书》、《补充协议》中的权利义务转让给花儿影视公司。花儿影视公司支付了全部转让价款。电视剧《芈月传》的委托创作已全部完成。

花儿影视公司认为蒋胜男在电视剧《芈月传》尚未开播的情况下，出版、发行小说《芈月传》，违反了合同约定，严重影响了电视剧《芈月传》的发行、宣传计划。请求法院判令：一、蒋胜男立即停止小说《芈月传》的出版、发行。二、赔礼道歉。

蒋胜男不认可《创作合同》（二）、《补充协议》、《授权书》的效力。认为其从始至终一直履行的是《创作合同》（一），该合同并未对小说版《芈月传》出版、发行时间做出限制。公开道歉也不是法律规定的承担合同纠纷民事责任的形式。故请求法院驳回花儿影视公司的诉讼请求。

判决与理由

北京市朝阳区人民法院一审认为：《创作合同》（一）、《创作合同》（二）均系合法成立并生效的合同。从合同履行可以认定蒋胜男通过与星格拉公司的履约行为终止了《创作合同》（一）。星格拉公司与花儿影视公司的转让行为合法有效，花儿影视公司作为合同权利义务的受让方有权起诉。蒋胜男违反合同约定，提前出版、发行小说版《芈月传》，构成违约，应承担违约责任。赔礼道歉并非《合同法》

规定的承担违约责任的方式。一审判决作出之时，电视剧《芈月传》并未播出，故判决：一、蒋胜男立即停止小说《芈月传》的出版、发行；二、驳回花儿影视公司其他诉讼请求。

北京知识产权法院终审认为：

一、违约行为的认定

本案中，在蒋胜男与花儿影视公司签订的《创作合同》（一）中，约定蒋胜男不能再使用《芈月传》的主要题材、故事情节、人物或与该作品相近似或相类似的内容元素为第三人进行创作。但是，蒋胜男在后又与星格拉公司签订了与《创作合同》（一）主要条款基本相同的《创作合同》（二）。在《创作合同》（二）签订时，蒋胜男与花儿影视公司的《创作合同》（一）已经履行了近一年之久，蒋胜男向花儿影视公司交付了部分剧本，花儿影视公司也支付了相应作品集数的创作费。但是，花儿影视公司在享有在先合同权益的情况下，不仅未依据《创作合同》（一）追究蒋胜男的违约责任，反而通过与星格拉公司签署了《转让协议》及《转让补充协议》，据此获得了与《创作合同》（一）主要条款基本一致的权利义务。可见，花儿影视公司不仅知晓《创作合同》（二）以及《转让补充协议》的存在，而且花儿影视公司基于与星格拉公司签订《转让协议》及《转让补充协议》，使蒋胜男避免了被追究违约责任的可能。蒋胜男与花儿影视公司之间虽然没有一个达成合意解除合同的书面协议，但是，对当事人意思表示的解释，不仅仅依据书面的约定内容，还可以根据合同的履行情况进行判断。通过蒋胜男与花儿影视公司各自的履行，表明双方针对《创作合同》（一）的解除达成了一致。

正是由于作为《创作合同》（二）的系列合同的《补充协议》与《授权书》明确约定星格拉公司无需征得蒋胜男同意将权利转让给第三方行使，因此，蒋胜男主张星格拉公司未就转让事宜通知其本人使得转让对其不发生效力缺乏事实依据。

《补充协议》作为《创作合同》（二）的从合同，明确约定在电视剧版《芈月传》播出前蒋胜男不得出版、发行小说版《芈月传》。蒋胜男虽然主张制片方已经同意其小说版《芈月传》可在2015年6月底出版发行，并得到花儿影视公司的许可，但是，其提交的短信截屏不能证明双方对出版的时间进行了变更并达成一致。因此，蒋胜男于电视剧版《芈月传》播出前出版、发行小说版《芈月传》违反了合同约定，应当承担违约责任。

二、违约责任的承担

在《补充协议》中，虽然蒋胜男与星格拉公司约定在电视剧版《芈月传》播出前不得出版发行小说版《芈月传》，但是，如果违反了该约定，相应地承担何种违约责任并未作出约定。

实务中，无论是金钱债务，还是非金钱债务，强制继续履行请求权一般在债务人不履行合同所约定的作为义务时提出。而本案的情形是合同约定了蒋胜男不得在电视剧版《芈月传》播出前出版、发行小说版《芈月传》，即蒋胜男负有在一定期间内的不作为义务。继续履行是否包括不作为义务，强制继续履行能否沿及至不作为义务，直接关系着一审判令蒋胜男立即停止小说版《芈月传》出版、发行行为是否具有正当性的依据。

本案中，双方约定对小说版《芈月传》出版、发行时间的限制，即蒋胜男在一定期限内负有不作为的义务，目的在于避免因受众阅读小说后导致电视剧观众的流失。蒋胜男违反约定，提前出版、发行小说版《芈月传》的情况下，花儿影视公司要求其停止出版、发行并继续履行合同，符合双方约定的合同利益。因此，本案在一审审理终结前，电视剧版《芈月传》尚未播出，故《补充协议》中对小说版《芈月传》出版发行的时间限制处于持续履行中。花儿影视公司要求蒋胜男继续按照约定履行合同义务，正是指向停止出版、发行小说版《芈月传》直至电视剧播出。因此，一审法院判令蒋胜男立即停止小说《芈月传》的出版、发行具有法律上的正当性。

但是，电视剧版《芈月传》在一审判决作出后，于 2015 年 11 月 30 日已经进行了公映，小说版《芈月传》的出版、发行时间限制条件消除。因此，一审判决所依据的事实发生重大变化，一审判决关于停止出版、发行小说的判项已不具有可执行性，而判决的可执行性直接影响着判决的权威性。为此，二审不能予以维持。但是，本案纠纷系因蒋胜男违约行为引发，故二审诉讼费由蒋胜男负担。

综上，本院依照《中华人民共和国合同法》第 107 条、《中华人民共和国民事诉讼法》第 170 条第 1 款第（二）项之规定，判决如下：

一、撤销北京市朝阳区人民法院（2015）朝民（知）初字第 51466 号民事判决；

二、驳回东阳市乐视花儿影视文化有限公司全部诉讼请求。

评　析

《芈月传》作为影视热播剧，围绕该剧版权引发的争议也广受关注。本案在厘清多个复杂的合同关系基础上，确定了行为的法律定性和责任承担。本案有两方面内容需要特别注意：

一、关于合同的解释

我国《民法典》第 142 条和第 466 条是关于合同解释的规定：当事人对合同条款的理解有争议的，应当按照合同所使用的词句、合同的有关条款、合同的目的、交易习惯以及诚实信用原则，确定该条款的真实意思。合同文本采用两种以上文字订立并约定具有同等效力的，对各文本使用的词句推定具有相同含义。各文本使用的词句不一致的，应当根据合同的目的予以解释。也就是说合同解释是探究当事人真实意思或者应当具有的合理意思的过程。合同解释与法律解释不同，但两者又相互交织、相互依存。有的合同解释是事实查明的范畴，与法律解释毫无瓜葛；而有的合同解释是以法律解释为前提，合同解释又成为法律适用的前提。对当事人意思表示的解释，不仅要依据书面约定，还可根据合同履行的情况进行判断。本案中，由于针对电视剧版《芈月传》的委托创作，蒋胜男签订过两个合同，一个是 2012 年与花儿影视公司签订的《创作合同》（一），另一个是 2013 年与星格拉公司签订的《创作合同》（二）、《补充协议》及蒋胜男单方签署的《授权书》共同组成的合同。由于小说版的《芈月传》与电视剧版的《芈月传》的出版发行先后顺序的问题是《创作合同》（二）等系列合同约定的内容。所以，蒋胜男是否构成违约，取决于花儿影视公司的主张是否有合同依据。从表面看，花儿影视公司作为主体签订的《创作合同》（一）中并没有关于小说版和电视剧版出版发行的顺序的约定。但是，仅仅以此作为认定的根据是片面的。应当对案件涉及的两个合同的签订和履行情况进行全面的审查。

　　根据《民法典》的规定，解除包括三种方式：约定解除、法定解除和合意解除。其中，第 562 条第 1 款是针对合意解除的规定，即当事人协商一致，可以解除合同。在审判实务中，合意解除常常被滥用，在有些判决中会以一方提出解除，而另一方不持异议而以合意解除为根据解除合同，导致将违约责任和解除分割开来。而法律规定的合意解除强调的是当事人双方通过协商达成一致，这就意味着合同解除后伴随的遗留问题都会以协商一致的方式予以解决，与约定解除及法定解除完全不同。当然，如果双方就合意解除形成书面协议更加便于执行，防止后患。但是，在对当事人的意思进行解释时，行为的效力有时高于文字的效力，可以通过各自的履行行为进行解释判断。

本案中，在《创作合同》（二）签订时，蒋胜男与花儿影视公司的《创作合同》（一）已经履行了近一年之久，蒋胜男向花儿影视公司交付了部分剧本，花儿影视公司也支付了相应作品集数的创作费。但是，花儿影视公司在享有在先合同权益的情况下，不仅未依据《创作合同》（一）追究蒋胜男的违约责任，反而通过与星格拉公司签署了《转让协议》及《转让补充协议》，据此获得了与《创作合同》（一）主要条款基本一致的权利义务。可见，花儿影视公司不仅知晓《创作合同》（二）以及《转让补充协议》的存在，而且花儿影视公司基于与星格拉公司签订《转让协议》及《转让补充协议》，使蒋胜男避免了被追究违约责任的可能。蒋胜男与花儿影视公司之间虽然没有一个达成合意解除合同的书面协议。但是，通过蒋胜男与花儿影视公司各自的履行行为，表明双方针对《创作合同》（一）的解除达成了一致。只有解除了《创作合同》（一），才能进一步认定花儿影视公司受让了《创作合同》（二）及《补充协议》《授权书》的合同权利义务，成为《创作合同》（二）及《补充协议》的合同当事人。

二、不作为义务的强制继续履行性

本案作为合同纠纷，当事人提出"停止继续发行"这一与侵权责任非常容易混同的诉讼请求，如果不解决该诉讼请求的法律根据问题，难以有说服力。

我国《合同法》第107条规定：当事人一方不履行合同义务或者履行合同义务不符合约定的，应当承担继续履行合同、采取补救措施或者赔偿损失等违约责任。此外，《民法通则》第111条规定，当事人一方不履行合同义务或者履行合同义务不符合约定条件的，另一方有权要求履行或者采取补救措施，并有权要求赔偿损失。因此，继续履行合同、采取补救措施、赔偿损失属于法律规定的承担违约责任的基本方式。继续履行作为违约责任承担的方式之一，赋予了违约的相对方除我国《民法典》第580条规定的情形之外情形的强制继续履行请求权，体现民法的"依合同履行义务"之原则。

既然合同义务包括作为和不作为，那么，强制继续履行请求权的实现，理论上也应当包括继续作为和继续不作为。"停止继续发行"属于继续不作为的范畴。对于强制继续履行能否沿及至不作为义务这一法律问题，不仅缺乏明确的法律规定，而且也鲜少在理论著述中提及，但这一问题恰恰是本案无法回避的。

实务中，无论是金钱债务，还是非金钱债务，强制继续履行请求权一般在债务人不履行合同所约定的作为义务时提出。而本案的情形是合同约定了蒋胜男不得在电视剧版《芈月传》播出前出版、发行小说版《芈月传》，即蒋胜男负有在一定期间内的不作为义务。继续履行是否包括不作为义务，强制继续履行能否沿及不作为义务，直接关系着一审判令蒋胜男立即停止小说版《芈月传》出版、发行行为是否具有正当性的依据。

法律针对强制继续履行的情形作了例外性的规定，即《民法典》第580条所规定的三种情形：法律上或者事实上不能履行；债务的标的不适于强制履行或者履行费用过高；债权人在合理期限内未要求履行。上述规定，虽然未明确指明针对的是作为义务还是不作为义务，但是其内容多是指作为义务而言。由于强制继续履行并非债权的内容，所以，并非所有的作为义务都适用继续履行的责任方式。同样，继续履行作为违反不作为义务的违约责任方式，也应当具有一定的条件。二审判决针对法律这一空白进行了弥补，继续履行适用于不作为行为应当具备四个条件：首先，当事人合同明确约定了不作为的义务；其次，不作为义务具有一定的持续性；第三，要求继续履行不作为义务符合合同的履行利益；最后，权利人在合理期限内提出请求。结合案件，双方约定对小说版《芈月传》出版、发行时间的限制，即蒋胜男在一定期限内负有不作为的义务，目的在于避免因受众阅读小说后导致电视剧观众的流失。蒋胜男违反约定，提前出版、发行小说版《芈月传》的情况下，花儿影视公司要求其停止出版、发行并继续履行合同，符合双方约定的合同利益。因此，本案在一审审理终结前，电视剧版《芈月传》尚未播出，故《补充协议》中对小说版《芈月传》出版发行的时间限制处于持续履行中。花儿影视公司要求蒋胜男继续按照约定履行合同义务，正是指向停止出版、发行小说版《芈月传》直至电视剧播出。因此，判令蒋胜男立即停止小说《芈月传》的出版、发行具有法律上的正当性。

撰稿人：张晓霞

北京知识产权法院法官

17. 优先谈判权

——北京阅读纪文化公司诉《蚀心者》作者蒋春玲合同违约案

案例索引：最高人民法院（2016）最高法民再177号民事判决；广西高级人民法院（2014）桂民三终字第132号民事判决；广西南宁中级人民法院（2013）南市民三初字第398号民事判决。

基本案情

2007年6月3日，开维公司与作家蒋春玲（《致青春》作者，笔名"辛夷坞"）签订《出版合作协议书》，双方就蒋春玲自2007年5月25日至2012年5月24日期间所著的作品合作出版事宜达成协议。

2011年3月，开维公司（乙方）、阅读纪公司（丙方）与蒋春玲（甲方）签订了《补充协议》。《补充协议》由七部分组成，协议约定：甲方和乙方之前签订的《出版合作协议书》于2011年6月30日终止，甲方和乙方均不再受该协议约束，也不对对方承担任何责任。协议第五条"违约责任"约定：甲方违反本补充协议，应向丙方支付违约金50万元；乙方或丙方违反本补充协议，应向甲方支付违约金50万元。协议第六条"其他事宜"第一款约定：甲方新创作的作品，在同等出版合作条件下，丙方有优先签约的权利。

《补充协议》签订后，蒋春玲创作了新作品《蚀心者》，并就该作品于 2012 年 4 月 10 日与儒意欣欣公司签订了《著作权许可使用合同》，授权该公司出版发行该作品。《蚀心者》一书于 2013 年 1 月第一次印刷出版发行。

2013 年 5 月，原告开维公司、阅读纪公司发现蒋春玲新创作的作品《蚀心者》一书出版发行后，遂以蒋春玲违反三方签订的《补充协议》中关于"优先签约权"的约定为由，向广西壮族自治区南宁市中级人民法院（以下简称一审法院）提起诉讼，请求法院判令蒋春玲向阅读纪公司支付违约金 50 万元。

蒋春玲辩称，从以往与开维公司、阅读纪公司就其创作的作品签订的出版合同相比较而言，儒意欣欣公司与其签订的《著作权许可使用合同》中给予《蚀心者》一书出版合作的对价条件优于开维公司、阅读纪公司，故本案中不存在同等出版合作条件，因此其没有通知阅读纪公司的义务，其行为也不构成违约。

广西南宁市一审法院认为：就蒋春玲、开维公司、阅读纪公司三方于 2011 年 3 月签订的《补充协议》的性质及法律效力而言，该合同虽名为"补充协议"，但却是一个独立的合同，其合同条款是由合同三方在平等自愿的基础上协商一致所达成，其条款内容远远超出 2007 年签署的《出版合作协议书》所约定的范围，故并非仅是原《出版合作协议书》的补充。同时，该《补充协议》的三方主体均在合同上签名、盖章，系三方当事人的真实意思表示，且不违反法律、行政法规的强制性规定，故合同合法有效，对三方当事人均具有法律约束力。

关于蒋春玲的行为是否构成违约的问题，一审法院认为：蒋春玲于 2012 年 4 月 10 日与儒意欣欣公司签订《著作权许可使用合同》

之前或之时，并未将儒意欣欣公司给予其《蚀心者》一书的出版条件告知阅读纪公司。而蒋春玲作为该协议一方，有义务告知阅读纪公司另一方给出的条件是什么，这也是阅读纪公司行使优先权的前提。因为蒋春玲何时创作完成新作品，何时与其他公司联系出版合作事宜，其他公司给出的具体出版条件，阅读纪公司均无法知道。由于蒋春玲未能告知阅读纪公司，致使阅读纪公司丧失了与儒意欣欣公司就涉案作品《蚀心者》相互竞价的权利，也从而丧失了行使优先签约权的基础。因此，蒋春玲的行为侵害了阅读纪公司所享有的优先签约权。

综上，广西一审法院认定蒋春玲侵害了阅读纪公司享有的优先签约权，应承担相应的违约责任，故判决蒋春玲支付阅读纪公司违约金 50 万元。被告蒋春玲不服一审判决，随后向广西壮族自治区高级人民法院（以下简称"二审法院"）提起上诉。

二审法院认为：首先，就涉案《补充协议》的法律效力而言，鉴于各方当事人在 2011 年 3 月 11 日在《补充协议》上签字、盖章，且《补充协议》的内容合法，没有违反法律、行政法规的强制性规定，故涉案合同已成立并生效。

关于《补充协议》第六条"其他事项"与其他条款之间的关系，二审法院认为：涉案协议由七部分组成，各方的具体权利和义务在补充协议中不同部分的约定内容截然不同，不可混为一谈。具体而言，《补充协议》第六条"其他事项"不管是从缔约目的、标题的名称还是约定的内容，均系独立于《补充协议》的独立条款。从缔约目的而言，《补充协议》系对当事人之前签订的《出版合作协议书》《浮世浮城》版权合同和授权书以及其他作品版权合同和授权书的补充约定，即终止相关合同约定的相互之间的权利和义务，妥善安排合同终止后的相关事宜。从约定的内容而言，第六条"其他事项"第一款约定"甲方新创作的作品，在同等出版合作条件下，丙方有优先签约的权利"，即对蒋春玲新出版作品约定了优先签约权，而不涉及以前作品的出版事宜；第二款系纠纷解决条款及管辖法院的确定。而《补充协议》第五条"违约责任"条款则是针对前面第一、二、三、四条约定的具体权利义务而言，并不涉及第六条"其他事项"。由此，虽然《补充协议》第六条"其他事项"第一款授予了阅读纪公司对蒋春玲创作的新作品所享有的"在同等出版合作条件"下的优先签约权，但双方对如何履行该条款，违反该条款应如何承担责任等具体权利和义务并没有作出明确约定。

二审法院指出，关于蒋春玲是否违反涉案《补充协议》第六条第一款而构成违约的问题，必须明确何为"同等出版合作条件"。阅读纪公司未能在诉讼中举证证明出版界对"同等出版合作条件"有约定俗成的通常理解，当事人之前签订的合同也没有对"同等出版合作条件"有明确约定。因此，应当依照合同法第125条第1款之规定"当事人对合同条款的理解有争议的，应当按照合同所使用的词句、合同的有关条款、合同的目的、交易习惯以及诚实信用原则，确定该条款的真实意思"来确定"同等出版合作条件"的内涵。从本案的实际情况来看，只能依照双方交易习惯来确定。根据双方交易习惯，蒋春玲与儒意欣欣公司签订的《蚀心者》著作权许可使用合同的出版合作条件不同于蒋春玲以前与阅读纪公司签订的出版合同的合作条件，不具备"同等出版合作条件"，故阅读纪公司不具备行使优先签约权的前提条件。

鉴于本案当事人对"同等出版合作条件"的约定不明确，同时对违反优先签约权的违约责任也没有约定，故可视为该条款对双方没有约束力，因此蒋春玲不构成违约。据此，广西二审法院判决：撤销一审判决，驳回原告阅读纪公司及开维公司的诉讼请求。

原告开维公司、阅读纪公司不服二审判决，向最高人民法院申请再审。

判决与理由

最高人民法院认为，本案争议的焦点在于：一、《补充协议》中第六条"其他事项"条款是否独立于第五条"违约责任"条款；二、蒋春玲是否存在违约行为以及违约责任如何确定。

一、《补充协议》中的第六条"其他事项"条款是否独立于第五条"违约责任"条款

一般而言，合同中首部的"鉴于"条款是对合同签订背景、签订目的的说明。本案中，《补充协议》的"鉴于"部分除了第四条对开维公司和阅读纪公司是关联企业的说明外，记载了三部分内容，协议正文的前三部分就是对这三部分内容的具体约定：协议正文的第一部分（1.关于《出版合作协议书》）对应于"鉴于"部分第一条的内容；协议正文的第二部分（2.关于《浮世浮城》版权合同和授权书）对应于"鉴于"部分第二条的内容；协议正文的第三部分（3.关于其他作品版权合同和授权书）对应于"鉴于"部分第三条的内容。"鉴于"部分的最后一款载明《补充协议》的签订目的是"就上述合同的终止和履行订立如下补充协议"。协议正文第四部分是"乙方和丙方对甲方的付款"条款，紧接着就是第五部分"违约责任"条款，约定违约金为50万元，然后才是第六部分"其他事项"条款，在"其他事项"中对优先签约权以及管辖法院作出约定。

从《补充协议》的内容和结构安排来看，双方当事人在缔约时，其真实意思表示并未将优先签约权的约定纳入违约责任条款的约束范围，因此，本院认定《补充协议》中的第六部分"其他事项"条款独立于第五部分"违约责任"条款，二审法院关于优先签约权的约定不受违约责任条款约束的认定并无不当，本院予以维持。

二、蒋春玲是否存在违约行为以及违约责任如何确定

《补充协议》第六条"其他事项"约定，阅读纪公司对蒋春玲新创作的作品在同等出版合作条件下享有优先签约权。对于优先签约权的行使方式，双方当事人的理解不同，从本案查明的事实来看，也无证据表明出版行业对优先签约权的行使有着约定俗成的惯例可以遵循。对此，本院认为，优先签约权的行使，应当兼顾出版商利益的保护和作者创作积极性的维护，实现出版行业的健康有序发展。出版商行使优先签约权的基础是其知晓作者有新作品问世并准备出版，该事项的知晓有赖于作者的通知，因此，通知是优先签约权条款项下作者的合同义务。本案中，蒋春玲在没有通知阅读纪公司的情况下即与其他出版商合作出版其新作品，违反了《补充协议》中关于优先签约权的约定，应当承担相应的违约责任。

关于蒋春玲违约责任的确定，如前所述，《补充协议》中优先签约权的约定不受违约责任条款的约束，因此，蒋春玲的违约行为不适用于违约责任条款中 50 万元违约金的约定。本案中，阅读纪公司并未因蒋春玲的违约行为而遭受实际损失，蒋春玲的违约行为给其带来的是交易机会的损失，即丧失行使优先签约权的机会。在本案纠纷发生之前，因阅读纪公司违反《补充协议》约定加印蒋春玲的其他作品，双方曾经发生诉讼，蒋春玲在本案再审阶段提交的证据显示阅读纪公司仍然存在上述违约行为，双方已经丧失了良好的合作基础。综合考虑蒋春玲违约行为的性质、阅读纪公司遭受的损失、双方的合作情况等因素，本院酌定蒋春玲向阅读纪公司支付违约金 5 万元。

综上，蒋春玲违反《补充协议》关于优先签约权的约定，应当承担违约责任。故撤销一审、二审判决，判决蒋春玲向北京阅读纪文化支付违约金 5 万元，并驳回开维公司及北京阅读纪文化公司的其他诉讼请求。本判决为终审判决。

评　析

本案涉及的是"优先签约权"的法律效力的问题。优先签约权，又称为"第一谈判权"或"优先购买权"（the first negotiation right or the first look right），是影视产业常见的合同条款。其主要适用于尚未产生的作品（如剧本的"续集"等），故该条款常见于影视剧本的"期权协议"（option agreement）中。

对于影视制片公司而言，拥有剧本的"第一谈判权"十分重要。举例说明，华纳兄弟电影公司在 1999 年购买畅销小说《哈利波特》（Harry Potter）的电影权时，其作者罗琳女士（J. K. Rowling）当时只完成了该系列作品的前三部小说，即《哈利波特——神秘的魔法石》《哈利波特——消失的密室》以及《哈利波特——阿兹卡班的囚徒》。

对于华纳兄弟电影公司而言，如果想同时获得罗琳女士之后所创作的该系列作品的电影权（譬如当时尚未完成的《哈利波特》第四部到第七部作品），那么最有效的办法就是在其购买协议（或期权协议）中加入"第一谈判权"条款，要求对方（罗琳女士）在完成套书的新作品并决定兜售时，必须首先给享有"第一谈判权"的华纳兄弟电影公司过目。只有在华纳审阅了作品并明确拒绝购买其新作品的电影权之后，罗琳女士才可将该新作品给其他的电影公司过目。由此可见，"第一谈判权"的条款保证了电影公司能够优先审阅作家的新作品，同时对是否购买该作品电影权或其他权利享有优先决定权。

与"第一谈判权"紧密相关的另一法律概念为"最终否决权"（the final refusal right）。实践中，"第一谈判权"与"最终否决权"有时是同时存在的两个条款。同样以《哈利波特》作品为例：假设罗琳女士根据与华纳兄弟电影公司签订的"第一谈判权"的条款，首先向华纳兄弟展示了其《哈利波特》的小说作品，而华纳在审阅该作品后，因为缺乏兴趣，或者虽有兴趣但条件无法谈拢，从而决定放弃剧本的购买权时，罗琳女士则可转身与其他的电影公司进行作品电影权的兜售谈判。假设罗琳女士与第三方电影公司达成了作品电影权转让的共识，这时按照"最终否决权"的规定，罗琳女士必须将与第三方电影公司达成的协议条款再向华纳兄弟出示，询问华纳兄弟是否愿意以相同的条件购买剧本的电影权——这就被称为"最终否决权"。此时，华纳兄弟就有了再次评估作品的机会，且要在很短的时间内做出是否愿意以与第三方电影公司承诺的相同条款购买作品电影权的决定。

由此可见，第一谈判权与最终否决权对于影视制片公司是十分重要的。前者保证了制片公司有优先审阅新作品的权利，而后者则保证了作者与第三方制片公司最终达成的条款同样适用于参与首轮谈判的制片公司，从而避免了作者在与第一家制片公司首轮谈判时要价过高导致谈判失败，但作者转身与第三方电影公司谈判时条件优惠而达成协议，使得首轮谈判的制片公司错失良机的情形。

当然，作为第三方电影公司，它是非常不希望看到与其谈判的作家签署了授予其他电影公司"最终否决权"的。这就意味着无论该电影公司与作家为谈判付出了多大的努力，最后的谈判结果都面临着被享有"最终否决权"的电影公司临门一脚"夺走胜利果实"

的可能性。因此实践中，若第三方电影公司得知作家已经与其他电影公司签署了"最终否决权"的条款，那么对于是否要与作家谈判，态度会十分谨慎。第三方电影公司通常会在做了充分的调查工作之后，才会开启谈判。毕竟任何一家公司都不希望自己投入大量精力而得来的谈判成果到头来只是"为他人作嫁衣裳"。

撰稿人：宋海燕

18. 期权协议

——上海玄霆娱乐信息诉王钟授权合同案

案例索引：上海市第一中级人民法院（2011）沪一中民五（知）终字第 136 号民事判决；上海市浦东新区人民法院（2010）浦民三（知）初字第 424 号民事判决。

基本案情

玄霆公司是国内原创文学门户网站"起点中文网"的运营商。2006 年起，王钟以"梦入神机"的笔名先后在玄霆公司网站上发表了《佛本是道》《黑山老妖》等多部作品，并与玄霆公司签订多份协议，将相关作品的信息网络传播权等著作权独家授权或转让给玄霆公司。在此期间，玄霆公司向王钟陆续支付了共计人民币 200 余万元的稿酬。

2010 年 1 月 18 日，玄霆公司与王钟签订《白金作者作品协议》一份。协议约定王钟在协议生效之日起四年内所创作的所有作品在全球范围内的信息网络传播权及协议作品电子形式的著作权归属于玄霆公司。协议还约定，王钟违反约定的，需向玄霆公司支付人民币一万元，并加上王钟从玄霆公司获得的相关费用的十倍违约金。

同日，二者又签订《委托创作协议》，约定王钟作为专属作者，受委托创作的协议作品的著作权以及相关的一切衍生权利完全排他性的归属于玄霆公司。根据协议，"专属作者"是指在协议期间内未经书面许可，不得以真实姓名、笔名或其他姓名、名称等任何名义，将在协议期间内创作的包括协议作品在内的各类作品交予或许可第三方发表、使用或开发，或者为第三方创作各类作品。协议另约定，玄霆公司于协议生效之日起三十日内，向王钟支付预付款10万元。

2010年2月10日，玄霆公司依约向王钟预付了10万元创作资金。

2010年6月18日，王钟（乙方）与幻想公司（甲方）签订《劳动合同书》一份，约定王钟在幻想公司处担任游戏策划部门总监一职，合同期限5年，月薪5,000元。合同还约定，乙方按照甲方要求创作的职务作品著作权归公司所有，因创作职务作品所产生的任何第三方纠纷均由甲方负责处理。

2010年7月18日，王钟以"梦入神机"的笔名开始在纵横中文网（www.zongheng.com）上发表作品《永生》。至2011年3月3日止，该作品的发表字数为1,792,144字，案件审理时仍在连载中。

玄霆公司起诉至上海市浦东新区人民法院，王钟反诉。玄霆公司起诉请求判令：1. 王钟继续履行《白金作者作品协议》及《委托创作协议》，停止在其他网站（包含且不限于纵横中文网 www.zongheng.com）发布其创作作品的行为；2. 王钟承担违约金101万元；3. 确认王钟创作的《永生》著作权归玄霆公司所有。王钟反诉请求判令：1. 撤销《白金作者作品协议》；2. 解除《委托创作协议》。

判决与理由

上海市浦东新区人民法院一审法院认为，案件的争议焦点主要是：1.《白金作者作品协议》是否应当被撤销；2.《委托创作协议》是否应当解除；3.《永生》著作权的归属；4.违约金的处理。

对于第一个争议焦点，上海市浦东新区人民法院认为，《白金作者作品协议》不存在显失公平，不应被撤销。首先，本案中的作品实际就是著作权法所称的在文学领域内具有独创性并能以某种有形形式复制的智力创作成果，亦不适用显失公平制度。其次，涉案协议是玄霆公司和王钟两个平等主体之间自愿签订的合同，是双方真实意思表示。协议对于双方来讲是互惠互利的，亦符合合同法的平等自愿互利的原则，不存在显失公平的情形，不符合合同法规定的撤销条件。依法成立的合同，受法律保护，对当事人具有法律约束力，当事人应当按照约定履行自己的义务。

对于第二个争议焦点，上海市浦东新区人民法院认为，《委托创作协议》合法有效，应当继续履行。王钟提出解除的依据是《合同法》第410条的规定，即"委托人或者受托人可以随时解除委托合同"，但本案系著作权合同纠纷，文学作品的委托创作协议不同于合同法中委托合同。委托创作协议的文学作品必须依赖于作者的创造性智力劳动，即使委托人有思想、观点的要求，也只是受托人创作的限定范围，并不能取代受托人的智力创造。此外，本案讼争的《委托创作协议》中虽然对于协议作品未确定名称，但由于文学作品创作的特殊性及其必须依附于作者智力创作的特点，作品名称在协议签订时未予确定，亦符合常理。玄霆公司已给予王钟足够的时间进行大纲甚至作品的构思与创作。故该协议不符合法定解除的条件，且玄霆公司亦不同意解除，而协议尚在履行期内，《委托创作协议》应当继续履行。

鉴于玄霆公司、王钟需继续履行《白金作者作品协议》和《委托创作协议》，而协议中明确王钟作为专属作者，在协议期间只为玄霆公司创作作品，此为王钟履行讼争协议所必须遵守的义务之一，现玄霆公司在审理中亦明确除了玄霆公司网站以外，王钟仅在纵横中文网上发表了《永生》这一部作品，且一直处于连载中，故对于王钟的这一侵权行为应予以判决停止。

对于第三个争议焦点，上海市浦东新区人民法院认为，《永生》著作权属于玄霆公司。王钟和幻想公司均称《永生》是王钟作为幻想公司员工而创作的职务作品，并提供了劳动关系存在的相应证据，但王钟与幻想公司之间劳动关系是否存在，并不是判断《永生》是否属于职务作品的唯一依据。《永生》是否属于职务作品还是应当从作品的创作过程、体现形式等作品本身特点来加以判断。从王钟、幻想公司对于《永生》创作过程的陈述来看，该作品的主创人还是王钟，其他人员只是一般的辅助人员。作为普通读者而言，看到的还是王钟创作的网络小说。故《永生》应当属于王钟的作品，而从其创作时间来看，是在玄霆公司、王钟约定的创作时间内，所以《永生》的著作权属于玄霆公司。

对于第四个争议焦点，上海市浦东新区人民法院认为，王钟已构成违约，应当承担支付违约金责任。根据《白金作者作品协议》《委托创作协议》的约定，王钟未经玄霆公司许可不得在协议期间擅自为第三方创作作品。而本案中，王钟置其与玄霆公司签订的两份协议不顾，在幻想公司网站上公开发表其创作的文学作品，无论是从法理上，还是情理上，王钟违约的故意明显，应当承担相应的违约责任。而违约金作为合同的一部分，兼有补偿性质和惩罚性质，但主要以补偿性为主，且不应超过玄霆公司实际损失。虽然双方在协议中约定了违约金的计算依据及方法，但本案中玄霆公司对其实际损失并未举证，从实际来看，王钟在幻想公司网站发布小说，对于玄霆公司来讲损失的是点击率，而点击率转化成经济损失并无相关标准。再者，双方还要继续履行合同，故违约金可适当予以调低。

上海市浦东新区人民法院一审判决，王钟继续履行与玄霆公司签订的协议，停止在幻想公司网站上继续发表《永生》，赔偿玄霆公司违约金 20 万元；《永生》的著作权（除法律规定不可转让的权利以外）归玄霆公司所有。

判决后，王钟、幻想公司不服，向上海市第一中级人民法院上诉，请求改判一审判决。

上海市第一中级人民法院在二审审理中查明：2006 年 3 月，王钟与玄霆公司签订《文学作品独家授权协议》一份约定，王钟在协议有效期内将签约作品《佛本是道》在全球范围内的信息网络传播权及汇编权独家授权予玄霆公司。2006 年 7 月，王钟与玄霆公司签订《白金作者文学作品独家授权协议》一份，对前述协议内容进一步约定。2007 年 4 月，双方又签订补充协议约定，新签约作品为《黑山老妖》。2008 年 6 月，双方又签订补充协议约定，新签约作品为《龙蛇演义》，同时约定该作品电子形式之外的全球范围内的著作财产权自协议签订之日起一年内全部转让予玄霆公司。

2008 年 5 月，王钟与玄霆公司签订《文学作品转让协议》约定，王钟将协议作品《黑山老妖》在签约之日起至完本后三年之内的全球范围内的各形式的著作财产权全部转让给被上诉人。同期，双方就协议作品《佛本是道》签订内容雷同的《文学作品转让协议》。

2009 年 5 月，王钟与被上诉人就协议作品《龙蛇演义》签订《委托创作协议》约定，王钟为专属作者，协议作品著作权属于被上诉人。

又查明：上诉人王钟与被上诉人玄霆公司均在庭审中确认双方先签订《白金作者作品协议》，之后签订《委托创作协议》。后者是前者的补充和具体化，部分条款有所变更，王钟与玄霆公司均同意并确认。

上海市第一中级人民法院审理认为，依法成立的合同，对双方均具有拘束力，守约方有权请求违约方承担继续履行、支付违约金、赔偿损失等违约责任。但债务的标的不适于强制履行的，守约方无权请求违约方继续履行。

本案中，玄霆公司与王钟于 2010 年 1 月 18 日先后签订了两份合同，即《白金作者作品协议》《委托创作协议》。该两份合同在内容上既有相同部分，也有不同部分。据合同双方当事人庭审时的陈述，该两份合同虽然签署时间为同一日，但实际上《委托创作协议》在后签订，因此，可将《委托创作协议》视为《白金作者作品协议》的修改、补充和具体化。合同当事人之间的权利义务关系应当根据两份合同所规定的条款来确定，如果约定存在矛盾或不一致，则应以《委托创作协议》为准。该两份合同系双方当事人真实意思表示，内容并不违反法律的强制性规定，双方均应依约履行合同义务。合同履行过程中，王钟通过声明和行为明确表示不再履行合同义务，构成合同义务的违反，依法应当承担相应的违约责任。

玄霆公司请求判令王钟继续履行《白金作者作品协议》及《委托创作协议》，停止在其他网站（包含且不限于纵横中文网 www.zongheng.com）发布其创作作品的行为，并确认王钟创作的《永生》著作权归玄霆公司所有，性质上属于请求王钟承担继续履行合同义务的违约责任。

二审法院注意到，在委托创作协议中，双方约定王钟为玄霆公司的"专属作者"，只能创作"协议作品"，不得为他人创作作品或者将作品交于第三方发表，在协议期间以外创作的作品还应当由玄霆公司享有优先受让权，并且规定了王钟交稿时间和字数，等等。这些义务，涉及王钟的创作自由，具有人身属性，在性质上并不适于强制履行，并且如果强制王钟不得创作协议作品以外的作品，也不符合著作权法鼓励创作的立法目的。在王钟违约时，玄霆公司不得请求王钟继续履行，只能请求王钟支付违约金或者赔偿损失。但是，对于已经创作出的作品的权利归属，并不属于不能强制履行的义务，玄霆公司主张依据合同享有《永生》著作权于法有据。因此，玄霆公司请求继续履行合同将涉及对王钟创作行为的强制，法院难予支持，但其主张享有《永生》著作权的请求于法有据，法院应予支持。当然，王钟仍可以就所创作作品《永生》另行主张稿酬和报酬。同时，由于前述合同义务在性质上不适于强制履行，合同目的因王钟的违约行为不能实现，故而王钟请求解除合同本院可予支持，但王钟应当承担支付违约金等违约责任。

玄霆公司请求判令王钟支付违约金101万元，其依据在于《白金作者作品协议》第7.2.2条之约定。该约定对应的违约行为包括将作品权利转让给他人等根本违约行为，因此可以视为替代履行利益的违约赔偿，在玄霆公司同时主张继续履行的情况下，本不应予以支持。但是，在合同义务不适于继续履行的情况下，玄霆公司依据该条款主张违约金于法有据。鉴于《永生》著作权应判归玄霆公司所有，可以视为合同部分履行利益已经实现，故而法院应相应调减违约金至60万元予以支持。

上海市第一中级人民法院二审判决，撤销一审法院部分判决，改判王钟与玄霆公司签订的《白金作者作品协议》《委托创作协议》于判决生效之日予以解除，王钟向玄霆公司支付违约金60万元。

评　析

本案涉及的是委托创作合同纠纷问题。受益于网络产业的迅速发展和读者市场的日益扩大，作品的创作和发表日益简便，优秀网络作家逐渐成为投资人追捧的对象。在此情形下，投资人与作家签订合同，预定其未创作完成的作品，甚至是未来多年作品的现象成为常态。而在合同履行过程中，由于投资人投入、作家期待和投资对手等因素影响，合同纠纷在所难免。

就合同中的法律地位而言，投资人属于委托人，作家属于受托人，合同的标的是未来作品。委托创作的作品在合同成立时受托人并未开始作品创作，或者虽已开始创作但作品尚未完成，委托人对合同对象享有的权利是期权性权利。委托创作合同虽然名为委托合同，但其法律性质并不属于委托合同，又由于创作行为的特殊性，因此在合同的生效、履行、解除和违约责任承担等方面，也与普通合同纠纷有所不同。

一、委托创作合同的法律性质

（一）委托创作合同的认知误区

在委托创作合同的认知上，首先对合同的性质进行明确，其法律性质在理论界和实务界存在着一定争议，较为常见的情形是将委托创作合同归为委托合同。本案中，王钟便认为双方的协议是委托合同，自己是受托人，据此适用《民法典》第933条"委托人或者受托人可以随时解除委托合同"的规定主张解除与玄霆公司的委托创作合同。

将委托创作合同理解为委托合同，更大程度上受合同名称的措辞影响。合同法中根据合同是否被赋予特定的名称，可以将合同分为典型合同与非典型合同。其中典型合同又称为有名合同，是指法律设有规范，并赋予一定名称的合同，该类合同共有19种。①但社

---

① 典型合同一般是日常生活中较为常见又较为重要的协议关系，委托合同和承揽合同都属于19种典型合同。

会发展日新月异，交易活动纷繁复杂，当事人根据需要决定合同的名称和内容，只要不违反法律的强制性规定，便应允许。在合同纠纷的解决上，合同的名称固然有利于法律关系的明确，但在实际法律纠纷中，还是应着眼于合同的具体内容，选择适用法律规定。

出版界习惯上将应人之约创作的作品称为委托作品，[①]《著作权法》也将其称为"受委托创作的作品"，[②]但名称上的"委托"并不代表法律性质的"委托"。在委托合同的内容上，首先，委托合同是一种典型的提供劳务以完成一定任务的合同，其目的在于处理或管理委托人的事务；而委托创作合同的目的在于受托人向委托人交付工作成果。其次，根据民法理论，虽然委托与代理并不属于同一法律关系，委托合同是双方的内部关系，并不必然产生代理关系，而委托合同签订后，受托人必然会因受托事务与第三人产生代理关系；而委托创作合同与代理合同并无这种必然的关系。第三，委托合同多因委托人与受托人的信任产生，多以无偿为原则；[③]而委托创作合同对相互信任并无太多要求，且多为有偿。世界知识产权组织认为，委托创作合同是"委托一方按双方同意的标准支付作者一定的报酬，作者为此创作某一具体作品"，也表明了委托创作合同的有偿性质。[④]

（二）委托创作合同的法律规定

确实，就名称和委托合同中的形式规定而言，委托创作合同似

---

① 为行文方便，并遵从行业惯例，本文中仍将委托创作作品方成为委托人，受托创作作品方成为受托人，并不对其法律概念上的称谓进行调整。

② 《著作权法》第 19 条规定，受委托创作的作品，著作权的归属由委托人和受托人通过合同约定。合同未作明确约定或者没有订立合同的，著作权属于受托人。

③ 参见崔建远：《合同法》（修订本），法律出版社 2000 年版，第 499 页。

④ 参见易健雄：《论作品创作委托人的单方解除权》，载《法学杂志》2009 年第 6 期。

乎符合《民法典》第 919 条的规定，即委托人和受托人约定，由受托人处理委托人事务的合同。[①]但在合同的内容上，委托创作合同却又与承揽合同相符，《民法典》第 770 条第 1 款规定，承揽合同是承揽人按照定作人的要求完成工作，交付工作成果，定作人给付报酬的合同。

虽然社会习惯上将履行委托创作合同创作的作品称为委托作品，且著作权法也将其称之为委托作品，但实际上受托人依合同向委托人提供的并非劳务，也不是一般事务的处理或者管理，而是特定对象或者特定时间的文学艺术作品，二者的关系在实际内容上更倾向于承揽合同。或许可以这样认为，委托创作合同是名为委托、实为承揽的合同。合同名称虽然是对合同内容的概括，但合同内容才是合同双方权利和义务的根本，以承揽合同的相关规定对委托创作合同进行理解，更符合社会公众的一般认知，也更有利于产生合同纠纷时法律问题的解决。

司法实践中似乎也更加认可委托创作合同的承揽性质，选择与此有关的法律规定解决涉案合同纠纷。在北京奥司曼公关顾问有限公司与北京东正经纬平面设计有限公司的知识产权合同纠纷案中，法院便认为当事人签订的合同命名为"平面设计制作委托加工合同"，表明双方当事人对委托创作属于加工承揽是有所认识的。[②]作为管理著作权问题的国家行政机关，国家版权局在《关于〈快乐大本营〉一案给长沙市开福区人民法院的答复》中称，委托作品为"在民法的委托或者承揽关系下创作的作品"。[③]

---

① 金勇军：《知识产权法原理》，中国政法大学出版社 2002 年版，第 289 页。
② 参见北京市海淀区人民法院（2006）海民初字第 27705 号民事判决。
③ 国家版权局版权管理司 1999 年 11 月 11 日权司〔1999〕73 号《关于〈快乐大本营〉一案给长沙市开福区人民法院的答复》。

本案中，法院虽未明确涉案合同的法律性质，但在判决中明确指出，文学作品的创作不同于合同法中的委托合同，两者在性质、内容及法律适用上都存在不同。

二、委托创作合同的单方解除权

（一）作家履行及解除委托创作合同的特殊性

《著作权法》的立法目的在于保护创作者的权利，促进作品的创作和传播。[①]作品创作的主体是作家。委托创作合同中，作家属于受托人，根据与委托人签订的合同，创作特定作品，或者在特定时间内为委托人创作作品。作家履行合同的方式是创作作品，表现方式为智力活动；委托人履行合同的方式为给予报酬，表现方式为财产回报。

文学艺术作品创作是法律赋予公民个人的自由，法律同时为公民个人创作的作品提供了相应的法律保护。作家作为自由主体，对是否创作作品、如何创作作品、创作何种作品以及对创作作品的发表等都享有法律赋予的自由和权利，不受强制和剥夺。文学艺术作品创作有赖于作者的智力活动，与其自身精神状态和心理态度密切相关，创作情况并非法律所能强制规定，也不是他人所能要求，是作家的自愿行为。但作家作为社会主体，与他人签订合同，享受合同利益的同时，也应付出相应的合同义务，在委托创作合同中，应自觉履行合同义务为委托人创作作品。但在社会实践中，由于外界因素或是作家本身影响，未能履行或是全面履行委托创作合同的纠纷亦属不鲜。虽然《民法典》第 577 条规定违约方能够履行的，法

---

① 《著作权法》第 1 条规定，为保护文学、艺术和科学作品作者的著作权，以及与著作权有关的权益，鼓励有益于社会主义精神文明、物质文明建设的作品的创作和传播，促进社会主义文化和科学事业的发展与繁荣，根据宪法制定本法。

院应当强制违约方继续履行合同，但文学艺术创作的强制履行必然意味着对受托人作家的精神强制，这一方式有违法律规定和文学艺术创作的实际。

本案中，王钟由于与第三人幻想公司另行签订合同，违反与玄霆公司签订的合同构成违约。一审法院虽然认为王钟应当继续履行合同，但二审法院认为继续履行涉及王钟的创作自由，具有人身属性，在性质上并不适于强制履行，并且如果强制王钟不得创作协议作品以外的作品，也不符合著作权法鼓励创作的立法目的。

（二）委托创作合同中委托人的解除权

法律在给予受托人作家解除合同自由的同时，同时也赋予了委托人的解除权。《民法典》第787条规定，定作人可以随时解除承揽合同，造成损失的，应当赔偿损失。合同签订后，双方当事人应自觉、全面地履行合同，但在实际生活中，由于自身原因或客观需要，解除合同也属正常。委托创作合同的委托人处于自身原因与受托人作家签订创作合同，可能不再需要合同存续，由此将合同解除。

签订合同的目的在于约束双方当事人更好地履行合同，通过合同条款对各自的权利、义务予以明确，同时规定违约时的责任承担和纠纷解决方式。双方因共同需要达成合同时有着共同的目的，因一方或双方的变化对合同进行解除时，双方目的不再一致，允许当事人付出相应的违约责任后解除合同，对双方都是解除。否则，强制履行合同只会扩大损失，造成社会资源的浪费，殊不应当。对于委托人而言如此，对于作家来说也是同理。当然，对于委托人而言，使用《民法典》第七章第562条，与受托人作家协议解除合同也是可以的。①

①《民法典》第562条第1款，当事人协商一致，可以解除合同。

对于受托人而言，违反合同约定需要承担违约责任，对于委托人来说，违反合同约定也要承担相应的民事责任，从承揽合同的角度来说如此，从委托合同的方向考虑也是这样。在卢建中与北京时代东华文化传播有限公司委托创作合同纠纷案中，二审法院认为东华公司以合同已经解除为由，拒付卢建中剧本酬金没有法律依据。①从判决论述中可以看出，作品创作的委托人有权随时解除合同，但必须通知受托人，并承担相应的民事责任。

三、受托人作家解除合同的条件及责任承担方式

（一）受托人作家的合同解除条件

对于受托人而言，虽然享有法律赋予的文学创作自由，未按照合同约定创作作品，或是未按照合同约定的时间创作作品时，可以单方解除合同，直接承担违约责任，但并不意味着可以随意解除委托创作合同。为了维持合同关系的稳定，平衡各方当事人的利益，不致单方解除权成为侵害对方利益的工具，法律规定受托人行使解除权需满足一定的条件。在委托创作合同中，委托人的解除权利来自于法律的直接规定，无论是承揽合同中第787条的定作人，还是委托合同中第933条的委托人，都可以根据法律规定和法定条件直接行使单方解除权。

但对于受托人作家而言，委托合同第933条虽然规定了受托人的直接解除权，但是基于委托创作合同中受托人履行合同方式的特殊性，显然并不适用于该条规定，而在承揽合同中，法律并未明确其随时解除权，对于其解除条件，根据合同权利和义务对等的原则，可以比照承揽合同和总则编中定作人的权利确定。一方面，在承揽

① 参见北京市高级人民法院（2004）高民终字第625号民事判决。

合同中，民法规定，定作人可以随时解除合同，[1]同时也要求定作人在工作成果完成时应当验收该工作成果。[2]由此可见，定作人随时解除合同限定了时间。另一方面，与合同解除相关的总则性条款中，《民法典》第 565 条规定，当事人一方依照法律主张解除合同的，应当通知对方。

也就是说，受托人作家如果要解除合同，需要满足时间条件，即解除合同应在合同期内；通知义务，为避免合同对方的损失扩大，应在合理期限内通知对方合同不再履行。关于通知的形式，法律虽未做明确规定，但根据《民法典》第 565 条中"合同自通知到达对方时解除"的规定可以看出，合同解除的通知应当是明示的、特定的，以合同对方能够明确知晓的方式进行。

本案中，王钟以直接与案外人幻想公司签约，并在其网站发表作品的形式进行违约，未按照法律规定的时间履行合同，也未跟进法律规定的形式通知对方，应当承担相应的民事责任。

（二）受托人作家的责任承担形式

虽然基于维护合同稳定性的考虑，继续履行合同更有利于合同目的的实现，但继续履行合同的前提是违约方能够继续履行合同。对于部分合同，如委托合同、技术开发合同、演出合同、出版合同等，合同的履行具有人身专属性，强制履行必然意味着对违约方人身限制，直接对其施以强制，"将使违约责任恢复其原始的人身责任性质，与现代社会以人格尊重、人身自由受到保护之基本价值，显有违背"。[3]

---

① 《民法典》第 787 条规定，定作人可以随时解除承揽合同，造成承揽人损失的，应当赔偿损失。

② 《民法典》第 780 条规定，承揽人完成工作的，应当向定作人交付工作成果，并提交必要的技术资料和有关质量证明。定作人应当验收该工作成果。

③ 韩世远：《合同法总论》（第三版），法律出版社 2015 年版，第 609 页。

对于此类合同，虽不能直接强制，但可以通过代替执行或是间接强制的方法。①

对于不能强制履行的部分不能选择继续履行，但对于可以继续履行的部分，则应当要求违约方继续履行。本案中，王钟已经创作完成的作品，显然并不属于强制其履行义务，因此，法院将《永生》中除法律规定不可转让的权利外的其他著作权判归玄霆公司所有，但同时明确王钟仍可另行主张稿酬和报酬。

在不能继续履行的情形下，采取补救措施或者赔偿损失等违约责任就成为必然选择，赔偿损失在委托创作合同纠纷的责任承担方式中是较为常见的。对于赔偿损失，法律上采取的金钱赔偿主义，由违约方向守约方支付一定的财产，弥补对方所受的经济损失，赔偿金具有补偿性，也有惩罚性。双方当事人可在合同签订时约定赔偿损失的金额或方式，也可以在违约发生时选择法定赔偿。

在委托创作合同签订时，双方为进一步稳固双方合同关系，在违约方式选择和赔偿金的计算方面，往往选择高出实际损失的方式，使违约方基于对违约成本的忌惮，不致随意违反合同约定，也就是所谓的惩罚性赔偿金。而作为违约金，其主要价值在于补偿，并非惩罚，对于违约金过高的，法院在案件审理中根据情况酌情减少。

本案中，玄霆公司与王钟约定，如王钟违反合同相关约定，需向玄霆公司支付一万元，并加从玄霆公司所获相关费用总额的十倍金额的违约金。王钟解除合同，就玄霆公司所受损失或是未来收益而言，很难达到其向王钟支付费用的十倍，之所以在合同

---

① 代替执行以债务的性质可由他人替代履行为前提，对于委托创作合同而言，由于人身专属性，显然并不适用于代替执行。

中约定十倍罚金，其目的便在于加大对方的违约成本。事实上，在案件审理中，王钟一直向法院主张，其从玄霆公司所获的相关资金仅为十万，对方要求的101万违约金显然过高。而违约金作为合同的一部分，兼有补偿性质和惩罚性质，但主要以补偿性为主，且不应超过原告实际损失。且法院已将王钟创作完成的《永生》的著作权判归玄霆公司所有，可以视为合同部分履行利益已经实现，因此，二审法院将玄霆公司主张的101万违约金降低，判令王钟赔偿玄霆公司60万元。

撰稿人：陶冠东

娱乐产业的反不正当竞争法案例

19. 影视作品名称的保护

——华旗《人在囧途》诉光线《人再囧途之泰囧》电影名称不正当竞争案

案件索引：北京市高级人民法院（2013）高民初字第 1236 号民事判决；最高人民法院（2015）民三终字第 4 号民事判决。

基本案情

电影《人在囧途》于 2010 年 5 月 13 日获得公映许可证，出品单位为武汉华旗影视制作有限公司（简称华旗公司）、北京中映联合影视文化发展有限公司（简称中映联合公司）和湖北省电影发行放映总公司。华旗公司与该电影编剧田羽生签订委托创作合同，约定华旗公司享有除编剧署名权外的其他著作权。电影《人在囧途》于 2010 年 6 月公映，主演为王宝强、徐峥。

中映联合公司、湖北省电影发行放映总公司分别向一审法院作出说明，在本案中放弃原告身份，不参与诉讼。电影《人在囧途》上映票房超过 3000 万元，获得 2011 年"电影华表奖"优秀故事片提名、第 18 届北京大学生电影节"喜剧片创作奖"、"中国电影发展论坛"证书、"西部星光 2010—2011 中国电影推动力人物及影片评选"等。国内多家报纸对该电影票房等进行了报道。光线传媒公司、光线影业公司法定代表人王长田以及徐峥在接受采访时亦提到《人在囧途》有一定的品牌影响力。

2010年8月3日，华旗公司与田羽生签订剧本委托创作合同，约定其创作电影《人在囧途2》剧本，华旗公司享有除编剧署名权外的其他著作权。华旗公司职员王子萱曾于2010年9月4日给徐峥发送邮件，内容为《人在囧途2》大纲。2011年5月18日，《人在囧途2》获得湖北省广播电影电视局颁发的《摄制电影许可证（单片）》，该片尚未进行实际拍摄。

2012年8月9日，北京市广播电影电视局作出批复，同意光线影业公司电影《泰囧》片名变更为《人再囧途之泰囧》。电影《人再囧途之泰囧》出品单位为光线影业公司、影艺通公司、真乐道公司、黄渤（上海）影视文化工作室。该电影于2012年12月公映。

徐峥在宣传电影《人再囧途之泰囧》接受采访时多次提及：该电影是《人在囧途》的升级版。光线传媒公司、光线影业公司法定代表人王长田亦在一档电视节目中称：（这个电影）是原来一个品牌的延续，在其他场合亦有会继续拍摄《人在囧途》系列的表示。

华旗公司一审起诉称："人在囧途"为知名商品的特有名称，被告将其电影名称从"泰囧"变更为"人再囧途之泰囧"，构成《中华人民共和国反不正当竞争法》（指1993年《反不正当竞争法》，下同）第5条第（二）项规定的擅自使用知名商品特有名称的行为。被告在宣传过程中，在各种场合明示、暗示其为《人在囧途》的续集，是"升级版""全面升级""品牌的延续""组合的延续"，构成《反不正当竞争法》第9条第一款规定的虚假宣传行为。关于"升级版"的言论贬损了华旗公司的商誉以及电影《人在囧途》的声誉，损害了华旗公司的利益，属于《反不正当竞争法》第14条规定的商业诋毁行为。被告在知晓华旗公司筹拍电影《人在囧途2》的情况下，仿冒华旗公司电影名称，进行虚假宣传、商业诋毁、选取基本相同的演员和电影元素拍摄《人再囧途之泰囧》，直接将《人在囧途》获得的成果据为己有，不公平地占有了华旗公司的市场优势和商业机会，违反了反不正当竞争法第2条第1款规定的公平原则、诚实信用原则和公认的商业道德，属于搭便车的不正当竞争行为。综上，华旗公司认为五被告构成共同侵权，请求法院判令五被告停止侵权、在相关的媒体消除影响并赔礼道歉、连带赔偿华旗公司经济损失及诉讼合理开支1亿元。

判决与理由

北京市高级人民法院一审认为：电影《人在囧途》出品单位为华旗公司、中映联合公司、湖北省电影发行放映总公司。鉴于中映联合公司、湖北省电影发行放映总公司已经分别向一审法院提交声明，放弃参加本案诉讼，因此华旗公司单独提起本案诉讼，并无不当。虽然光线传媒公司并非电影《人再囧途之泰囧》的出品方，但是其作为光线影业公司的关联公司，利用其所掌握的资源对电影的投资、宣传、发行等作出了实质性的贡献，属于反不正当竞争法的"经营者"，是本案的适格被告。尽管徐峥并非电影《人再囧途之泰囧》的出品方，仅为该片的导演、主演，但是其在电影上映前后接受了诸多媒体的采访，内容涉及先导预告片的宣传、电影的创作理念等，客观上实施了对电影的宣传行为，属于反不正当竞争法的"经营者"，是本案的适格被告。

华旗公司电影《人在囧途》在先具有一定的知名度。被告选取基本相同的演员拍摄相同类型的电影本无可厚非。但是被告在知晓华旗公司筹拍电影《人在囧途2》的情况下，仍将电影名称变更为《人再囧途之泰囧》，主观上具有通过使用相近似的电影名称攀附电影《人在囧途》已有商誉的意图，客观上造成了相关公众的混淆误认，损害了华旗公司的竞争利益，属于反不正当竞争法第5条第（二）项规定的"仿冒知名商品特有名称"的行为。同时，两部电影类型相同，影片的主要演员基本相同，被告在使用相近似电影名称的基础上，多次公开发表"升级版"等言论，违反了市场经营活动中应该遵循的公平原则、诚实信用原则，违反了反不正当竞争法第2条第1款的规定，构成不正当竞争。

但被告关于"升级版""续集"等观点属于商业言论范畴，本身不足以导致《反不正当竞争法》第9条第1款所规定的"引人误解"的后果，且仍属于对两部作品比较之后作出的主观判断，华旗公司亦未举证证明该行为实际损害了其商业信誉或者《人在囧途》电影的商品声誉，因此亦不属于《反不正当竞争法》第14条所规定的商业诋毁行为。

故一审法院判决：五被告立即停止涉案不正当竞争行为；于本判决生效之日起30日内在《法制日报》刊登声明，消除影响（声明内容须经一审法院审核，逾期不执行，一审法院将公布判决主要内容，费用由五被告共同负担）；于本判决生效之日起10日内共同赔偿华旗公司经济损失500万元（含华旗公司为本案支出的合理费用40406.70元）。

五被告不服提起上诉，最高人民法院二审时认为，徐峥和光线传媒公司是本案的适格被告，《人在囧途》构成知名商品的特有名称，《人再囧途之泰囧》名称与其近似，容易造成相关公众的误认，五被告违反《反不正当竞争法》第5条第（二）项的规定。《反不正当竞争法》第2条是一般性条款，一审法院以其精神对具体条款下的不正当竞争行为予以阐释，无明显不当。一审法院认定的责任承担方式和赔偿数额亦无不当。故判决驳回上诉，维持原判。

评　析

本案是关于作品名称保护的典型案例。在我国，作品名称一般被认为缺乏足够的独创性，从而不能获得著作权法的保护，当事人经常会主张其构成反不正当竞争法上的知名商品特有名称（2019 年修改的《反不正当竞争法》称为"有一定影响的商品名称"），请求获得相应保护。

一、作品名称与著作权法保护

通常认为，作品的名称一般比较简短，难以满足独创性的要件，与作品难以分割，不足以单独成为某种思想感情的表达，故不能单独构成著作权法保护的作品。大多数的案件中法院都持此观点。比如著名的"五朵金花"案中，①云南省高级人民法院认为：仅仅"五朵金花"四个字，字数有限，不能涵盖作品的独创部分，因此不是法律意义上的作品。又如涉及电影"煎饼侠"人物形象及名称的案件中，法院认为：煎饼侠名称虽然有一定的独创性，体现了影片角色的性格特征，但这种体现不能脱离影片而存在，名称本身不构成作品。②少数案件中法院认为作品名称或者人物名称具有独创性，构

---

① 参见云南省高级人民法院（2003）云高民三终字第 16 号民事判决书。该案中，原告是电影《五朵金花》的剧本作者，其认为被告将"五朵金花"名称作为香烟商标使用侵犯其著作权，并构成不正当竞争。法院对该两项主张均未予支持。

② 参见北京市大兴区人民法院（2015）大民（知）初字第 17452 号民事判决书，该案一审生效。该案中，被告促销人员装扮成原告电影《煎饼侠》中"煎饼侠"的形象发放促销材料，促销材料及被告相关 APP 中均使用了煎饼侠名称和卡通形象。原告主张侵犯著作权及不正当竞争。法院认为煎饼侠人物形象及作品名称不能受到著作权法的保护，但被告以商业化方式使用人物形象及名称，违反诚实信用原则，构成不正当竞争。

成作品。比如在"阿童木"案中，泉州市中级人民法院一审认为：阿童木人物形象具有独创性，"阿童木"三个字在某种意义上指代了铁臂阿童木系列作品及阿童木卡通形象，故也构成作品。但该观点被二审法院纠正，二审法院认为阿童木仅是作品中主要角色的名字，本身不包含任何思想内容的表达，不构成作品。[1]该案虽然涉及的是角色名称，但与作品名称情形类似。

在作品名称能否获得著作权法保护的问题上，我国与美国的立场比较接近。如美国权威的版权法专家尼莫（Nimmer）教授认为：在美国，不论根据普通法还是根据制定法，作品标题均不能获得版权保护。[2]一些国家如法国、加拿大等则承认具有独创性的作品名称可以成为作品受到著作权法的保护。[3]笔者认为，对于作品名称不赋予著作权的保护，除了独创性方面的原因之外，还在于尽量维护和扩大公有领域的价值取向，即使作品名称可能具有一定的独创性，但由于其篇幅过于短小，对其赋予著作权保护有可能对他人的创作自由构成过大妨碍，故从政策选择角度也倾向于不保护的结论。

二、作品名称与知名商品特有名称

作品名称一般无法得到著作权法的保护，对于如本案纠纷中，他人未经许可使用相同或者近似名称的行为，在先作品权利人通常会主张其在先作品名称构成知名商品特有名称，从而寻求反不正当竞争法的保护。

1993 年《反不正当竞争法》第 5 条第（二）项规定：经营者不

---

[1] 参见福建省高级人民法院（2014）闽民终字第 413 号民事判决书。

[2] Melville B. Nimmer & David Nimmer, *Nimmer on Copyright*, Matthew Bender & Company, Inc. (2009) §2.16 .

[3] 参见卢海君：《版权客体论》，知识产权出版社 2011 年版，第 456 页。

得擅自使用知名商品的特有名称、包装、装潢或者近似的名称、包装、装潢,造成和他人的知名商品相混淆,使购买者误认为是该知名商品。2019 年修正的《反不正当竞争法》第 6 条第（一）项除将"知名商品特有名称"修改为"有一定影响的商品名称"外,并无其他本质变化。鉴于本案发生在法律修改之前,适用的是 1993 年法律,本文中仍采用"知名商品特有名称"的说法。

（一）知名商品特有名称

知名商品特有名称实质上是一种未注册商标,从《最高人民法院关于审理不正当竞争民事案件应用法律若干问题的解释》（2020）第 1 条和第 2 条的规定来看,所谓"知名",强调的是为相关公众所知悉;所谓"特有",强调的是该名称具有区别商品来源的显著特征,两个条件结合起来看,知名商品特有名称应理解为有一定知名度的未注册商标,反不正当竞争法对其提供的保护亦与商标法类似,即以防止混淆为目的。由于我国商标法实行注册原则,未注册商标并不能当然获得保护,只有具有一定知名度的未注册商标才能获得一定程度的保护。对于未注册商标,商标法根据知名度不同区分了两个不同的层次：未注册驰名商标以及在先使用并有一定影响的商标,《商标法》第 13 条和第 32 条基本是从商标申请注册的角度,规定他人申请商标不得在相同或者类似商品上复制、摹仿、翻译他人未注册的驰名商标以及不得以不正当手段抢先注册他人在先使用并有一定影响的商标。《商标法》第 59 条第 3 款对"在先使用并有一定影响的商标"规定了先用权的抗辩。《商标法》并未从积极方面规定未注册商标使用人可以在民事诉讼中诉他人侵权,最高人民法院相关司法解释对他人使用未注册驰名商标的民事责任做了规定,对于具有一定的知名度但又未达到驰名程度的未注册商标来说,其使用人可以依据反不正当竞争法关于知名商品特有名称的规定,禁止他人未经许可使用、可能造成混淆的行为。①

2017 年修改的《反不正当竞争法》将知名商品特有名称修改为"有一定影响的商品名称",一定程度上有与《商标法》相关规定相呼应的意味,故虽然新法中没有强调名称要"特有",但考虑到其未注册商标的本质,要求名称具有显著特征是应有之义,而关于"知名"或者"有一定影响"的判断标准,也可以参照《商标法》相关的认定标准。

(二)作品名称作为知名商品特有名称的特殊性

本案中涉及的是电影作品名称,原告的电影是否构成知名商品是双方当事人争议的问题之一,但双方均不否认电影作品是特殊的商品。二审判决认为:"电影作为综合艺术,兼具文化品与商品的综合属性,其作为商品一旦投入到文化消费市场,即具有商品的属性。"此一认定对其他种类的作品亦适用,即其均可视为文化消费市场中的商品,故作品名称亦是一种商品名称,当其成为区别商品来源的标志时,可以禁止他人容易造成混淆的使用。

本案中,一二审法院均指出电影作为商品具有一定特性,如时效性和独创性,不像普通商品一样可简单复制生产和流通销售,一般在特定档期播放,档期结束后出品方不会再组织大规模的宣传等。故在认定电影作品的知名度时,不应过分强调持续宣传时间、销售时间等,而应注重考察电影作品投入市场前后的宣传情况、所获得的票房成绩包括制作成本、制作过程与经济收益的关系、相关公众

---

① 根据《反不正当竞争法》的规定,知名商品特有名称的使用人可以要求停止侵权并赔偿损失;而最高人民法院 2002 年《关于审理商标民事纠纷案件适用法律若干问题的规定》第 2 条对复制模仿翻译他人未注册驰名商标容易导致混淆的,仅规定了停止侵权的民事责任。在这个意义上,知名商品特有名称所享有的保护甚至超过了未注册驰名商标。

的评价以及是否具有持续的影响力等相关因素，并在综合考虑相关因素的情况下认定了原告在先电影构成知名商品。

在关于名称是否特有的问题上，法院的认定同样表现出了对作品名称特殊性的认识。被告认为，《人在囧途》的电影名称使用了"囧"字固有含义及其常见词组方式来直接描述影片内容，不具有独创性及显著性。而二审法院认为："反映电影内容是电影名称的一般要求，不能据此认定该名称直接表示了电影的特点。"人在囧途"的名称能够概括反映出电影的题材内容、喜剧特点及公路片类型，具有识别电影来源的能力，经过大量使用和宣传，实际上也发挥了识别商品来源的作用。"

对于普通的商品商标而言，仅仅直接表示商品的质量、主要原料、功能等特点的描述性标识，一般被认为不具有识别商品来源的能力，除非证明其经过使用获得了显著性。而对于作品来讲，由于其具有较普通商品远为丰富的含义，如何判断名称属于直接表明商品特点的描述性标识，哪些特点是与普通商品的质量、主要原料类似的特点，都会有更多的争议。本案二审判决认为，对于名称是否具有显著特征，应根据名称本身、相关公众的认知习惯、电影行业的实际使用情况等因素来判断，"反映内容"不足以认定其直接表示了电影的特点。在涉及电影《笔仙》名称的纠纷中①，法院认为："笔仙"一词本身的主要含义是指一种占卜游戏，并不具有相当的区别性特征和显著性，作为电影拍摄题材本身不具有专有性，不宜为某一主体专用，未认定该名称构成知名商品特有名称。而在有关《男人来自火星·女人来自金星》知名商品特有名称、包装装潢纠纷案中，②法院认为："虽

① 参见北京市高级人民法院（2014）高民（知）终字第3650号民事判决。
② 参见最高人民法院（2013）民申字第371号民事裁定。

然本案图书名称《男人来自火星·女人来自金星》来自西方谚语，不是原告独创，但是吉林文史出版社将其作为自己的图书商品的名称在先，出版发行并取得了较高知名度。没有证据表明还有其他的经营者早于原告在图书类商品上使用同样的名称。该名称具有区别商品来源的作用，构成知名商品的特有名称。"可见，不同的案件中所体现出来的考虑因素有一定的差别。虽然，显著性与"独创"并非同一概念，并非只有全新的名称才能具有显著性，但如果名称本身是一个固有、常用词汇，法院会考虑给予保护对他人在后创作限制过大，从而倾向于认为其不具有显著性。而在先作品知名度高、没有其他同类经营者使用相同或近似名称则有利于法院得出给予保护的结论。

对于作品名称所指向的"商品来源"究竟如何理解，也是本案中被告争议的问题。被告认为：电影作品名称指向的是导演等对作品的独创性做出贡献的主体，观众也主要是以导演、编剧、演员等主创人员来判断和决定消费电影的意愿，而反不正当竞争法意义上的电影商品来源应是指制片人，故电影名称本身不具有区分电影产品来源的属性。对此问题，二审法院的观点是：电影名称识别的是电影本身，可能涉及电影的导演、编剧、主演、出品方，以及电影的题材、类型、叙事模式等综合性因素。笔者认为，包括电影名称在内的作品名称在指示来源方面具有先天缺陷，作品不同于可大量复制生产的普通商品，具有特定性，作品名称一般指代的是特定的"某一个作品"，而非"来源于谁"的作品。[①]如本案中被告所提出，相

---

① 有关电影《功夫熊猫》名称是否起到标识来源作用问题，在民事侵权案件和商标行政案件中的不同认定，可以印证作品名称这一尴尬处境。在北京市高级人民法院（2013）高民终字第 3027 号民事判决书中，法院认定梦工厂等被告在电影《功夫熊猫 2》中使用"功夫熊猫"是对其电影内容等的描述，并非表明商品或

关公众在选择作品时，更多是依靠电影作品的主创人员、图书的作者等因素来作出决定，而不是作品的名称。作品名称首先是对作品主题和内容的高度概括，其并非天然地具有识别商品来源的显著性。比如美国通行的商标注册实践认为，单个作品的名称不具备显著性，只有系列作品的名称才具有显著性，可以作为商标注册。①我国没有此项要求，故在判断是否具有识别来源的功能时更应综合考虑所涉名称情况、作品的使用和宣传情况、相关公众的认知等因素，慎重加以认定。况且，由于原告名称指向的是特定的作品，其所要制止的也是他人将该名称用于特定的作品，这与普通的商业标识使用的情形不同，反而是著作权法中复制权的最直接的表现形式。作品名称在我国并不能获得著作权法的保护，通过反不正当竞争法对其提供类似保护需十分慎重，避免将著作权法意图放入公有领域的对象再重新纳入私人主体控制的范围，从而违背著作权法的立法政策。

笔者认为，不论从作品名称本身在指示来源方面作用的有限性考虑，还是从不与著作权法相冲突的角度考虑，将作品名称视为有一定影响的商品名称（知名商品特有名称）进行保护均应十分慎重。

者服务的来源，故不是商标性使用，不构成对他人"功夫熊猫"注册商标的侵害。但在该院（2015）高行（知）终字第1969号行政判决中，梦工厂以《功夫熊猫KUNGFUPANDA》电影名称构成在先权益为由，主张被异议商标"KUNGFUPANDA"不应核准注册，该院认为在先电影名称构成应受保护的在先权益。虽然该案的保护基础更接近于"商品化权益"而非"知名商品特有名称"，但假如不认可在先电影作品名称可以产生标识性权益的话，商品化权益所要求的"容易使相关公众误认"等要件亦无法满足。有学者主张，公开权在逻辑上与商标权更为接近，并且将其与商标权而非版权法类比可以避免公开权的过度扩张。参见 Stacey L. Dogan, Mark A. Lemley, What The Right of Publicity Can Learn from Trademark Law, 58 *Stan. L. Rev.* 1161 (2006)。

① 参见《美国商标审查指南》1202.08，商务印书馆 2008 年版，第 162 页。当然，其也认可取得第二含义的单个作品名称可以依据《兰哈姆法》第 43（a）条获得保护。

总体看来，我国目前对作品名称认定为知名商品特有名称标准失之于宽松。①而本案二审判决的相关论述显示出，其关注到了电影名称等作品名称在指示商品来源方面的这种特殊性。虽然在"知名"和"特有"的认定上，二审判决的论述似乎对电影名称的要求更宽松，比如不强调持续宣传时间、不简单看票房排名，以及反映电影的内容并不影响名称具有特有性等，但从整体来看，笔者认为二审判决认识到了作品名称在指示商品来源方面的局限以及与著作权法可能的冲突，并在此基础上对保护的条件和范围进行了限定。关于作品名称指示的商品来源，二审判决承认，电影名称一般仅与特定的某个电影相关，但是对"商品来源"做出了扩大解释，认为电影名称所指向的来源不限于出品方，而是包括了主创人员、出品方以及电影题材、类型、叙事模式等综合性因素。这一扩大解释一方面有利于认定电影名称具有识别来源的作用，从而有利于其获得保护，但在另一方面也限制了可获得保护的作品名称的范围，即该名称反映了电影的"题材延续性、内容类型化、叙事模式相对固定"等特点，他人使用易使相关公众对上述方面产生误解，对电影的来源产生误认的，才属于反不正当竞争法禁止的范围。并且，二审判决明确指出，由于电影名称较难获得著作权法的保护，一般不宜禁止他人使用相同或者近似的电影名称。二审判决一定程度上明确了作品名称作为知名商品的特有名称受到保护应是特殊的、例外的情况，有利于降低与著作权法冲突的可能性。

三、作品名称与商品化权益

对他人作品名称的使用，除本案涉及的他人在后使用相同或近

---

① 该状况同样体现在商标注册领域，以各类作品名称申请注册商标的情形日益普遍，比如游戏名称、电视节目名称等，关于其是否具有商标所需的显著性也引起了大量纠纷。

似的名称创作作品的情形之外，实践中常见的纠纷还来自于将在先作品作为商品的商标进行使用甚至申请注册，即通常所谓的商品化权。如学者所言，商品化权是一个庞杂的概念，其以行为导向而非客体性质来确定权利，缺乏权利概念的封闭性。[①]鉴于商品化权并非我国法律规定的权利，本文称之以"商品化权益"。我国没有所谓的商品化权益的法律规定，但并不意味着相关行为即无法得到救济，现有法律可以对部分对象提供保护。比如，虚拟角色形象通常能够构成美术作品从而受到著作权法的保护，真实人物的姓名、肖像等可以在人格权下得到保护，而影视人物形象则视其是否体现演员个人的外貌特征等分别对待。

作品名称、角色名称由于无法受到著作权法的保护，在他人将其作为商标使用时能否受到保护以及如何受到保护，就会有一定的争议。原告通常会主张被告未经许可使用其有一定知名度的作品名称或者角色名称，系无偿占用其作品及角色的吸引力，违反诚实信用原则，构成不正当竞争。前文提到的"五朵金花"案中，法院在认为作品名称不能受到著作权法保护之后，以原告并非市场经营主体、与被告之间没有竞争关系为由驳回了不正当竞争的诉讼请求。该案发生时间较早（2003 年），目前法院对于作者可以构成反不正当竞争法中的经营者以及竞争关系问题都有了新的认识，[②]如果该案发生在现在，可能会有不同的结论。如前文提到的"煎饼侠"案中，法院在驳回关于著作权的请求之后，认定了被告未经许可可以商业化

---

① 参见何炼红、邓文武：《商品化权之反思与重解》，载《知识产权》2014 年第 8 期。也有学者认为应将英文的 character merchandising 翻译为"角色促销"，参见刘银良：《角色促销：商品化权的另一种诠释》，载《法学》2006 年第 8 期。

② 下文中会涉及这一问题。

方式使用人物形象及名称，违反诚实信用原则，构成不正当竞争。①

　　实践中涉及此类的纠纷更多发生在商标授权确权行政案件中，比如将"哈利波特""功夫熊猫"等作品名称申请为商标。法院逐渐形成较为一致的认识，将在先具有较高知名度的作品名称解释为"在先权益"，从而适用商标法第 32 条关于"侵犯他人合法在先权利"的规定，将相关商标注册予以驳回或者不予注册、予以无效宣告。最高人民法院 2017 年发布的《关于审理商标授权确权行政案件若干问题的规定》（法释〔2017〕2 号）第 22 条认可了此种实践中的作法，该条规定了将作品名称、作品中的角色名称作为在先权益保护的几个条件：具有较高知名度；使用在相关商品上容易导致相关公众误认为其经过权利人许可或者与权利人存在特定联系；作品处于著作权保护期限内。有学者将该条理解为"是对作品名称、角色名称的商品化权益的有名化"②。事实上，该司法解释中其他条款也涉及所谓商品化权益的内容，采取的仍然是"尽量纳入现行法律解决"的思路。比如第 22 条第 1 款规定，角色形象可以主张著作权；第 20 条规定，自然人姓名可按照姓名权进行保护。作品名称和角色名称是现行法无法涵盖的部分，而实践中又出现较多案例，问题比较集中和突出，故予以了特别规定。

　　有观点认为司法解释承认商品化权益将会破坏现有法律已经确立的竞争规则、著作权法拒绝保护的情形，不适宜以反不正当竞争法或者商品化权益等理由重新纳入保护范围，否则将会替代或者推

---

　　① 参见北京市大兴区人民法院（2015）大民（知）初字第 17452 号判决。

　　② 参见杜颖、赵乃馨：《缓行中的商品化权保护——〈关于审理商标授权确权行政案件若干问题的规定〉第 22 条第 2 款的解读》，载《法律适用》2017 年第 17 期。

翻著作权法。①但从司法解释适用的情形来看，其禁止的是将在先作品名称作为商标使用在一定范围的商品上，并且还要求作品名称具有"较高知名度""使用在相关商品上容易误导公众"等，与著作权法提供的保护相比，具有更多的要件要求，所以其并不能提供与著作权相同等的权利，不会破坏或妨碍著作权法的立法政策实现。作品名称如果具有标识意义应按照知名商品特有名称获得保护。但是，知名商品特有名称的保护一般限于相同或类似商品，通常无法涵盖将作品名称使用在如服装等各类商品上的情形。况且，由于著作权不保护作品名称，对于在书籍等相关作品上使用相同或类似的名称予以限制尤其需要慎重，反而是将作品名称用于普通商品一般不涉及对著作权法立法政策的冲击。

四、本案涉及的其他问题

本案中除电影名称能否作为知名商品特有名称受到保护以及受保护的条件这个主要的争议点之外，还涉及另外几个有意思的话题。

（一）《反不正当竞争法》一般条款与具体条款的适用关系

《反不正当竞争法》第 2 条第 1 款规定，经营者在市场交易中，应当遵循自愿、平等、公平、诚实信用的原则，遵守公认的商业道德。该条款被普遍认为是反不正当竞争法的一般条款，法院亦在相关案件中适用该条款，将法律没有明确规定的行为认定为不正当竞争行为。

本案中，原告除主张被告擅自使用其知名商品特有名称构成侵权外，亦主张被告违反上述一般条款。一审法院认为，被告在使用

---

① 参见蒋利玮：《论商品化权的非正当性——兼评〈最高人民法院关于审理商标授权确权行政案件若干问题的规定〉第 22 条第 2 款》，载《知识产权》2017 年第 3 期。

相近似的电影名称基础上，多次公开发表"升级版"等言论，违反第2条第1款规定的诚实信用原则。上述认定似乎是指，被告关于"升级版"的言论亦单独构成不正当竞争行为。二审法院虽然予以维持，但其认定与一审并不相同。二审法院认为，一般条款的原则规定与具体条款的适用并不冲突，一审法院以一般条款的精神对具体条款下的不正当竞争行为予以阐释并无不当，即在判断被告是否侵犯原告知名商品特有名称权益时需考虑到诚实信用原则，而并非被告在擅自使用原告知名商品特有名称之外，还有其他的"违反诚信原则"的不正当竞争行为。二审法院显然对一审法院的认定有所修正。

一般条款作为法律的原则性规定，其适用应受到严格的限制。穷尽规则方能适用原则，"禁止向一般条款逃避"是基本的法律适用原则，对于反不正当竞争法具体条款已经有规定的行为，无需再适用一般条款。

（二）徐峥的被告资格以及竞争关系问题

徐峥是两部电影的主演，亦是第二部电影的导演。相关事实表明，其参与或者决定了第二部电影的题材选择和内容。比如，在没有剧本、没有故事大纲的情况下，徐峥向制片人公司的法定代表人"表演"了整个故事，而且在接受采访时也多次谈及其创作理念以及与第一部电影之间的关系。

一、二审法院也均认定徐峥的行为表明其参与了《人再囧途之泰囧》电影的制作和宣传等市场活动和经营活动。但在此基础上，一、二审法院将认定其是本案适格被告的结论建立在其构成反不正当竞争法意义上的"经营者"的理由之上，逻辑上存在缺失。我国反不正当竞争法将规范的主体定义为经营者，即从事商品生产、经营或者提供服务的主体，属于"经营者"是成为反不正当竞争法规范的主体，从而成为本案适格被告的必要条件，但不是充分条件。比如，影片的另外两个主演——王宝强和黄渤同样参与了第二部影片的宣传等活动，同样可以构成"经营者"，但并不是本案的适格被告。因此，徐峥之所以作为被告适格，是因为其直接参与甚至决定了影片的题材等内容，故法院从其具体行为直接得出该结论则更为妥当。

本案的二审判决另外指出，不正当竞争行为不以原被告双方之间具有竞争关系为必要。竞争关系在目前的不正当竞争案件中是一个尴尬的存在。一方面，主流观点认为双方之间存在竞争关系是适用反不正当竞争法的前提；另一方面，又认为竞争关系应做广义理解——即只要被告的行为违背了反不正当竞争法第二条规定的竞争原则，就可以认定具有竞争关系[1]——"竞争关系已经不再是认定不正当竞争行为的障碍"[2]。

广义的竞争关系实际上将"是否存在竞争关系"的问题演变为"被告行为是否有可能构成不正当竞争"，即与不正当竞争行为的实体判断合二为一，事实上已经不再要求"竞争关系"。而且我国反不正当竞争法的规定本身并未出现"竞争关系"的要求。基于此，不如像本案二审判决所做，干脆放弃名义上的竞争关系要求，明确反不正当竞争法的适用以当事人从事了竞争行为为前提，而不以当事人之间存在竞争关系为前提，不仅节约当事人和法院在此问题上无谓的主张和论证负担，还可以避免因为认定当事人之间不存在竞争关系而放弃了对行为正当性的实质审查。

---

① 参见《加大知识产权司法保护力度依法规范市场竞争秩序》，时任最高人民法院副院长曹建明在全国法院知识产权审判工作工作座谈会上的讲话（2004 年 11 月 11 日）。

② 参见朱理：《互联网领域竞争行为的法律边界：挑战与司法回应》，载《竞争政策研究》2015 年第 4 期。

（三）一审法院所谓的商业言论问题

本案中，原告主张被告称其电影是原告电影的"升级版"、续集等构成虚假宣传，一审法院未支持该项请求。因原告并未上诉，故该问题二审判决未予涉及。笔者对一审法院的认定结论并无异议，但其论证理由值得商榷。

一审法院认为："被告上述表达属于商业言论范畴，在判断是否构成虚假宣传时，应当比较被告的商业言论自由权利与消费者获取正确资讯的公共利益，避免造成与基本权利欲保护的价值相悖的后果。被告前述言论不足以导致引人误解的后果，故不存在限制其商业言论自由的必要。"应该说，一审判决关于要平衡商业言论自由以及公众获取资讯公共利益的相关论述是十分正确的，而且该问题也是十分重要、但较少得到关注的问题，一审判决的相关分析显得十分难得。但是对于本案中的问题而言，该论述却有大而不当之嫌，因为被告的相关言论都是从两部作品相近似的名称而来，完全可以被对名称的保护所吸收，故没有必要再认定其构成虚假宣传，跟商业言论自由似乎关系不大。而一审判决关于"上述言论不足以导致引人误解的后果"的论述则跟名称保护中认定相关公众容易混淆的结论相矛盾，亦有不妥之处。

撰稿人：董晓敏

20. 游戏角色名称的保护

—— 乐动卓越公司《我叫 MT》诉昆仑乐享公司《超级 MT》手机游戏不正当竞争案

案件索引：北京知识产权法院（2014）京知民初字第 1 号民事判决。

基本案情

北京乐动卓越科技有限公司（简称乐动卓越公司）是移动终端游戏《我叫 MT on line》《我叫 MT 2》（统称《我叫 MT》）的著作权人。前述游戏改编自系列 3D 动漫《我叫 MT》。乐动卓越公司对游戏名称、人物名称享有独占许可使用权，对人物形象享有美术作品的著作权。乐动卓越公司认为北京昆仑乐享网络技术有限公司（简称昆仑乐享公司）、北京昆仑在线网络科技有限公司（简称昆仑在线公司）、北京昆仑万维科技股份有限公司（简称昆仑万维公司）未经其许可，在《超级 MT》游戏中使用与《我叫 MT》游戏名称、人物名称、人物形象相近的名称和人物，侵犯了乐动卓越公司的著作权。而且昆仑乐享公司、昆仑在线公司、昆仑万维公司在《超级 MT》游戏中抄袭了《我叫 MT》游戏的名称，且两游戏的人物名称也十分相似。在游戏的宣传过程中，使用与《我叫 MT》游戏相关的宣传用语。

285

昆仑乐享公司、昆仑在线公司、昆仑万维公司的行为已构成不正当竞争行为，违反《反不正当竞争法》第 7 条第（二）项、第 9 条第 1 款的规定。

昆仑乐享公司、昆仑在线公司、昆仑万维公司答辩称，乐动卓越公司不享有独立诉权，昆仑在线公司亦非适格被告。乐动卓越公司对《我叫 MT》游戏名称及人物名称、形象均不享有著作权。昆仑乐享公司、昆仑万维公司亦未实施侵犯著作权行为及不正当竞争行为。

判决与理由

北京知识产权法院经审理认为：涉案游戏名称和游戏人物名称并未构成受著作权法保护的文字作品，相应地，原告认为各被告对相应名称的使用行为侵犯其文字作品著作权的主张亦不能成立。游戏《我叫 MT》中五个人物形象与动漫《我叫 MT》中对应人物形象的面部形象无实质性区别，但在武器和服饰方面具有明显差异，且差异程度已达到美术作品所要求的基本的创作高度，因此，上述五个游戏形象已具有不同于原作的新表达，原告游戏中的上述五个形象已构成改编作品。将原告五个游戏人物形象的武器及服装与被诉游戏中对应五个人物形象中的相应部分进行对比。被诉游戏中的五个人物形象的武器及服饰与原告游戏中五个对应形象的武器与服饰差异较大，未构成实质性近似。因此，被诉游戏中的人物形象并未使用原告独创性的表达。原告认为被诉游戏中相应人物形象的使用构成对其改编作品的署名权、复制权及信息网络传播权的侵犯的主张不能成立。原告《我叫 MT》游戏名称及相关五个人物名称在手机游戏上已构成知名服务的特有名称，各被告在明知这一事实的情况下，仍将其游戏命名为《超级 MT》，将游戏中五个人物形象命名为"小T、小馒、小劣、小呆、小德"，并向用户提供，同时进行相关宣传，上述行为已违反《反不正当竞争法》第 5 条第（二）项的规定，构成不正当竞争行为。各被告关于"我叫 MT 原班人马打造 / 加盟""MT原班人马打造《小小兽人》正式更名《超级 MT》""《我叫 MT》原班人马二次开发《小小兽人》更名《超级 MT》"等宣传用语表述会使用户认为被诉游戏系源于《我叫 MT》动漫或游戏，而各被告并未举证证明上述宣传内容为客观事实，因此，各被告的上述宣传构成虚假宣传行为，违反《反不正当竞争法》第 9 条第 1 款的规定，构成不正当竞争行为。

综上所述，北京知识产权法院作出判决：一、三被告立即停止不正当竞争行为；二、三被告连带赔偿原告北京乐动卓越科技有限公司经济损失 50 万元；三、三被告连带赔偿原告北京乐动卓越科技有限公司合理支出 35000 元；四、驳回原告北京乐动卓越科技有限公司的其他诉讼请求。

评　析

本案是一起涉及移动终端游戏的著作权侵权及不正当竞争纠纷。本案的权利游戏《我叫 MT》改编自同名动漫作品，其现有的玩家数量已达上千万，在移动终端游戏中具有较高的知名度。本案被控侵权游戏《超级 MT》在游戏名称、人物名称、游戏的宣传、APP 头像等多方面均存在与《我叫 MT》游戏靠近的情形，导致本案的事实细碎且复杂，涉及的法律问题繁多且疑难，对于此类案件具有十分典型的代表性。

一、移动终端游戏著作权权属证明责任的分配

在市场经济条件下，作品的权利人为了实现作品的财产性价值，多次转让或许可作品的情形比较普遍。移动终端游戏领域这一情况显得更为突出，其权利链条的复杂性已司空见惯。作品财产性权利的流转一般是通过合同予以完成的，而一般情况下，合同的第三方比较难获取到合同原件。在权利多次转让后，最后一手作品权利人往往难以提供所有权利链条的证据原件。虽然根据民事证据规则，提供证据的原件是举证人的基本义务，但如果苛求前述情形中的权利人提交整个权利链条的证据原件，却又有违公平公正的原则。《最高人民法院关于审理著作权民事纠纷案件适用法律若干问题的解释》第 7 条第 1 款规定："当事人提供的涉及著作权的底稿、原件、合法出版物、著作权登记证书、认证机构出具的证明、取得权利的合同等，可以作为证据。"该条规定了著作权归属的证据要求，原告只要举出能证明自己是权利人的初步证据就完成证明责任。被告对此提出异议的，应由被告举证证明，被告不能提供证据或提供的证据不充分的，应确认原告享有相应的权利。

本案中，所涉权利游戏即存在权利链条复杂的情形，有赖于通过举证责任的合理分配来解决。原告提交了其与七彩公司的授权许可协议、七彩公司的作品登记证，以及七彩公司与成都完美公司签订的著作权转让协议，用于证明七彩公司则将该作品改编成游戏的权利许可给原告行使。虽然原告未提交七彩公司与成都完美公司签订的著作权转让协议的原件，但鉴于原告并非前述协议的当事人，让其取得前述协议的原件客观上较为困难，且原告提交的前述证据已经形成了完整的权利链条，可以初步证明原告对游戏及其中人物形象的改编系获得原著作权人许可。原告的初步证明责任已经完成。

此时，证明责任即转移至被告。如果被告否认原告证据的真实性，则需提供证据证明。在被告未提供证据的情况下，对于原告提交的权属证明应予以认可。

二、游戏名称及游戏人物名称能否构成文字作品

《著作权法实施条例》第 2 条规定："作品是指文学、艺术和科学领域内具有独创性并能以某种有形形式复制的智力成果。"根据该规定，只有具有独创性的表达才构成作品，独创性是作品受著作权法保护的必要前提，亦是作品的本质属性。独创性是指作品是由作者独立创作而成，而非抄袭他人。独创性首先要求该表达系作者独立完成，即表达源于作者。其次要求表达要有创作性，即要求体现作者的个性。

对于名称、标题等词组或短语而言，判断其是否有创作性，应考虑其是否同时具有以下特征：其一，该词组或短语是否存在作者的取舍、选择、安排、设计。对于作者不具有选择与安排空间的词组或短语，因属于"思想与表达的混合"，故不被认定有创作性。普通的或者常用的词组或短语，亦不具有独创性。其二，该词组或短语能否相对完整地表达或反映出作者的思想情感、传达一定的信息。作品是作者思想情感的表达，是沟通作者和其他社会成员的桥梁或纽带，一个词组或短语如果不能给予读者一个确切的意思，不应认定其有创作性。

本案中，对于"我叫MT"这一动漫名称而言，因"我叫……"这一表述方式是现有表述方式，而"MT"亦属于常见的字母组合，因此，"我叫MT"整体属于现有常用表达，并非涉案动漫作者独创，不具有独创性。至于"哀木涕""傻馒""劣人""呆贼""神棍德"五个人物名称，公众在不知晓原告游戏，而仅仅看到上述名称的情况下，显然无法对其所表达的含义有所认知。因此，上述名称并未

表达较为完整的思想，未实现文字作品的基本功能。虽然公众在结合动漫《我叫MT》的情况下，足以知晓上述名称的含义，但这一认知已不仅仅来源于上述名称本身，而系来源于该动漫中的具体内容，这一情形不足以说明上述名称本身符合文字作品的创作性要求。

三、改编作品的著作权保护

改编作品是指在保留原作品的基本表达的情况下进行独创性劳动而形成的新作品。即便改编未经在先作品著作权人的许可，改编人对该改编作品亦享有著作权，他人对于改编作品的使用应经过其许可。因即便系未经原著作权人许可而创作的改编作品，亦是作者创作活动的产物，创作者所付出的创作性劳动同样应受到保护，不能允许他人不劳而获，白白占用创作者的劳动。但需注意的是，对于改编作品的保护，仅是针对其具有独创性的表达部分进行保护。对于能否构成改编作品，还是应以著作权法有关作品的要求为判断标准。此外，改编作品使用在先作品具有独创性的表达部分，依然需要经过在先作品著作权人的许可。

本案中，判断原告游戏中的五个人物形象是否构成改编作品的关键在于，该五个人物形象是否是在原有动漫形象的基础上，经过独创性劳动而得到的新作品。鉴于原告主张涉案游戏形象构成美术作品，而美术作品强调的是作者在作品造型上所付出的创造性劳动，因此，对这一问题的判断应考虑的是原告涉案游戏形象在造型上是否具有新的独创性的表达。涉案动漫形象与原告游戏形象均系由面部形象、服装及武器三部分构成，将动漫《我叫MT》与游戏《我叫MT》中对应的形象从前述三方面做对比，游戏《我叫MT》的独创性表达体现在人物的武器及服装上。故在判断被控侵权的游戏《超级MT》是否侵犯其著作权时，应当将权利游戏中人物的武器及服装作为比对的基础，而并非整个人物形象进行比对。由于被控侵权游戏中人物的武器及服装与权利游戏中对应的部分差异明显，故而并不构成侵权。

四、移动终端游戏名称、人物名称是否构成知名服务特有名称及如何获得相应的保护

《反不正当竞争法》（2019）第6条第（一）项规定："经营者不得擅自使用他人有一定影响的商品名称、包装、装潢等相同或者近似的标识。"《最高人民法院关于审理不正当竞争民事案件应用法律若干问题的解释》（2020）第2条规定："具有区别商品来源的显著特征的商品的名称、包装、装潢，应当认定为反不正当竞争法第五条第（二）项规定的'特有名称、包装、装潢'。"

由上述规定可以看出，知名商品或服务的特有名称、包装或装潢的实质为未注册商标，通常情况下，能够起到区分商品或服务来源作用的标志均可受到上述规定的保护。游戏名称通常是游戏服务相关公众识别服务提供者的一种标识，而游戏中主要人物名称亦能起到前述作用。虽然游戏名称及人物名称并不属于严格意义上的服务名称，但如果其足以起到区分来源的作用，亦可以依据上述规定获得保护。对于能否起到区分来源的作用的认定，需要结合在案证据考虑游戏名称的使用程度。进一步而言，判断被诉行为是否构成上述规定的情形，应考虑如下因素：权利游戏名称及人物名称在手机游戏服务上是否构成知名服务的特有名称；各被告向公众提供被诉游戏的行为是否易导致相关公众混淆误认；各被告是否存在搭便车的恶意。

具体到本案中，原告《我叫MT》游戏至少已经上线一年多时间，这一持续时间已足以吸收到相当多的游戏玩家。因对于手机游戏而言，游戏玩家的数量在相当程度上可以证明该游戏在相关公众中的知名度，故在结合考虑该游戏已获得数十奖项，且颁奖方包括协会

291

及众多的游戏网站等因素的情况下，可以认定相关公众足以依据原告《我叫MT》游戏名称及涉案五个人物名称识别该游戏的来源，上述名称已构成原告在手机游戏类服务上的知名服务特有名称。各被告将被诉游戏命名为《超级MT》并向用户提供，同时进行了相应宣传。在原告游戏具有较高知名度，而现有证据不能证明"MT"在手机游戏名称中属于不具显著性部分的情况下，相关公众看到名为《超级MT》的手机游戏以及相应的宣传时，容易误认为被诉游戏是原告游戏的衍生游戏或者与原告游戏存在某种特定联系，从而导致相关公众的混淆误认。

各被告与原告同为手机游戏经营者，原告游戏系在先上线且具有一定知名度，各被告对此显然知晓。在此情况下，除非"MT"属于手机游戏名称中的通常表述，否则各被告应对原告游戏名称或相关人物名称等予以合理避让，但各被告不仅并未避让，反而在对被诉游戏五个人物命名时，采用了与原告游戏相关人物"哀木涕、傻馒、劣人、呆贼、神棍德"相关联的表述方式"小T、小馒、小劣、小呆、小德"，且亦有"《我叫MT》原班人马二次开发、《小小兽人》更名《超级MT》'"等宣传用语，上述事实足以说明，各被告不仅不希望对原告游戏名称进行避让，反而希望用户产生相应误解，可见，各被告具有明显的搭便车恶意。

对于移动终端游戏相关识别元素的权益保护，应当区别不同的情况，采取不同的部门法律予以规范。对于游戏名称、人物名称此类简短词组一般不宜主张著作权保护，寻求反不正当竞争法的保护更为合适。而对于游戏人物形象，可以主张美术作品的著作权保护。

撰稿人：周文君
北京知识产权法院法官

21. 网络游戏的知识产权保护模式

—— 暴雪公司、网之易公司《炉石传说》诉上海游易公司《卧龙传说》游戏不正当竞争案

案例索引：上海市第一中级人民法院（2014）沪一中民五（知）初字第 22 号民事判决。

基本案情

暴雪公司是美国娱乐游戏软件开发商和出版商，网之易公司是暴雪公司在中国的合作伙伴，负责向中国引进暴雪公司的游戏产品。暴雪公司于 2013 年 3 月 22 日在美国游戏展上首次公布其最新开发的一款电子卡牌游戏《炉石传说：魔兽英雄传》（以下简称《炉石传说》），网之易公司经暴雪公司授权将《炉石传说》引入中国市场并于 2013 年 10 月 23 日开始向中国公众开放测试。

游易公司于 2013 年 10 月 25 日向公众展示了一款名为《卧龙传说：三国名将传》（以下简称《卧龙传说》）的网络游戏。2013 年 10 月 26 日，上海游易公司（简称游易公司）在其公司网站上发表题为《惊现中国版，是暴雪太慢？还是中国公司太快？》（以下简称《惊现中国版》）的文章，文章称《卧龙传说》是中国版的《炉石传说》，并称《卧龙传说》几乎完美的换皮复制了《炉石传说》。

暴雪公司、网之易公司认为，游易公司于 2013 年 10 月 25 日向公众展示了一款名为《卧龙传说》的网络游戏，该游戏全面抄袭和使用了与原告暴雪公司知名商品《炉石传说》特有游戏界面极其近似的装潢设计及其他游戏元素，包括但不限于《炉石传说》核心元素游戏规则。庭审中，暴雪公司、网之易公司进一步明确：游易公司实施擅自使用他人特有的包装装潢的不正当竞争行为损害了暴雪公司的合法权益，其不正当竞争行为对两原告均造成了损害；游易公司在其官方网站上发布的《惊现中国版》一文属于虚假宣传；游易公司整个运营《卧龙传说》游戏的行为，尤其是抄袭暴雪公司规则的行为具有明显的不正当性，违反了反不正当竞争法的基本原则。

暴雪公司、网之易公司起诉至上海市第一中级人民法院，请求判令游易公司：1. 停止侵犯暴雪公司、网之易公司知名商品特有装潢的不正当竞争行为；2. 立即停止虚假宣传的不正当竞争行为；3. 立即停止面向公众传播《卧龙传说》游戏的不正当竞争行为；4. 在其网站上发布由法院审核过的公开道歉和声明；5. 赔偿两原告经济损失和合理开支共计 500 万元。

游易公司请求本院判决驳回两原告的诉讼请求。其主要答辩理由主要为：1.《炉石传说》不是商品，暴雪公司、网之易公司就本案提起诉讼时《炉石传说》尚在测试阶段，未实际投入流通环节，《炉石传说》与暴雪公司《魔兽世界》系列游戏没有关联性，《魔兽世界》的知名度不应延伸至《炉石传说》，《炉石传说》不是知名商品；2.《炉石传说》游戏界面等多个要素是游戏中的通用方式，不构成特有装潢，游戏引用的背景元素和人物角色均区别于《卧龙传说》，两款游戏完全不同；3.《惊现中国版》一文系转载，文章绝大部分内容所涉系两款游戏的区别，不可能引起混淆；4. 游戏规则无法落入知识产权保护范围；5. 两款游戏平台不同，《卧龙传说》系在被告平台上独立开发的体现自身平衡性和竞技性的一款游戏，不存在抄袭；6.游易公司已于暴雪公司、网之易公司起诉后更改了系争部分的游戏内容，若存在不正当竞争行为也已经停止；7.暴雪公司、网之易公司主张的经济损失和合理费用缺乏事实和法律依据。

判决与理由

上海市第一中级人民法院审理后认为，根据《中华人民共和国反不正当竞争法》之规定，经营者在市场交易中，应当遵循自愿、平等、公平、诚实信用的原则，遵守公认的商业道德。该法还规定：经营者不得采用擅自使用知名商品特有的装潢，或者使用与知名商品近似的装潢，造成和他人的知名商品相混淆，使购买者误认为是该知名商品的不正当手段从事市场交易，损害竞争对手；经营者不得利用广告或者其他方法，对商品的质量、制作成分、性能、用途、生产者、有效期限、产地等作引人误解的虚假宣传。本案中，暴雪公司、网之易公司与被告均为游戏行业的从业者，相互之间具有竞争关系，均应恪守反不正当竞争法规定的竞争规则。鉴于暴雪公司、网之易公司指控游易公司分别实施了三类不正当竞争行为，法院分别阐明法律适用意见。

一、关于被告行为是否应认定为擅自使用知名商品特有装潢的不正当竞争行为

依据《反不正当竞争法》第5条第（二）项之规定，擅自使用知名商品特有的装潢的不正当竞争行为，必须具备如下要素：一是不正当竞争行为须对知名商品实施；二是该商品的装潢须有特有性；三是使用行为造成混淆，使购买者误认为是该知名商品。需要进一步指出的是，反不正当竞争法对知名商品的装潢的保护，实质是对未注册商标的保护。对上述三方面的考量，目的就是看标识是否已经具备了识别功能，是否具备了商标的区别来源功能。

就本案而言，虽然依据法院查明的事实可以认定《炉石传说》具有一定的知名度，游戏中的炉石标识、单个战斗场地界面、382 张卡牌及套牌组合有一定的独特性，但是，能否就此认定属于特有装潢为反不正当竞争法所保护，仍须综合考量是否具备区别商品来源的功能。《炉石传说》游戏于 2013 年 10 月 23 日才开始正式向中国公众开放，距离被告于 2013 年 10 月 25 日首次发布《卧龙传说》仅隔两天。鉴于相关公众对于《炉石传说》标识的接触和知晓需要一段时间持续的过程，在被控不正当竞争行为发生之时，游戏运行过程中才能逐渐展示给相关公众的炉石标识、单个战斗场地界面、382 张卡牌无法为相关公众所普遍知晓，更难以具备区别商品来源的功能。因此，游易公司即便使用了与《炉石传说》相近似的装潢，也不会因此而造成相关公众的混淆与误认。综上，对于暴雪公司、网之易公司认为游易公司擅自使用《炉石传说》游戏特有装潢构成不正当竞争行为的主张，法院不予支持。

二、关于游易公司被告是否实施了虚假宣传的不正当竞争行为的认定

依据《反不正当竞争法》第 9 条第 1 款的规定，虚假宣传行为的本质是通过广告或者其他方法对商品做引人误解的虚假陈述，从而不正当地损害了竞争对手或者获取竞争优势。认定虚假宣传行为主要在于陈述的虚假或者不当，以及这种虚假或不当是否引人误解。

暴雪公司、网之易公司主张游易公司在官方网站上发布《惊现中国版》一文，通过"换皮复制""中国版""太快、太慢"等歧义性用语和比较性用语，使相关公众对《卧龙传说》游戏来源产生误认，贬低原告作品，抬高被告作品，构成虚假宣传的不正当竞争行为。

法院认为，《惊现中国版》一文确实具有攀附原告及《炉石传说》游戏实施宣传的意图，但并不属于反不正当竞争法第9条第1款所规制的虚假宣传行为。从法院查明的事实来看，游易公司的《卧龙传说》游戏的确存在大量的对原告《炉石传说》游戏的模仿甚至"抄袭"，因此就文章内容而言，虽然用语较为夸张、谐谑，但还尚难以认为游易公司作了虚假陈述。法院对于暴雪公司、网之易公司认为游易公司实施虚假宣传行为构成不正当竞争的主张，不予支持。

三、关于游易公司是否实施了违反自愿、平等、公平、诚实信用的原则，以及公认的商业道德的不正当竞争行为

根据《反不正当竞争法》第2条之规定，经营者在市场交易中，应当遵循自愿、平等、公平、诚实信用的原则，遵守公认的商业道德。

本案中，游易公司员工《卧龙传说》游戏策划人员在《炉石传说》未进入中国市场前即已经实际接触到《炉石传说》游戏卡牌核心数据并还原整个数值体系；游戏制作前期因无法取得《炉石传说》测试账号而对着《炉石传说》玩家试玩视频制作样片；游戏正式立项后通过秒杀到的测试账号进一步获取《炉石传说》游戏数据，完善游戏细节；《卧龙传说》项目立项后仅耗时20天即制作出，远少于通常游戏公司研发一款类似原创游戏正常耗时；两款游戏所涉卡牌、界面相似度极高，视觉效果差别不大，区别仅在于角色形象由魔兽世界中的人物替换为三国人物；两款游戏在卡牌构成及使用规则、基本战斗规则上基本一致。因此，本案查明的事实足以支持暴雪公司、网之易公司关于游易公司整体抄袭了其游戏的指控。对于这种抄袭，游易公司非但不引咎自省，反而作为其推广游戏的卖点而大肆渲染，其"搭便车"的目的和行为非常明显。

法院认为，电子游戏远不只仅为大众娱乐而存在，而是具有极

大的商业价值，游戏行业作为新兴行业，已经成为经营者投资获利的重要市场。为了规范游戏行业的健康发展，中国软件行业协会还组织制定了《中国游戏行业自律公约》，鼓励游戏行业从业者开展合法、公平、有序的竞争。本案原被告均为游戏产品的同行业竞争者，理应恪守反不正当竞争法及游戏行业自律公约的相关规定，开展公平竞争。本案中，暴雪公司、网之易公司游戏作为一种特殊的智力创作成果，需要开发者投入大量的人力、物力、财力，凝聚了很高的商业价值。游易公司并未通过自己合法的智力劳动参与游戏行业竞争，而是通过不正当的抄袭手段将原告的智力成果占为己有，并且以此为推广游戏的卖点，其行为背离了平等、公平、诚实信用的原则和公认的商业道德，超出了游戏行业竞争者之间正当的借鉴和模仿，具备了不正当竞争的性质。

游易公司辩称游戏规则不属于著作权保护范畴，《炉石传说》游戏规则没有独创性，仅是抽象的思想，没有具体的表达形式。法院认为，游戏规则尚不能获得著作权法的保护，并不表示这种智力创作成果法律不应给予保护。游戏的开发和设计要满足娱乐性并获得市场竞争的优势，其实现方式并不是众所周知的事实，而需要极大的创造性劳动。同时，现代的大型网络游戏，通常需要投入大量的人力、物力、财力进行研发，如果将游戏规则作为抽象思想一概不予保护，将不利于激励创新，为游戏产业营造公平合理的竞争环境。因此，法院对被告的辩称不予采纳。

游易公司辩称两款游戏开发平台不同，故不存在抄袭行为。法院认为虽然本案事实发生之时《炉石传说》系针对电脑屏幕开发,《卧龙传说》系针对触摸屏和手机屏幕开发，但两个平台主要在交互界面区域设计上有所差别，该差别并非两款游戏的根本差别，不致影响两款游戏在画面、规则等要素上是否相似的判断。故对于游易公司的上述辩解理由，不予采纳。

游易公司还辩称就系争部分的游戏内容其已经在本案诉讼过程中予以变更，即使存在不正当竞争行为也已经停止。本院认为，游易公司虽更改部分游戏元素，包括《卧龙传说》游戏标识、战斗场面、部分卡牌外观，但未能充分举证证明所有模仿之处均作了修改，更没有证明更改后游戏未使用《炉石传说》游戏规则，故关于被告认为其已经停止不正当竞争行为的辩解理由，法院不予采纳。

四、关于游易公司应当承担的民事责任

游易公司整体抄袭原告游戏的行为违反了《反不正当竞争法》第 2 条的相关规定，应当承担相应的民事责任。两原告请求判令游易公司停止不正当竞争行为的诉讼请求，于法有据，法院予以支持。游易公司的不正当竞争行为对于与其具有竞争关系的暴雪公司、网之易公司，在相关竞争市场内造成了一定程度的不良影响，现暴雪公司、网之易公司要求被告消除影响的诉讼请求，法院予以支持。鉴于消除影响应当限定在合理的范围之内，法院酌情判令被告以连续十日在被告公司网站首页刊载声明的方式予以承担。鉴于暴雪公司、网之易公司并无证据证明其遭受了需要赔礼道歉的责任方式来弥补的损害，故对两原告要求被告赔礼道歉的诉讼请求不予支持。

关于游易公司应当赔偿的经济损失。暴雪公司、网之易公司主张依据其所受损失计算，并以《炉石传说》平均每月从每位中国玩家处获得收入、《卧龙传说》中国玩家人数以及被告不正当竞争行为持续月数三者的乘积作为损失计算依据，但暴雪公司、网之易公司未能提供证据证明《炉石传说》在中国的实际营业收入及中国注册玩家人数，也无法证明《卧龙传说》游戏玩家均为《炉石传说》游戏潜在玩家，故对于其上述主张，法院不予采纳。游易公司主张以《卧龙传说》玩家充值记录计算侵权获利作为赔偿依据，鉴于该份玩

家充值记录真实性难以确认，且不能全面反映被告的获利情况，故对于游易公司的损失计算主张，法院也不予采纳。本院综合被告积极主动地实施抄袭行为，并且以此作为营销手段，极力渲染的事实；暴雪公司、网之易公司对产品的投入较大、暴雪公司、网之易公司产品的商业价值和知名度较高的事实；被告行为造成影响的程度和范围较大等因素酌情确定赔偿的损失金额为 30 万元。关于游易公司应承担的合理费用。就其中的公证费一项，暴雪公司、网之易公司提供了相关票据，鉴于公证书中部分公证内容与本案事实无涉，法院仅能支持暴雪公司、网之易公司支出的合理部分，故对于公证费一项将酌情予以减少。对于翻译费、资料检索费、光盘制作费三项，暴雪公司、网之易公司提供了相关票据，法院予以支持。

评　析

本案涉及的是网络游戏的知识产权保护问题。近年来，网络游戏产业虽然发展迅速，但网络游戏本身并非现行知识产权法律体系下的具体保护客体，对其拆分，可以将其构成要素分别纳入知识产权保护体系，如专利法、著作权法、商标法以及反不正当竞争法。这一保护模式与网络游戏本身构成要素有关，一般的网络游戏，自身可由公司信息、源代码、软件程序、游戏标识等多种要素组成。适用法律保护网络游戏时，需根据具体内容予以区分对待。

一、网络游戏的法律保护体系

（一）网络游戏保护的法律体系

现行法律体系下，作为整体的网络游戏本身虽非法律明确规定的保护客体，但却并非不受法律保护，网络游戏构成要素复杂，对其构成要素类型化分类，拆解为可受现行法律保护的分客体，网络游戏的保护并不存在法律上的问题。[1]就现行法律体系来说，"化整为零""分解对应"是网络游戏寻求法律保护时最为妥协和具有操作性的方式。

与网络游戏保护对应最为紧密的是知识产权法律体系，具体而言是著作权法、商标法、专利法和反不正当竞争法。根据网络游戏的构成要素，有学者据此制作了以下表格予以反映。[2]

法律	保护权益	网络游戏构成内容
著作权法	著作权	网站设计、人物角色、美术画面、故事情节、音乐、源代码等
商标法	商标权	公司名称、公司标识、游戏名称、游戏标识等
专利法	专利权	硬件技术方案、游戏设计元素、软件、数据库等
反不正当竞争法	商业秘密	客户通讯名单、价格信息、发行合作、中间设备合同等

知识产权法保护网络游戏的法律体系中，著作权法、商标法、专利法居于基础地位，是知识产权部门法，有着明确的知识产权保护客体，网络游戏中明确确定的知识产权构成要素，有着各自相应的知识产权部门法予以保护；反不正当竞争法是知识产权部门法的补充，上述法律不能为网络游戏权益人提供合适的法律选择时，反不正当竞争法则会发挥应有的作用，对权利人进行保护。

需要说明的是，上述内容并未涵盖所有网络游戏需要保护的内容，具体保护方式和法律适用，仍需要根据需保护的网络游戏的具

---

① 有学者认为，可以参照《著作权法》中类似电影作品或者录音录像制品对网络游戏进行保护，但其实现的可能性存疑。

② 郝敏：《网络游戏要素的知识产权保护》，载《知识产权》2016 年第 1 期。

体情况，结合侵害该网络游戏的行为方式等予以综合判断。

同时，《民法典》作为民事权利保护的基本法律，在直接适用具体法律规定难以对网络游戏的权益进行保护时，通过《民法典》的规定也是司法实践中较为常见的选择。其问题在于，网络游戏需要保护的内容能否成为《民法典》所要保护的民事权利或是民事权益，这是在选择法律适用时需要注意的。

（二）网络游戏保护的主要法律问题

司法实践中，发生较多的网络游戏纠纷多为仿冒，即侵权人开发运营的网络游戏与权利人享有权益的网络游戏类似，使消费者误认为二者相同、相似，或是存在关联关系，由此分流权利人所应享有的经济收益、社会声誉等权益。此类案中，所涉案由多为商标及不正当竞争纠纷、著作权及不正当竞争纠纷等，因此在网络游戏法律保护中，商标法、著作权法和反不正当竞争法的作用发挥较为明显。

法律适用的选择与问题产生的表象有着密切关系，在网络游戏保护过程中，侵权人据以误导、分流权利人消费者的方式主要是通过公司信息、游戏本身和市场宣传等方式。其中：1.公司信息误导。公司信息是指侵权人在公司名称选择、公司标识设计等方面，通过同音字、相似字、关联字等方式对消费者进行误导，向其传递、误导二者之间是同一家公司，或是关联公司的虚假信息。2.游戏本身。游戏本身又可分为游戏画面和游戏规则，游戏画面是指网络游戏的场景设计、人物造型、工具装备等方面相同或相似，使消费者在游戏画面上产生认识误解，以为二者是同一款游戏，或是同类游戏；游戏规则是指故事情节、人物关系、游戏发展等方面相同或类似，让消费者难以分辨。3.市场宣传。市场宣传是指侵权人通过自身资源、第三方媒介对其网络游戏和权利人的网络游戏进行对比式宣传，使其游戏通过市场宣传获得本不属于自身的市场优势，或是对权利人的网络游戏造成不良影响。在具体案件上，侵权人上述行为并非独立存在，往往是通过多种方式结合使用，以取得更好的"效果"。

本案中，暴雪公司、网之易公司据以主张的网络游戏构成要素即包括游戏画面、游戏规则，游易公司的《卧龙传说》的游戏界面与《炉石传说》极其近似，二者的游戏规则也属相似；同时主张的是游易公司的不正当竞争行为，游易公司利用自身官方网站发布《惊现中国版》文字，对《卧龙传说》进行虚假宣传。

二、网络游戏的知识产权部门法保护

（一）著作权法保护

网络游戏的司法保护中，著作权法与网络游戏的对应性较强，因此通过著作权法主张权利保护的案件占的比例相对较大。在著作权法保护方面，问题的焦点通常集中在网络游戏构成要素如游戏场景、人物造型、故事情节和背景音乐等能否受到著作权保护，其问题主要围绕构成要素的独创性展开。

在网络游戏构成要素中，主张对游戏的名称进行保护，一般难以取得法院的认可。游戏的名称一般词语较短，通常只有三五字，至多不过十数字，就其所能表达的含义而言，无论是普通消费者，或是法院，都很难通过短短的名称产生著作权法意义上的独创性认识。事实上，独创性在司法实践中的要求并不高，但就字数而论，诗词等文学作品字数并不多，但并不妨碍其成为著作权法上的保护客体。只是游戏的名称一般仅为游戏开发者的意象，难以成为著作权法上成为保护客体的对象。

对于游戏场景、人物造型、装备工具等构成要素，一般而言体现的独创性较高，具体而言，部分场景、人物创作时所需的智力因素、呈现出的艺术美感等成为著作权法保护对象的构成，并不低于部分美术作品，因此，在其能够成为著作权法的保护对象上，并不存在法律上的问题。而在游戏画面的保护方式上，法院一般采用逐一比对的方式，将权利人网络游戏中的游戏画面与侵权人网络游戏中的对应要素进行比对，判断二者在场景设计、人物造型、装备工作等方面是否构成相同、近似。当然，在实际案件中，游戏开发者完全仿冒对方游戏画面的情形相对较少，大多会进行一定程度的改造。在比对时，根据案件审理需要，法院有时会要求当事人现场演示案件所涉及的游戏画面，这种方式能够较为直观地了解双方游戏，有利于法官的侵权判定。①

游戏规则能够作为著作权法保护的客体是存在争议的，而在司法实践中，主张游戏规则获得法院保护的案例较为少见。其原因在于游戏规则的展开形式有限，游戏情节发展需要共同情节法则，允许单一游戏权利人垄断控制某一规则，不利于行业发展。本案中，法院便认为，"暴雪公司、网之易公司主张的卡牌和套牌的组合，其实质是游戏的规则和玩法。鉴于著作权法仅保护思想的表达，而不延及思想本身，因此本院对被告的抗辩予以采纳"。

（二）商标法保护

商标法中，能够成为保护客体的对象包括文字、图形、字母、数字、三维标志、颜色组合和声音等，上述要素可以独立使用，也可以组合使用。文字能够成为法律保护客体，对于网络游戏主张保护有着非常重要的意义，如上所言，游戏的名字由于构成短小，难以具有独创性从而成为著作权法的保护对象，商标法无疑具有很好的弥补作用。游戏的名称作为网络游戏的组成部分，对于网络游戏的识别有着重要作用，因此，通过商标法对其主张保护，对于网络游戏权

---

① 2015年，上海市第二中级人民法院在审理上海摩力游数字娱乐游戏公司与深圳网域计算机网络游戏公司一案中，即要求原告在法庭上现场展示游戏操作。

益人是十分有利的。当然，游戏的名称并不能当然地成为商标法的保护对象，商标最基本的功能在于区分商品或服务的来源，游戏的名称也不例外。成为商标法的保护客体，游戏的名称必须具备显著性，[①]或是虽不具备显著性，但通过使用获得了第二含义。[②]

除游戏的名称外，权益人还可以将网络游戏构成要素中其他难以通过著作权法保护，但可以适用商标法保护的对象，如网络游戏中的部分图标、配乐声音等内容，可以通过一定的方式纳入到商标法的保护范畴。

商标侵权的判定除考虑二者的相似度以外，还会考虑混淆可能性。在司法实践中，法院往往会从三个方面进行考虑，一是被控侵权游戏名称与涉案注册商标是否相同或近似，二是被控侵权名称与涉案注册商标使用的商品是否相同或类似，三是混淆可能性。对于混淆可能性，法院会考虑权利人与侵权人从事的行业是否为同一行业，或是关联行业；被控侵权名称是否用于网络游戏领域；二者面向的消费者群体是否相同或相连，能够使其混淆的可能性。

对于网络游戏经营者，尤其需要注意的是网络游戏名称成为通用名称的问题，商标法规定通用名称不得作为商标注册。[③]在司法实践中，此类案件也属常见，如上海盛大游戏公司与台湾大宇公司的大富翁案，台湾大宇公司虽是"大富翁"注册商标权利人，但一审法院认为上海盛大游戏公司将"盛大富翁"作为游戏不侵犯注册商标权，二审法院认为"大富翁"已与商业冒险类游戏建立了紧密联系，

---

① 所谓显著性是指商标具有的识别和区分功能，即消费者能够通过标识识别来源，并与他人进行区分。

② 《商标法》第9条第1款，申请注册的商标，应当有显著特征，便于识别，并不得与他人在先取得的合法权利相冲突。

③ 《商标法》第11条，下列标志不得作为商标注册：（一）仅有本商品的通用名称、图形、型号的。

台湾大宇公司无权禁止他人的正当使用。[1]

（三）专利法保护

相对于网络游戏权益人对著作权法和商标法的热衷，通过专利法主张网络游戏保护的案件相对较少，申请专利的网络游戏公司也相对较少，[2]这与网络游戏所涉的技术领域，以及专利制度的要求有关。

其原因主要在于：首先，专利申请需要公开申请的技术方案，对于网络游戏经营者而言，这是他们所不愿意看到的；其次，专利获批耗时较长，且存在不低的驳回率，而网络游戏本身市场存续时间有限；第三，网络游戏中使用的技术取证困难，需要付出较高的维权成本；第四，现行法律体系下，著作权法、商标法提供的保护方式已经能较为充分地满足维权需求。基于上述，网络游戏经营者并未在专利法的保护方式上投入过多的注意。

当然，作为可供选择的保护方式，专利法本身也有自己的优势，对于网络游戏经营者而言，在合适的情况下，选择专利法对网络游戏进行保护也是必要的。在网络游戏中，可以作为专利保护对象的主要有：网络游戏通用系统装置与方法、网络游戏特殊系统装置与方法、网络安全技术、收费及交易技术等。在能够克服前述问题的情形下，选择专利法对网络游戏进行保护，所获的保护性将会较著作权法、商标法更强。

三、网络游戏的反不正当竞争法保护

（一）反不正当竞争法保护网络游戏的选择

反不正当竞争法与知识产权特别法，尤其是商标法有着密切的联系，网络游戏侵权纠纷案中不正当竞争行为通常与商标侵权相伴。

---

[1] 上海市第一中级人民法院（2007）沪一中民五（知）终字第 23 号民事判决。
[2] 郝敏：《网络游戏要素的知识产权保护》，载《知识产权》2016 年第 1 期。

反不正当竞争法虽然是知识产权保护的辅助性法律,但对于网络游戏的法律保护而言,却有着非常重要的意义。其中尤其是《反不正当竞争法》第 2 条规定,经营者在市场交易中,应当遵循自愿、平等、公平、诚实信用的原则,遵守公认的商业道德。本法所称的不正当竞争,是指经营者在生产经营活动中,违反本法规定,扰乱市场竞争秩序,损害其他经营者或者消费者的合法权益的行为。

作为法律,反不正当竞争法的明确性与著作权法、商标法和专利法相比明显不如,其中规定的不正当竞争行为在实际操作中有着很大的弹性解释空间,司法机关在案件审理中有着较大的解读权限。对于网络游戏经营者内部来说,网络游戏产业发展迅速,人力市场流动性强,企业之间竞争激烈,而员工所掌握的企业信息如源代码对企业有着极为重要的作用,因此商业秘密问题对于网络游戏经营者来说,显得尤为重要。对于网络游戏经营者外部而言,所需面对的主要是其他网络游戏经营者的不正当竞争行为。在网络游戏案件中,权利人一般会选择多个法律主张自身权益,著作权、商标权或是专利权中有一项主张成立,即能获得法律保护。但网络游戏构成要素的知识产权特别法保护的侵权认定过程复杂,很多时候,反而是反不正当竞争法更能为企业提供保护。网络游戏侵权案件中,相关侵权行为往往并不局限于某类知识产权特别权利,会涉及多项权利,因此法院在法律的适用上,选择反不正当竞争法,也能对案件的审理更为有利。当然,反不正当竞争法毕竟仅是补充性保护,在能够确定网络游戏保护模式的前提下,应选择知识产权特别法进行保护。也就是说,适用不正当竞争法的前提是,根据知识产权特别法难以为网络游戏权利人提供保护。

本案中,暴雪公司、网之易公司主张的保护对象和被控行为保护涵盖著作权法、商标法和反不正当竞争法,虽然其主张游易公司使用知名商品特有装潢、虚假宣传被法院否定，但在《反不正当竞争法》第2条的适用上，法院根据游易公司的被控侵权网络游戏和公司行为，最终仍判定游易公司构成不正当竞争，应当承担相应的民事责任。

（二）反不正当竞争法中网络游戏侵权人的责任承担

网络游戏中所涉及的权益也是民事权益，因此，侵权人所承担的民事责任与其他普通民事权益并无实质性区别，根据《民法典》的相关规定，一般需要承担的责任是停止侵权、赔偿经济损失和消除影响。本案中，法院在认定游易公司整体抄袭行为违反反不正当竞争法后，判令其赔偿损失，并在相应范围内消除影响。

撰稿人：陶冠东

侵权纠纷之救济手段

22. 诉前禁令

——浙江唐德影视股份有限公司与上海灿星文化传播有限公司、世纪丽亮（北京）国际文化传媒有限公司诉前行为保全案

案件索引：北京知识产权法院（2016）京73行保复1号民事裁定；北京知识产权法院（2016）京73行保1号民事裁定。

基本案情

2012年4月3日，荷兰Talpa公司与IPCN公司签订《电视节目授权协议"THE VOICE OF CHINA"》，授权制作第一季"中国好声音"，并约定"原名称和约定名称"等，均为Talpa公司的独家财产。

2013年5月28日，Talpa公司与星空华文中国传媒有限公司（简称星空华文公司）签订《节目模式许可协议"THE VOICE OF CHINA"系列》（简称《模式许可协议》），该协议约定了第二、三、四季本地系列节目，其中约定：当地节目名称为"'The Voice Of China'—Zhong Guo Hao Sheng Yin"；包括节目模式、制作宝典、当地系列节目名称、节目标识以及当地节目标识，已经制作完成的节目、当地系列节目等，均归属于Talpa公司。

2013年11月29日，Talpa公司与星空华文公司和梦响强音文

化传播（上海）有限公司（简称梦响强音公司）签订《"THE VOICE OF CHINA"——多季节目模式许可协议附录》（简称《补充协议》），该协议为 Talpa 公司与星空华文公司签订《模式许可协议》的补充协议。

2016 年 1 月 8 日，Talpa 公司向星空华文公司和梦响强音公司等发出《"中国好声音"终止通知》。

2016 年 1 月 22 日，香港高等法院就 Talpa 公司的申请对星空华文公司和梦响强音公司作出禁令。

2016 年 1 月 28 日，Talpa 公司与浙江唐德影视股份有限公司（简称浙江唐德公司）签署《"……好声音"协议 用于 Talpa 节目模板"……好声音"的独家管理、许可和应用》；2016 年 5 月 10 日，Talpa 公司出具《授权书及确认函》。

2016 年 2 月 5 日，Talpa 公司针对星空华文公司和梦响强音公司向香港国际仲裁中心提出仲裁申请；2016 年 5 月 6 日，Talpa 公司对该两公司向香港国际仲裁中心提出请求确认权属和临时禁令的申请。2016 年 6 月 22 日，香港国际仲裁中心就 Talpa 公司对星空传媒公司、梦响强音公司提出的有关仲裁申请作出《关于权利宣告救济的部分最终裁决和关于临时措施的裁决》（即香港仲裁庭裁决），其中记载："Talpa 公司对于'当地节目名称'，即'The Voice of China'—Zhong Guo Hao Sheng Yin，享有独占的、基于合同的权利……"

另外，Talpa 公司拥有的第 G1098388 号国际注册商标在中国取得领土延伸保护，核准商品 / 服务类别包括第 9、38、41 类，有效期自 2011 年 3 月 18 日至 2021 年 3 月 18 日；Talpa 公司拥有的第 G1089326 号国际注册商标在中国取得领土延伸保护，核准商品 / 服务类别包括第 35、38、41 类，有效期自 2012 年 4 月 26 日起至 2022

年 4 月 28 日。

申请人浙江唐德公司向北京知识产权法院申请诉前行为保全，其称：经 Talpa 公司授权，其对第 G1098388 号和第 G1089326 号注册商标、构成未注册驰名商标的节目标识一和节目标识二、构成知名服务特有名称的"中国好声音""The Voice of China"节目名称享有独占使用权，被申请人上海灿星文化传播有限公司（简称上海灿星公司）和世纪丽亮（北京）国际文化传媒有限公司（简称世纪丽亮公司）在没有授权的情况下，擅自宣传、推广和制作第五季"中国好声音"（后更名为"2016 中国好声音"）节目（简称涉案被控侵权节目），构成对申请人浙江唐德公司享有的驰名商标权和知名服务特有名称权的侵犯。另外，本案情况紧急，如果不及时阻止被申请人上海灿星公司和世纪丽亮公司录制和播出涉案被控侵权节目，将会造成难以弥补的损害和难以消除的侵权影响。综上，申请人浙江唐德公司请求法院责令被申请人上海灿星公司和世纪丽亮公司立即停止在歌唱比赛选秀节目的宣传、推广、海选、广告招商、节目制作或播出时使用包含"中国好声音""The Voice of China"的节目名称，以及使用浙江唐德公司的第 G1098388 号和第 G1089326 号注册商标和涉案节目标识。

被申请人上海灿星公司的主要答辩理由为：申请人浙江唐德公司对上海灿星公司的有关行为禁令请求内容，因许可人 Talpa 公司已就相同的行为内容向香港仲裁机构申请仲裁，并申请临时禁令措施，因此对相同内容的案件不应再由法院主管，且其主张的权利基础并不稳定，其是否有需要保护的合法权益有待法院实体审理予以认定，其所有请求均不具有胜诉可能性。申请人浙江唐德公司基于知名服务特有名称及未注册驰名商标申请诉前行为保全，但反不正当竞争法和商标法以及相关司法解释中并无相应规定，故其请求缺乏相应的法律依据。"2016 中国好声音"是浙江卫视已报批并获准播出的节目名称，整个节目的制作将采用全新的自有节目模式及元素，符合国家鼓励原创的指导精神，应当予以鼓励。综上，请求法院驳回申请人的保全申请。

第G1098388号注册商标　　　　第G1089326号注册商标

节目标识一　　　　　　　节目标识二

裁定与理由

北京知识产权法院认为：本案属于法院主管且北京知识产权法院对本案具有管辖权。浙江唐德公司作为 Talpa 公司相关知识产权的独占被许可人，有权提出本案保全申请。上海灿星公司存在使用第 G1098388 号、第 G1089326 号注册商标及构成侵权的可能性；"中国好声音"和"The Voice of China"被认定为电视文娱节目及其制作服务类的知名服务特有名称，Talpa 公司拥有有关节目名称权益，以及上海灿星公司和世纪丽亮公司构成不正当竞争，均亦存在较大可能性。鉴于涉案被控侵权节目马上将进行录制和播出，故本案具有紧迫性。本案采取保全措施，符合损害平衡性，且没有证据证明责令停止涉案行为将会损害社会公共利益，浙江唐德公司也提交了相应担保。综上，本案满足采取诉前行为保全的构成要件。

评　析

该案例涉及商标侵权及不正当竞争纠纷案件采取诉前行为保全的判断标准问题。因"中国好声音"节目具有较高的知名度，且该案是自北京知识产权法院成立以来首例采取诉前行为保全措施的案件，故该案受到社会各界的广泛关注。

一、诉前行为保全的性质

行为保全，是指在终审判决作出前，法院责令当事人作出一定行为或者禁止其作出一定行为。

目前，尽管在知识产权专门法及其司法解释中尚无对未注册驰名商标保护及不正当竞争纠纷案件的诉前行为保全的明确规定，但是，实践中可以适用《民事诉讼法》（2021）第103条规定进行处理。该案中，针对被申请人提出该案保全申请无法律依据的抗辩理由，法院就指出：首先，我国民事诉讼法对诉前行为保全申请程序及其他相关诉讼程序已有明确规定，故本案对诉前行为保全申请的审理，并不以其他专门法及司法解释有无相关规定为前提。其次，《民事诉讼法》（2012）第101条所规定的"保全措施"包括行为保全措施和财产保全措施，而所规定的"合法权益"当然包括知名服务特有的名称权益，亦即是该条规定的诉前行为或财产保全措施同样适用于对反不正当竞争法所规定的知名服务特有的名称等权益的程序性保护。据此，该案适用我国《民事诉讼法》第101条进行审查判断，符合法律规定。

从诉前行为保全的制度设计来看，诉前行为保全作为一项程序性保障措施，其性质可以定性为特别诉讼程序，因为其虽然形式上存在对立的双方当事人，但是在启动诉前保全审查程序后，法院并非必须组织法庭辩论质证，法院的审查也只是形式审查，不涉及当事人权利义务的最终裁定，显然有别于普通诉讼程序。该案中，被申请人质疑法院对案件事实上进行了实体认定，对此法院复议后指出：《民事诉讼法》第101条所规定的利害关系人在提起诉讼或者申请仲裁前可以向法院申请采取保全措施，实质上是一种程序救济性权利。采取保全措施，是基于对胜诉可能性、实施的紧迫性、损害平衡性以及是否损害公共利益等诸多因素综合考量后而采取的程序上的临时措施，与诉讼案件实体审理具有本质区别。而所谓胜诉可能性，是法院根据现有证据，并结合程序性临时措施的特点所作出的可能性判断，这显然有别于实体审理后的确定性认定。因此，在诉前行为保全申请审查阶段，胜诉可能性并不必然排除保全申请人败诉或者保全被申请人胜诉的可能性。原裁定仅仅是基于现有证据做出的初步判断，并进而采取的临时保全措施，而非针对诉讼案件的实体审理，更不可能当然成为后续诉讼案件的审理结果。

由上可见，该案紧扣诉前行为保全的程序属性，摒弃过去对实体问题的严苛审查，在侵权可能性及利益平衡等因素的考量基础上采取了相应的保全措施。

二、诉前行为保全的判断要件

该案中，法院将采取诉前行为保全措施的判断要件归纳为以下因素：申请人是否是权利人或利害关系人；申请人在本案中是否有胜诉可能性；是否具有紧迫性，以及不立即采取措施是否可能使申请人的合法权益受到难以弥补的损害；损害平衡性，即不责令被申请人停止相关行为对申请人造成的损害是否大于责令被申请人停止相关行为对被申请人造成的损害；责令被申请人停止相关行为是否损害社会公共利益；申请人是否提供了相应的担保。

（一）申请人是否是权利人或利害关系人

诉前行为保全申请人是否具有权利或权益基础，是判断是否采取保全措施的重要考虑因素，同时也可以视其为胜诉可能性判断要件的组成部分。

实践中，有观点认为：诉前行为保全的申请主体应当具有确定无疑的权利或权益基础，比如提供了专利、商标授权证书等，否则就是不适格的申请主体。然而，因我国法律规定有专利无效、商标无效和撤销程序，故即使当事人拥有授权证书，其权利基础也可能发生变化。因此，对于权利或权益基础的判断，仍应持可能性的认定态度。尤其是，根据我国《反不正当竞争法》的有关规定，包括知名服务特有的名称在内的各项权益并非法律规定的授权性权利，这种形成于经营者经营行为的商业成果，也可能丧失于经营者的不当经营行为，甚至侵权人的侵权行为。可见，经营者的经营付出及权益归属约定是确定此类权益享有者的重要依据。

该案中，法院对申请人浙江唐德公司的申请主体资格的审查，主要体现在两个层次：

第一，根据浙江唐德公司提交的其与Talpa公司签订的相关协议，以及Talpa公司出具的《授权书及确认函》，可以证明浙江唐德公司获得了Talpa公司关于包括有关注册商标、"中国好声音"中文节目名称等在内的多项权利或权益的独占且唯一的授权，其据此向法院提出诉前行为保全申请，具有独占许可使用合同上的权利或权益基础。其中，对于浙江唐德公司主张的注册商标权，因有商标注册证佐证，且并无权属争议，故法院对此持相对更为确定的态度；对于其主张的知名服务特有名称权益，考虑到其系获 Talpa 公司的独占许可使用授权，法院进一步分析了 Talpa 公司对"中国好声音"作为电视文娱节目及其制作服务类的知名服务特有名称享有权益是否具有可能性。

第二，关于"中国好声音"节目名称权益的归属问题。法院指出，根据现有证据判断，"中国好声音"这一节目最初来源于 Talpa 公司关于相关节目模式的授权，即"中国好声音"这一节目名称指向一种具有特定模式的节目，且该节目名称权益的产生来源于 Talpa 公司的经营行为，法院进而认定浙江唐德公司经授权可能享有对"中国好声音"这一节目名称的在先权益。

在权属存在争议或处于待定状态的情况下，仍然可以根据案情进行权属可能性的判断，并作为决定是否采取诉前行为保全措施的考虑因素之一。该案中，被申请人主张 Talpa 公司的有关授权协议约定适用英美法进行解释，且有关争议应由香港仲裁庭仲裁裁决，而香港仲裁庭裁决内容足以证明 Talpa 公司对"中国好声音"中文节目名称享有的权益基础不稳定。对此，法院指出：无论是香港高等法院作出的临时禁令，还是香港仲裁庭裁决对 Talpa 公司提出的临时措施申请的处理，以及本院所采取的保全措施，均是为保障当事人实体权益的最终实现而采取的一种从属于仲裁或诉讼程序的程序性措施，并非仲裁及侵权诉讼案件的最终审理结论，且各自具有较强的独立性。也即是，香港仲裁庭裁决中所作出的最终权利宣告裁决，对 Talpa 公司提出的临时措施申请的处理，以及香港高等法院根据香港仲裁庭裁决对其作出的临时禁令所可能作出的调整，均不必然影响本院对是否采取诉前行为保全措施的判断和实施。况且，香港仲裁庭裁决目前亦并未对"中国好声音"中文节目名称的合同约定归属作出结论性认定，故在程序上也不能排除浙江唐德公司拥有提出本案诉前行为保全申请的权利。上海灿星公司作为"中国好声音"节目的制作公司，其并不否认其制作的第一至第四季"中国好声音"节目系在 Talpa 公司授权使用的节目模式基础上制作完成，而该节目所衍生的合同项下包括当地系列节目名称、当地节目标识等权益或权利也约定归属于 Talpa 公司。尽管关于"中国好声音"中文节目名称的归属问题尚为香港国际仲裁中心的仲裁事项，姑且不论相关权益归属问题是否属于仲裁范围，仅从各方无争议的授权合同约定以及"中国好声音"节目实际播出使用中文名称这一基础事实考量，在目前尚无有效相反证据的情况下，可以初步判断，已获 Talpa 公司独占许可使用授权的浙江唐德公司具有主张拥有"中国好声音"中文节目名称相关权益的证据基础。至于浙江唐德公司是否确实拥有"中国好声音"中文节目名称权益，属于后续实体审理内容，但不影响浙江唐德公司拥有程序性救济的权利。对于浙江卫视是否是"中国好声音"中文节目名称的权益所有者，法院同样基于在案证据进行了分析认定。

由上可见，在诉前行为保全申请主体的资格确认上，法院不宜仅因权属存在争议就否定申请人实质具有权利或权益基础的可能性，而应在对权属问题的实体可能性判断的基础上，审慎认定申请人的主体是否适格。

（二）申请人在本案中是否有胜诉可能性

在知识产权专门法及其司法解释中，采取诉前行为保全措施的前提均包含"有证据证明他人正在实施或即将实施侵犯其权利的行为"，而民事诉讼法对此并无规定。不过，通常认为民事诉讼法所规定的"将会使其合法权益受到难以弥补的损害"就暗含实体侵权判定的要求，又因诉前行为保全本身的程序救济属性，上述实体上的判断应是申请人胜诉可能性的认定，而非直接确定是否构成侵权。

考虑胜诉可能性的目的在于防止当事人滥用申请权，避免作出错误的行为保全。实践中的争议在于，达到何种程度的胜诉可能性才能满足采取行为保全措施的条件。有观点认为，行为保全实际上会产生先予执行的法律后果，为防止权利滥用，应采取较高的胜诉可能性标准，即只有在胜诉可能性达到"确定无疑"或"基本确信"的情况下才能考虑采取行为保全措施。但是，诉前行为保全案件一般具有时间紧迫的特点，而且诉讼程序不够完整，相当一部分案件甚至难以全面听取被申请人的意见，因此，要求法官作出"确定无疑"的判断不仅客观上存在困难，而且在诉前阶段就认定申请人基本可以胜诉不免有未审先判的嫌疑。对胜诉可能性的要求高，固然会减少错误的行为保全，但是过高的胜诉可能性要求将明显限制行为保全制度的适用范围，无法充分发挥制度功能，不利于及时有效地保护权利人。同时，审查胜诉可能性并非避免错误的唯一途径，要求当事人提供担保可以发挥同样的功能。因此，对于胜诉可能性的要求应当采取一个相对灵活的标准，在避免错误与保护申请人权利之间寻求平衡。

从比较法的角度来看，世界上一些国家和地区对于胜诉可能性的要求均较为灵活。英国采取实质性争议标准，排除滥诉和不可能胜诉的情形即可；德国、日本和我国台湾地区只要求对请求权进行释明，同时允许以担保的方式弥补释明内容的不足；美国对于侵权成立要求优势证据，但是对于权利有效性和可执行性等问题则采取推定成立的态度。观察域外经验，结合前述分析，对于胜诉可能性的要求应当首先排除明显没有胜诉可能性或者胜诉可能性较低的情形；其次，对于胜诉可能性的要求应当采取一个相对灵活的态度，要与难以弥补的损害、双方利益平衡、担保等其他因素进行综合考虑、整体判断，而不应当机械设定一个等同划一的标准。[①]

该案中，申请人浙江唐德公司主张上海灿星公司和世纪丽亮公司的行为侵害了其享有独占许可使用权的注册商标专用权、未注册驰名商标权，并构成擅自使用知名服务特有名称的不正当竞争行为。对此，法院根据在案证据认定上海灿星公司存在使用第 G1098388 号、第 G1089326 号注册商标及构成侵权的可能性，同时结合第一至第四季"中国好声音"作为歌唱比赛选秀节目具有较高知名度及 Talpa 公司的授权协议约定，认定上海灿星公司和世纪丽亮公司的行为存在构成不正当竞争行为的可能性。值得指出的是，对于申请人提出的未注册驰名商标权益主张，法院认为"两节目标识是否符合商标法有关注册商标的规定，尚需在后续诉讼中进一步审理判断"，并指出"在本案诉前保全申请审查阶段，无法对上述两节目标识是否构成未注册驰名商标进行判断"，这实际上反映了法院在胜诉可能性判断上的审慎态度。

（三）是否具有紧迫性，以及不立即采取措施是否可能使申请人的合法权益受到难以弥补的损害

具有紧迫性，通常认为是诉前行为保全与诉中行为保全的本质区别。提出诉前保全申请，缘由在于情况紧急，且这种紧迫性表现为不立即采取保全措施将会使申请人合法权益受到难以弥补的损害。

具有紧迫性是诉前行为保全的前提，而存在难以弥补的损害则是设立行为保全制度的正当性依据。正是因为存在难以弥补的损害，才有必要在损害赔偿制度之外，设立行为保全制度，允许当事人在

---

① 宋鱼水、杜长辉、冯刚、蒋利玮：《知识产权行为保全制度研究》，载《知识产权》2014 年第 11 期。

法院作出终审判决之前，申请法院责令对方当事人作出或者禁止其作出一定行为。对于难以弥补的损害的理解，首先，从制度价值来看，"难以弥补的损害"对应的是损害赔偿制度的缺陷，是指申请人通过诉讼得到胜诉判决的情形下，存在执行判决仍不能弥补的损害或者因被申请人无赔偿能力致使判决难以执行。我国《民事诉讼法》第104条规定的"难以弥补的损害"与第103条规定的"判决难以执行或造成当事人其他损害"应当作一致解释，即"难以弥补的损害"包括判决难以执行造成的损害不能弥补，和诉讼之外的损害在本案中不能弥补。其次，从性质表征来看，"难以弥补的损害"表现为难以计算、难以恢复原状或者金钱赔偿难以救济的损害。再次，从判断标准来看，难以弥补的损害不同于胜诉可能性，前者应当从损害的性质、后果进行判断，后者应当根据实体法规定从请求权的成立要件进行判断，不能根据申请人具有胜诉可能性推定其存在难以弥补的损害。

该案中，法院指出，在有证据表明上海灿星公司将要制作"2016中国好声音"歌唱比赛选秀节目且浙江卫视将播出此节目的情况下，本案采取诉前行为保全措施符合民事诉讼法所规定的"情况紧急"情形。法院在胜诉可能性的判断基础上进一步指出，"中国好声音"节目作为一档全国知名的歌唱比赛选秀节目，该节目的知名度与其节目内容和节目所采用的模式及特色密切关联，而如出现另一档节目名称包含"中国好声音"的歌唱比赛选秀节目，显然可能会造成相关公众的混淆误认，从而可能导致浙江唐德公司后续依约开发制作的该类型节目失去竞争优势。事实上，因"中国好声音"节目具有较高知名度，在有众多新闻媒体、广告商、参赛选手参与的节目录制过程中，后续媒体报道等将带来较大范围的传播和扩散，很可能会显著增加浙江唐德公司的维权成本和维权难度。据此，法院认定如不责令上海灿星公司和世纪丽亮公司立即停止涉案行为，将可能对浙江唐德公司的权益造成难以弥补的损害。

（四）损害平衡性和不损害社会公共利益

采取行为保全措施，应当注重对双方当事人的利益进行平衡，即不责令被申请人停止相关行为对申请人造成的损害是否大于责令被申请人停止相关行为对被申请人造成的损害。损害平衡性还被认为是比例原则在民事行为保全中的具体适用，即在实现目标与所采取的手段之间寻求必要的平衡。该案中，法院考虑到采取行为保全措施并不会影响节目更名后的制作和播出，而不采取行为保全措施将可能使申请人丧失竞争优势，且会显著增加申请人的维权成本和维权难度，据此认定采取保全措施符合损害平衡性。

另外，现行司法解释均规定应当审查"责令被申请人停止有关行为是否损害社会公共利益"。一般认为社会公共利益主要包括公共秩序和公共道德两个方面，公共秩序主要包括社会公共秩序（包括社会政治秩序、经济秩序）与生活秩序，违反社会公共秩序与生活秩序的行为往往也是违反法律和行政法规的强制性规定的行为；而社会公德，也被称为善良风俗，是指由社会全体成员所普遍认同、遵循的道德准则。实践中，要合理确定社会公共利益的范围，避免对其泛化理解。该案中，对于被申请人所提出的采取保全措施将损害浙江卫视、海选歌手等案外人的利益的主张，法院就明确认定上述利益并非社会公共利益的范畴。

（五）担保

担保的目的在于确保行为保全错误的情形下被申请人能够得到足额的赔偿。因此，行为保全担保的金额与申请人的诉讼请求无关，应当相当于采取措施给被申请人造成的损失。对于担保金额和担保形式的确定，需综合考虑采取诉前行为保全措施的各判断因素以及该保全措施可能会对被保全人造成的损失进行判断。

根据《最高人民法院关于适用〈中华人民共和国民事诉讼法〉的解释》（2022）第 152 条的规定，人民法院依照民事诉讼法第 103 条、第 104 条规定，在采取诉前保全、诉讼保全措施时，责令利害关系人或者当事人提供担保的，应当书面通知。申请诉前行为保全的，担保的数额由人民法院根据案件的具体情况决定。可见，严格来说，担保金额和担保形式应当由法院根据案情决定，但实践中，为了尽可能降低错误保全的风险，法院通常会要求申请人明确其能够或者愿意提供的担保金额和形式，并在决定是否采取保全措施时，将其作为判断要件之一进行考量。从实务操作而言，确实具有一定的合理性，但应当注意听取各方当事人的意见并进行适当的释明，确保程序公正。

关于在诉前行为保全中是否适用以反担保形式解除保全的问题，该案裁定对此进行了较为充分的说理。法院指出，首先，适用反担保将可能有违利害关系人提出诉前行为保全申请的目的。采取诉前行为保全措施，是以利害关系人的合法权益将受到难以弥补的损害为基础的。因此，除非利害关系人同意，否则反担保的适用将会使利害关系人提起诉前行为保全申请的目的落空。其次，反担保在行为保全中的适用也不符合相关法律原则。我国《民事诉讼法》第 107 条明确规定了财产纠纷案件，被申请人提供担保的，人民法院应当裁定解除保全，但其中并未明确规定行为保全的反担保问题。实践中对于行为保全措施，通常也不接受以反担保解除保全，且在知识产权部门法相关司法解释中已有原则性规定，《最高人民法院关于对诉前停止侵犯专利权行为适用法律问题的若干规定》（2001）第 8 条就规定："停止侵犯专利权行为裁定所采取的措施，不因被申请人提出反担保而解除。"

三、小结

一直以来，法院对诉前行为保全持极为谨慎的态度，各地法院鲜有涉及不正当竞争纠纷的诉前行为保全案例。然而，在当前社会经济发展提速的形势下，法院应当切实保障当事人的各项诉讼权利，进一步促进科技创新和文化创新。在诉前行为保全案件中，除了应明晰判断要件外，还须重点关注以下事项：首先，要明确诉前行为保全是一项程序性保障措施，其并非针对诉讼案件的实体审理，更不可能当然成为后续诉讼案件的审理结果。其次，诉前行为保全的申请人是否是适格主体，其是否拥有权利或权益基础，本质上同样属于基于在案证据基础上的可能性判断。在权属存在争议或处于待定状态的情况下，仍然可以根据案情进行权属可能性的判断，并作为决定是否采取诉前行为保全措施的重要考量因素。再次，对于胜诉可能性的要求应当采取一个相对灵活的标准，在避免错误与保护申请人权利之间寻求平衡。要避免在诉前阶段就过于强调实体判断，并作出保全申请人基本可以胜诉的不当认定。最后，要注重诉前行为保全的紧迫性特点，高度重视是否存在难以弥补的损害的判断，准确界定社会公共利益的范围，合理确定担保金额和担保形式。

撰稿人：陈勇

北京知识产权法院法官

23. 永久禁令

——琼瑶《梅花烙》诉于正《宫锁连城》著作权纠纷案

案件索引：北京市高级人民法院（2015）高民（知）终字第1039号民事判决。

基本案情（略，见案例1）

判决与理由

本案的焦点问题为：一、剧本《梅花烙》著作权的归属；二、小说《梅花烙》与剧本《梅花烙》的关系；三、原告主张被改编和摄制的内容能否受著作权法保护；四、《宫锁连城》剧本是否侵害了《梅花烙》剧本及小说的改编权；五、《宫锁连城》剧本是否侵害了《梅花烙》剧本及小说的摄制权；六、侵害改编权及摄制权主体及民事责任的认定。

北京市第三中级人民法院审理认为，剧本《梅花烙》的作者及著作权人均为本案原告陈喆，小说《梅花烙》为剧本《梅花烙》的改编作品。鉴于小说《梅花烙》的署名为原告陈喆，故认定小说《梅花烙》的作者及著作权人均为原告陈喆。剧本《宫锁连城》作品涉案情节与原告作品剧本《梅花烙》及小说《梅花烙》的整体情节具有创作来源关系，构成对剧本《梅花烙》及小说《梅花烙》改编的事实。电视剧《宫锁连城》系依据剧本《宫锁连城》摄制而成的，二者在内容上基本一致，故该摄制行为依然属于原告陈喆享有的摄制权的控制范围内，未经许可摄制电视剧《宫锁连城》侵害了原告陈喆享有的摄制权，本案五被告依法应就共同侵害原告作品改编权、摄制权的行为承担连带责任。《中华人民共和国著作权法》第47条第（六）项规定，未经著作权人许可，以展览、摄制电影和以类似摄制电影的方法使用作品，或者以改编、翻译、注释等方式使用作品的，应当根据情况，承担停止侵害、消除影响、赔礼道歉、赔偿损失等民事责任。权利人合法有据的处分原则应当得到尊重，只有当权利人行使处分权将过度损害社会公共利益和关联方合法权益时，才能加以适度限制，以保障法律适用稳定性与裁判结果妥当性的平衡。而基于本案中被告的过错及侵权程度、损害后果、社会影响，应判令停止电视剧《宫锁连城》的复制、发行及传播为宜。据此，本案中五被告应就其侵害原告改编权、摄制权的行为承担停止侵害、消除影响、赔礼道歉、赔偿损失的民事责任。

综上所述，一审法院作出判决：一、被告湖南经视文化传播有限公司、东阳欢娱影视文化有限公司、万达影视传媒有限公司、东阳星瑞影视文化传媒有限公司于本判决生效之日起立即停止电视剧《宫锁连城》的复制、发行和传播行为；二、被告余征于本判决生效之日起十日内在新浪网、搜狐网、乐视网、凤凰网显著位置刊登致歉声明，向原告陈喆公开赔礼道歉，消除影响；三、被告余征、湖南经视文化传播有限公司、东阳欢娱影视文化有限公司、万达影视传媒有限公司、东阳星瑞影视文化传媒有限公司于本判决生效之日起十日内连带赔偿原告经济损失及诉讼合理开支共计 500 万元。

五被告不服判决，向北京市高级人民法院提起上诉。

北京市高级人民法院于 2015 年 12 月 16 日作出终审判决，驳回上诉，维持原判。

评　析

琼瑶诉于正著作权侵权案受到业界高度关注。该案终审判决中，北京高院维持一审判决，判定剧本《宫锁连城》侵犯了陈喆对涉案作品享有的改编权，并对侵权作品适用"永久禁令"，即判令被告立即停止电视剧《宫锁连城》的复制、发行和传播行为。这一"永久禁令"引发业界争议，有观点认为在著作权案件中，对于已构成全新作品的演绎行为，法院要审慎地适用禁令。虽然永久禁令在著作权诉讼中的适用与限制问题在司法实务与学界被广泛探讨，但尚未形成统一规则。因此，如何适用永久禁令以及个案中应当考量何种因素，都是值得深入研究的问题，本案在判决中对此进行了详细论述。

一、永久禁令的法律基础

在英美法系国家，禁令一般分为临时禁令（中间禁令）和永久禁令（终局性禁令）。临时禁令是诉讼之前或诉讼过程中颁发的禁令类型，是一种临时性措施。永久禁令为法院最终判决时确立的给予权利人的救济方式。不少学者对我国的"停止侵害"与英美法上的"禁令"进行了详细的研究，指明了二者间的区别与联系。但在非严格意义上，临时禁令类似于大陆法系中的诉讼保全制度——诉前或诉中停止侵权，永久禁令类似于本文着重讨论的民事责任承担方式——停止侵害。

停止侵害，是指阻止加害人正在对受害人实施的人身权利或财产权利侵犯的情形，其基础目的是为了防止损害的发生或损害结果的扩大。我国民法典等法律对这一侵权责任承担方式均有明确规定。《著作权法》第 52 条列举了相关侵权行为，规定侵权人根据情况，承担停止侵害、消除影响、赔礼道歉、赔偿损失等民事责任。

著作权从权利性质划分上属于排他性的绝对权，具有准物权性质。当该种权利受到侵害时，停止侵害请求权是著作权自身具有的保护性请求权。因此，停止侵权责任是侵权人应当承担的民事责任。但是如果停止有关行为会造成当事人之间的重大利益失衡，或者有悖于社会公众利益，或者实际上无法执行，可以根据案件具体情况进行利益衡量，不判决停止行为，而采取更充分的赔偿或者经济补偿等替代性措施解决纠纷。①

二、永久禁令的适用争议

最高人民法院在 2010 年 4 月发布的《中国法院知识产权司法保护状况（2009 年）报告》中指出："30 年来，人民法院知识产权司法保护力度不断加大。人民法院严格依法判令侵权人承担侵权责任，努力降低维权成本，加大侵权成本。在认定侵权成立的情况下，一般都会判令侵权人立即停止侵害。"正如该报告所述，既往知识产权侵权案例中，法院在认定构成侵权的情况下，一般判令侵权人停止侵害，甚至形成"原告是否享有著作权——被告的行为是否构成侵权——如果构成侵权则判令停止侵权行为，并根据案件具体情况责令赔偿"的裁判定式。但是，司法裁判中对于适用永久禁令的原因往往没有深入探讨。

---

① 最高人民法院《关于当前经济形势下知识产权审判服务大局若干问题的意见》（法发〔2009〕23 号）。

随着法院处理的著作权案件类型、数量不断增多，一些法官认识到永久禁令并非是所有侵犯著作权类案件的最佳处理方式，因此出现了一些构成侵权但未判令停止侵害的案件。这些案例中，法院的说明理由主要是基于调解结案、仅侵犯获酬权、原告未请求或放弃诉请、侵权行为已停止、作品使用比例小、利益平衡与公共利益等情况，认为原告可以通过被告向其支付报酬及公开赔礼道歉、消除影响的方式获得相应的司法救济。因此，对于适用永久禁令的情形并不能一概而论。

三、个案中是否适用永久禁令的考量因素

停止侵权责任仍然是著作权侵权中首要和基本的救济方式，侵权人不承担停止侵权责任是一种基于利益衡量之后的政策选择，是一种例外情形，应当严格予以把握。是否对权利人的停止侵害请求权加以限制，主要考量的是个人利益之间的利益平衡以及个人和社会公众利益之间的平衡。

本案的判决中认为具体可以从以下四方面进行判断：一是权利人和侵权人之间是否具有竞争关系；二是侵权人市场获利是否主要基于著作权的形式；三是权利人的主观意图和侵权人的实际状况；四是社会公众利益。

（一）权利人和侵权人之间是否具有竞争关系

如果权利人和侵权人之间具有竞争关系，则不宜对停止侵害请求权进行限制，否则不判令承担停止侵权责任，意味着给侵权人赋予了强制许可，这种违背权利人意愿的方式有可能极大损害权利人通过投资获得收益并取得竞争优势。

本案中，陈喆与余征、湖南经视公司、东阳欢娱公司、万达公司、东阳星瑞公司之间是具有竞争关系的。陈喆作为涉案作品的著作权人，虽然涉案作品于 1992 年创作完成，1993 年被拍摄为电视剧并

播映，但是陈喆仍然可以对涉案作品进行再次的改编、拍摄。小说或剧本的影视改编、摄制、发行活动，是实现小说或剧本市场价值、商业利益的重要方式。余征同样作为编剧，湖南经视公司等作为电视剧的制片者，与陈喆之间具有竞争关系，剧本《宫锁连城》与涉案作品构成实质性相似的情况下，基于该剧本拍摄的电视剧《宫锁连城》继续复制、发行、传播将意味着其取得了强制许可，这显然违背了陈喆本人的意愿，且损害了陈喆再次改编、拍摄涉案作品并投入市场的竞争优势。

（二）侵权人市场获利是否主要基于著作权的行使

如果侵权人的商业产品获得成功并非来源于产品中著作权发挥的功能，或者其发挥的功能仅占产品市场成功的很小部分时，基于权利人利益和侵权人利益之间的平衡，可以对停止侵害请求权进行限制。

本案中，电视剧《宫锁连城》的拍摄融合了导演、编剧、演员、摄影等若干人员的劳动，但对于余征担任编剧的电视剧，其之所以获得较高收视率的核心因素在于余征创作的据以拍摄的剧本，也就是说剧本《宫锁连城》对于电视剧《宫锁连城》的市场成功起到了决定性作用。由此，余征、湖南经视公司、东阳欢娱公司、万达公司、东阳星瑞公司应当承担停止侵权的责任。

（三）权利人的主观意图和侵权人的实际状况

权利人长期放任侵权、怠于维权，在其请求停止侵害时，倘若责令停止有关行为会在当事人之间造成较大的利益不平衡，可以审慎地考虑不再责令停止行为，但不影响依法给予合理的赔偿。

本案中，陈喆自获知电视剧《宫锁连城》之后即开始积极维权，并未怠于行使其权利。对于电视剧《宫锁连城》的制片者来说，停止复制、发行、播放电视剧的行为并非不可实现或者实现困难。

（四）社会公众利益

如果对停止侵害请求权进行限制已经损害了社会公众利益，则不宜判令侵权人承担停止侵权的责任。社会公众利益是一个不确定概念，但可以确定的是个别人或者个别公司的利益不属于社会公众利益。信息作为一种公共产品，赋予其专有权的目的在于激励创作，长远来看有利于社会发展。停止侵权责任将强化著作权的保护，更符合长远的社会公众利益。

在本案中，被告的《宫锁连城》剧本及电视剧实质性整体改编了原告的小说及剧本《梅花烙》，《宫锁连城》现有的人物设置、人物关系、重要情节及情节串联整体的创作表达很大程度上来源于原告作品，是原告作品的主要创作表达，据此可以认定原告作品在被告作品中被使用的程度较高。在此情况下，如果被告未经许可所实施的侵权发行行为得以继续，将实际上剥夺原告对于其作品权利的独占享有，并实质阻碍或减少原告作品再行改编或进入市场的机会，有违公平原则。

同时，截至本案一审庭审结束之日，电视剧《宫锁连城》已经持续公开播映超过8个月，尽管各被告未按照法院要求提交编剧合同及发行合同，基于市场合理价格及商业交易惯例判断，被告余征应已取得了较高金额的编剧酬金，被告湖南经视公司、东阳欢娱公司、万达公司、东阳星瑞公司应已取得了的较高的发行收益。在此情况下，判令停止复制、发行和传播电视剧《宫锁连城》，不会导致原被告之间利益失衡。反之，若对本案侵权行为不加以"停止侵害"的严格限制，基于侵权成本低、侵权收益高的利益刺激，更多潜在的侵权行为人将对侵权后果无所畏惧，毕竟相对于原创而言，采用侵权方式演绎作品将为侵权创作者带来更多便利，且可获取丰厚收益，经济赔偿的解决方式震慑力并不足以制止侵权行为。这样的恶性启示将造成更多人放弃原创而纷纷投入侵权改编的行列，在一定程度上造成了对社会公共利益的损害。

著作权法的根本宗旨是保护文学、艺术和科学作品作者的著作权，以及与著作权有关的权益，鼓励有益于社会精神文明、物质文明建设的作品的创作和传播，促进社会文化和科学事业的发展与繁荣。著作权权益与社会价值的实现，有赖于作品的创新、使用与传播，而著作权作为知识产权的重要内容，在保护作品的创作与激励作品的传播方面是统一的，两者之间并不存在根本矛盾与冲突。著作权作为权利人所享有的一项独占排他性支配其作品的权利，是一种类似于准物权的专有权利，当著作权遭受侵害时，为了阻却侵权行为并防止损害的扩大，权利人可以提出停止侵害的诉讼主张。无论是诉前临时禁令、诉中禁令等行为保全措施，还是法院作出的终审永久禁令。保护是为了更好的创新，损害著作权权益的行为本质上将损害作品创新的原动力；强化对著作权的保护，不仅仅为了维护著作权人的私人利益，也同样符合社会公众对其合法需求的公共利益。

撰稿人：冯刚
北京知识产权法院法官